Why
Managers
Matter

管理者
为何重要

无老板公司的险境

〔丹〕尼古莱·J.福斯　〔美〕彼得·G.克莱因　著　　熊越　张宽　译

The Perils of the
Bossless Company

Nicolai J. Foss　|　Peter G. Klein

广西师范大学出版社
GUANGXI NORMAL UNIVERSITY PRESS
·桂林·

管理者为何重要
GUANLIZHE WEIHE ZHONGYAO

Copyright © 2022 by Nicolai J. Foss and Peter G. Klein
This edition published by arrangement with PublicAffairs, an imprint of Basic Books Group, a division of Hachette Book Group, Inc., New York, NY, USA.
All rights reserved.

著作权合同登记号桂图登字：20-2025-030 号

图书在版编目（CIP）数据

管理者为何重要：无老板公司的险境 /（丹）尼古莱·J. 福斯，（美）彼得·G. 克莱因著；熊越，张宽译. -- 桂林：广西师范大学出版社，2025.9. -- ISBN 978-7-5598-8113-7

Ⅰ.F272

中国国家版本馆 CIP 数据核字第 2025EA0056 号

广西师范大学出版社出版发行

（广西桂林市五里店路 9 号　邮政编码：541004）
（网址：http://www.bbtpress.com）

出版人：黄轩庄
全国新华书店经销
广西广大印务有限责任公司印刷
（桂林市临桂区秧塘工业园西城大道北侧广西师范大学出版社集团有限公司创意产业园内　邮政编码：541199）
开本：700 mm×980 mm　1/16
印张：22.25　　　字数：250 千
2025 年 9 月第 1 版　2025 年 9 月第 1 次印刷
定价：88.00 元

如发现印装质量问题，影响阅读，请与出版社发行部门联系调换。

目 录

中文版序言 001

第一章　炒掉所有管理者？ 005
　　无老板公司叙事 006
　　传统的商业企业 015
　　科层制度的消亡？ 017
　　核心观点概述 020
　　无老板公司的悖论 029

第一部分　无老板公司

第二章　欢迎来到平面国 032
　　威尔乌的真相 032
　　更扁平、更松弛、更网络化 037
　　回到威尔乌：平面国中没有科层制度吗？ 042
　　不可避免的科层制度 044

第三章	无老板与转变中的管理文化	046
	反主流文化及其对科学管理的批判	047
	释放人类潜能	051
	反主流文化的公司	057

第四章	预见平面国：对扁平化科层结构的早期呼声	060
	新叙事的起源：塞姆勒与塞氏	061
	戈尔的晶格组织	067
	有机结构和人本主义管理	070
	合作社与工人所有的企业	074
	太阳底下没有新鲜事？	076

第五章	新瓶装旧酒？	080
	声破天：随需应变的音乐服务	083
	美捷步：合弄制之王	091
	美捷步中的合弄制	103

注意阅读附属条款！　　　　　　　　　　　　105

第六章　无老板公司叙事：对与错　　　　　　　107
　　奥迪康：从意面到千层面　　　　　　　　　108
　　意面式组织的教训　　　　　　　　　　　　118
　　技术与组织中的权变因素　　　　　　　　　122

第七章　拿证据来！　　　　　　　　　　　　　133
　　卡尔·波普尔的警告　　　　　　　　　　　135
　　证据告诉我们什么？　　　　　　　　　　　137

第二部分　为什么科层制度行之有效？

第八章　管理不会消失　　　　　　　　　　　　152
　　与以往一样　　　　　　　　　　　　　　　156

第九章　公司到底是什么？　159
　　现代公司是如何产生的？　160
　　公司为何行之有效？　163
　　对公司态度的转变　165

第十章　科层制度是最不坏的组织形式：支持科层制度的理由　169
　　支持科层制度的核心论点　171
　　管理至关重要　182
　　"我与权威斗争，权威总会获胜"　187
　　晨星：点对点生产番茄　192
　　科层制度与动荡的环境　198
　　最终结论　202

第十一章　科层制度不是一个贬义词　204
　　科层制度是真正天然的　207

科层制度有不光彩的过去吗？ 214
　　科层制度是非正义的吗？ 218
　　科层制度从未实现过完全的自上而下 220

第十二章　为什么你（可能）需要更多的科层制度？ 224
　　叛乱分子有目标，但没有领袖 226
　　公司内部过于去中心化 230

第十三章　科层制度促进创新和企业家精神 237
　　大企业能够创新吗？ 239
　　小就美吗？大就丑吗？ 243
　　科层制度如何应对创新？ 250

第十四章　21世纪的科层制度 264
　　变革性的力量 267
　　重新思考权威 274

如何避免使用权威？	281
授予权威	283
明智地行使权威	289
如今的科层制度	295

第十五章　管理者之死被夸大了　　297
澄清事实	298
如今的科层制度	303

致谢	305
注释	307
文章、书、电影、电视剧、期刊中英文名字对照表	336
人名中英文名字对照表	342

中文版序言

科层制度（hierarchy）及随之而来的权威关系是人与人之间组织合作的最古老方式之一。在有记载的历史中，科层制度以多种形式体现在生活和社会组织的各个领域。无论在哪里，我们都能看到科层制度在发挥作用。这种模式似乎经受住了时间的考验，因为它能完成任务，因为它行之有效。

然而，科层制度并不总是受欢迎的。由于它非常有利于合作，而且是组织的一种默认方式，因此它也可以用于反社会和破坏性目的。犯罪团伙用的便是科层制度！在当前的许多管理思想中，科层制度往往与僵化、官僚作风以及对创新、创造力和新想法的阻碍有关。一些批评人士认为，科层制度——哪怕是商业公司的管理科层制度——是压迫和统治社会的工具，应该被废除。

我们写这本书的目的是重申科层制度的积极意义，同时也指出它的局限性。管理文献中关于科层制度的讨论往往是失衡的，侧重于"坏的科层制度"，指的是滥用权力和越权的例子，这些例子确实存在，但只是一部分。我们担心，对科层制度的普遍不信任可能会破坏"好的科层制度"。

本书重点关注商业企业内部常见的管理科层制度。之所以讨论它，是因为出现了一派非常有影响力的商业书籍、文章、专栏和演讲，它们的作者大多来自美国和欧洲，这些作者认为传统的管理科层制度已经消亡，或者至少正在消亡。对于加里·哈默尔、蒂姆·卡斯特勒、弗雷德里克·莱卢、奥里·布拉夫曼和罗德·贝克斯特罗姆等作者和大师来说，现代公司面临的关键问题很简单：它们过于科层制了。哈默尔2011年的一篇文章的标题是"首先，让我们炒掉所有管理者"，这体现了这一派的大胆，即使采用这个标题是为了达到戏剧效果。

对管理科层制度的不信任与管理科层制度本身一样由来已久。但在过去十年左右的时间里，这一派（我们在书中称之为"无老板公司叙事"）的影响力和追随者、支持者的数量都在增长。一个很好的例子是莱卢大受欢迎的《重塑组织：进化型组织的创建之道》（2014年），这本书在全球已售出40多万册，可能是十年来最具影响力的管理书籍。哈默尔和扎尼尼的《组织的未来：一个激发工作中每个人创造力的有效计划》（2020年）告诉我们，更精简、更扁平、更敏捷的组织正在流行，而公司形式的老古董已经过时——管理科层制度是后者的特征，但不是未来组织的特征。

本书试图澄清事实：无老板公司叙事曲解了管理科层制度，未能理解其好处，忽视了组织设计的挑战，而倾向于简单的解决方案——这些方案可能会给遵循它们的公司带来灾难性的后果。我们批评无老板公司叙事的支持者推行一刀切的方法，没有考虑到影响组织绩效的多种偶然因素。

为了论证我们的论点，我们还追溯了无老板公司叙事的历史和文化起源，并将其与"合弄制"（holacracy）和"敏捷"式管理（agile）等相关且部分重叠的理念进行比较。我们批评了支持该叙事的证据。支持该叙事的主张范围很广，从基于几个"精挑细选"的例子对真实趋势的粗暴推断，到疯狂的猜测。其中许多主张是完全错误的。尽管有许多有趣的轶事，但背后几乎没有确凿的证据。与新叙事相关的理念会误导新闻工作者和学者，并损害那些可能急于抛弃现有管理结构以追求最新时尚的从业者。

在本书的第二部分，我们通过展示科层制度是对人类合作基本问题的理性回应，来阐述科层制度的合理性。科层制度不是创新的障碍，而往往是创新的先决条件，它与传统管理结构所导致的社会和文化弊病无关。

虽然本书是为管理从业者写的，但它借鉴了我们自己的经济学研究成果，部分研究成果与本书有重叠。我们对路德维希·冯·米塞斯和弗里德里希·冯·哈耶克等作者关于企业家精神和制度的"奥地利学派"思想以及理查德·朗格卢瓦、哈罗德·德姆塞茨、张五常和奥利弗·威廉姆森等学者关于组织经济学的文献有着共同的兴趣。

我们认为，这些思想将有助于从业者，因为关于管理权威的收益和成本，他们无法从流行的扁平化科层制度著作中获得完整而不偏不倚的观点。

我们的论点尤其适用于中国的背景，因为中国社会、经济、人口的快速变化为私营企业和国有企业的管理者创造了一个瞬息万变且复杂的环境。许多中国商业环境的观察家认为，中国上市公司为应对这种充满挑战的环境，采取了更宽松、更灵活的管理风格，团队自主性更高，并且愿意尝试新事物。海尔张瑞敏推崇的"人单合一"模式就是我们在书中简要讨论的一个例子。在大型多元化企业中，有着高度部门自主性的简单结构是一种流行的模式，可以快速扩大规模和重新配置，并迅速推出产品。与政府的密切合作也需要灵活性和适应性。

正如下文所描述的，与传统管理科层制度相比，这种模式可能具有重要的优势，因为传统管理科层制度的角色和职责定义更为狭隘——灵活性、对市场需求的响应能力和员工授权是竞争优势的重要潜在来源。但同样重要的是要认识到，鼓励试验和适应的自主权也会阻碍合作与协调！当任务、工作和子部门相互依赖时，后者尤其重要，这意味着每个任务、工作和子部门都必须将其目标和行为与其他目标和行为保持一致。任务、工作和子部门协调的收益通常远远超过了灵活性降低的成本——即使在快速变化的环境中也是如此！我们主张根据具体情况权衡这些成本和收益，而不是假设一种模式在所有情况下都是最好的。明智的管理者会尝试识别相关的意外情况，并在权威和自主权之间取得适当的平衡。这是一项具有挑战性的任务，我们的书为管理者如何思考和解决这些问题提供了许多实用的建议。我们希望您能认同！

尼古莱·J. 福斯、彼得·G. 克莱因

2024 年 11 月 22 日

第一章

炒掉所有管理者？

在1956年的经典电影《一袭灰衣万缕情》中，由格里高利·派克扮演的汤姆·拉斯就职于虚构的联合广播公司，是一位努力朝着高层晋升的初级主管。汤姆是一名二战老兵，在尽力适应平民生活的同时，也在平衡生活与工作。汤姆并不喜欢他的工作，也不喜欢他的老板，更不关心公司的业务，但他却觊觎公司大人物所拥有的金钱、影响力和尊重。随着他在公司不断晋升，他开始反抗对办公室文化——典型代表就是该电影名*所指的那种服装——的盲从和对20世纪50年代郊区生活的盲从。汤姆努力保持自己的个性和自主性，尽力维系家庭和谐与生计，同时也在公司的科层制度中游刃有余，这一系列情节构成了一个引人入胜的故事。

近些年大受欢迎的电视剧《广告狂人》也从那个时代的业界汲取了灵感，包括有型的帽子、商务休闲餐、办公室政治，以及在静谧的郊区景观掩盖之下的家庭阴谋。粉丝们喜欢复古的风格和鲜明的人物形象，但很少有人愿意回到《广告狂人》所描述的

---

* 《一袭灰衣万缕情》直译为《穿灰色法兰绒套装的男人》。——译者（本书脚注均为译者注）

科层制度中工作。

相比之下，想想2010年的大片《社交网络》所描绘的职场。该片在由全球117位影评人评选出的21世纪100部最佳影片中排名第27位，涉及创业和诉讼等美式话题，讲述了脸书（Facebook）的创办过程以及随之而来的各种争议。脸书早期文化的一个显著特征是其扁平化（flatness）——一群朋友和同学在没有老板（bosses）的情况下一起工作，并以流动团体的形式聚集在一起解决问题。

这两部影视作品描绘了两种完全不同的组织与管理形式。它们之所以具有典型性，是因为在大众的想象中，它们分别代表了不同的时代，暗示了不同的品位、工作和人际关系。扁平化、网络化、以团队为基础的组织形式与传统的管理科层制度针锋相对，或者以历史学家尼尔·弗格森的话来说，这是"广场与高塔"之分。[1] 在网络化的组织中，你将主动行动并让其他人追随你——正如脸书的CEO马克·扎克伯格所自述的哲学观，有时要"快速行动，打破常规"——因为你更优秀、更聪明或者更有魅力。而在科层制的组织中，只有在组织结构图中的上级允许你进行推动之后，事情才会有进展。

无老板公司叙事

如今，一派颇具影响力的商业书籍、文章、讲座以及大学和商学院课程认为，传统的管理科层制度已经消亡，或至少正在消亡——而且这是一件好事。它们不仅仅是说改革、重组和重塑通常是必要的。的确，一些公司的组织臃肿：通过精简层级、给予雇员更大的自主权反而能够提高生产力。但这一派——我们称之为无老板公司叙事——还包含更加激进的内容值得讨论。正巧发表在《哈佛商业评论》上的一篇文章以"首先，让我们炒掉所有管理者"为题，该标题可能是为了达到戏剧性效果，但它也清楚地表达了这一派的中心思想。[2]

由畅销管理学作家加里·哈默尔和米凯莱·扎尼尼撰写的《组织的未来：一个激发工作中每个人创造力的有效计划》是几十年来出版的一系列书籍中最新的一本。这些书籍告诉我们，更精简、更扁平、更敏捷的组织正在流行，而公司形式的老古董已经过时。[3]这本书及其所传递的信息引起了目标读者的共鸣：《组织的未来》是一本畅销书，并附带了由作者开发和经营的网络课程"组织的未来：精简我的组织"。另一个最近的例子是由弗雷德里克·莱卢撰写的大受欢迎的《重塑组织：进化型组织的创建之道》。[4]这本书已经在全球范围内卖出超过40万册，并且很可能是近十年以来最具影响力的管理学书籍。为了体现其充满新纪元（New Agey）意味的副标题*，这本书提供了一种"有灵魂的"（是的，没错）企业运营方式，在这种方式中，没有特定的绩效目标或具体的职位描述，并且也很少有预算。相反，它以"有灵魂的实践"为特征，当然，这使得组织异常高效且目标明确。

这一派的基本要旨是，在老板仍然存在的情况下，他们的控

---

* 新纪元是一种涵盖了许多不同的精神、宗教和哲学观念的运动，特征是去中心化和多元化，强调个人成长、自我实现以及与宇宙的和谐共存。本书副标题直译为"受人类意识的下一阶段启发的组织的创建指南"。

制越少越好。他们的工作是宣传公司文化和价值观、平衡互相竞争的股东之间的利益以及保证公司不受监管者和批评者的干扰,正如181家美国顶级公司CEO所做的那样,他们在2019年8月的美国商业圆桌会议上承诺,要做好的企业公民,不会将股东的利益置于其他社会利益之上。哈佛历史学家小阿尔弗雷德·D.钱德勒所说的管理这只"看得见的手"应当让位于劳动者自治、自我管理的团队、外包和平等主义的办公室文化。如今,这已成为占统治地位的商业叙事,不计其数的博客和《哈佛商业评论》里的文章要么在直接支持它,要么在间接反映它。这一叙事有时也被用来宣传如"敏捷管理"和"合弄制"等流行的自管理模式。

可以肯定的是,从《一袭灰衣万缕情》到《社交网络》的时代,职场已发生巨变。在企业界,一家家传统的、科层制的公司相继倒下,或至少变成了更小、更不重要的市场参与者。例如,人们都知道柯达(Kodak)的故事,以及其他著名的案例,包括施乐(Xerox)、百视达(Blockbuster)、诺基亚(Nokia)、杰西潘尼(JCPenney)、雅虎(Yahoo)、聚友网(Myspace)、梅西百货(Macy's)、日立(Hitachi)、宝丽来(Polaroid)、东芝(Toshiba)、睿侠(RadioShack)、网景通信(Netscape),还有玩具反斗城(Toys "R" Us)。这些公司中,大部分都因未意识到技术的深层次变革而失败,或者即便注意到了,也没能迅速采取行动。不幸的是,商业媒体和权威人士都相当一致地将这种失败归咎于公司的科层制特征,这里指的是一般性的科层制度,而非这些公司(中的一些)所采取的具体形式。

我们将详细介绍职场因社会、文化、技术和全球化的变化而发生的变化。同时，我们并不相信新的叙事，并认为这很大程度上是误导性的，它基于"精挑细选"的案例，缺乏理论依据或证据。

当然，批评是简单的，而创造要困难得多。除了无老板公司叙事之外，我们还能够提供什么呢？很简单：总的来说，无老板公司真正的替代品是传统的管理科层制度。像哈默尔、扎尼尼和莱卢这样的作者严厉批判传统的科层制度，但我们认为他们放大了科层制的问题，并忽视了它的优点。尽管存在着剧烈的技术变迁、信息经济的挑战以及愈演愈烈的全球竞争等（它们据称都对科层制度的消亡有所贡献），传统的科层制度在大多数公司中仍然发挥着重要的作用，并将继续如此。有着自我管理的团队、得到授权的知识型工作者和超扁平化组织的近乎无老板的公司——这类公司并不多——在总体上并未明显优于传统组织的公司。老板至关重要，他并不是公司的傀儡，而是设计者、组织者、鼓励者和执行者。

即便如此，组织公司科层制度的方式也有正确和错误之分。有的时候，正确的方式是有着众多老板的、陡峭的科层制度；其他时候，更加扁平的科层制度运转得更好。更重要的是，老板的角色发生了重要的变化。睿智的老板会在雇员的日常监督上花费更少的时间，而将更多的时间用于思考关键的战略问题，以及通过明确游戏的基本规则来设计公司：谁能够利用公司资源做什么？每个组织单元都要达到的整体目标是什么？如何制定最适合组织的激励措施？好的老板还会花时间应对不确定性，并通过处理雇员和部门之间的整体协调性来调整公司战略和结构。

在详细评述这些论点之前,有必要先厘清扁平化科层制度和无老板公司这一新叙事的背景。与《一袭灰衣万缕情》中严格的科层制度不同,当今的观众似乎更熟悉《社交网络》中流动性更强的世界,因为科技巨头已经取代了19世纪的制造业公司和20世纪的服务业公司,成为占主导地位的公司类型。一个又一个季度,微软(Microsoft)、谷歌(Google)、苹果(Apple)和亚马逊(Amazon)都能位列前五,Meta(Facebook)紧随其后。这些企业产生的新闻最多,同时也是我们的学生心仪的工作单位,这不仅仅因为它们是优秀的公司,还因为它们的工作条件很吸引人、很酷,有开放的工作空间、随意的着装要求以及水平的组织结构等。这些公司被看作是未来的弄潮儿,预示着扁平的、去中心化的、雇员赋权的、基于团队的、网络化的甚至"无老板"的公司的到来(不过,许多人认识到,领导着这类公司的经常是独裁的领导者,他们给人的印象几乎与已故的史蒂夫·乔布斯一样,都拥有强烈的控制欲)。

无老板公司叙事成为人们探讨公司时的新理念,其影响力也与日俱增。为说明这一情形,可以想象一个无科层制度、无权威的公司。在你工作的第一天,你会得到一本《新雇员手册》。它会欢迎你来到"平面国"(Flatland),"这是我们的简写方式,"手册解释道,"我们没有任何管理,也没有人需要向其他人'汇报'。我们的确有创始人–主席,但甚至连他也不是你的管理者。这家公司需要你来引领,需要你抓住机遇、远离风险,你拥有为项目开绿灯的权力,也拥有根据反馈迭代产品的权力。"哦,对了,如果你不喜欢当前的工作项目、一起工作的同事或者工作地点,尽管换一个就是了,这也是为什么你的办公桌装有轮子!

"平面国"是一家真实存在的公司:威尔乌(Valve),它是《反恐精英》等游戏的开发商。当它的雇员手册于2012年"遭泄露"时,它就成了新兴的无老板公司叙事的典型代表。然而,关于该公司是如何组织起来的,各种内部报告却讲述了截然不同的故事。一位前雇员说道,"公司内部实际上隐藏着一层强大的管理结构",这使得它"非常像一所高中"。另一位内部人士将其描述为一家由一群隐秘"大亨"所经营的公司。与任何一个社会体系相同,公司也会厌恶权力真空,并且也难逃社会学家罗伯特·米契尔斯所说的"寡头铁律"(the Iron Law of Oligarchy)。[5]如果正式的老板缺位,那么非正式的将会出现,天生的领导者将会站出来填补正式领导结构的缺失所带来的空白。所以如果你近距离观察这些表面上无老板的公司时,你会发现它们其实有着正式的老板。在威尔乌,承担这一角色的是加布·纽维尔,无数人阿谀奉承的对象。这直接表明,也许整个无老板公司叙事都有些虚假——这只是将人们的注意力吸引到领导者身上的一种手段,这些领导者具有个人魅力和影响力,并且一手创建和推广了扁平化的组织结构。我们将在接下来的几页中继续讨论威尔乌,因为我们要更加一般性地说明无老板公司叙事是如何描绘出一幅具有误导性的现实商业图景的。

从更正面的一侧来看,本书的关键主张是,从各种意义上来说《一袭灰衣万缕情》都是比《社交网络》更有用的企业生活与职场文化指南。与流行的观点相反,现实世界并未被更加扁平的（甚至无老板的）网络化组织所主导。非常扁平的组织结构确实存在，但它们只是异类，并很可能一直是异类。以收入衡量，全球排名前十的公司分别是沃尔玛（Walmart）、中国石化（Sinopec）、荷兰皇家壳牌（Royal Dutch Shell）、中国石油（China National Petroleum）、国家电网（State Grid）、沙特阿美（Saudi Aramco）、英国石油（BP）、埃克森美孚（ExxonMobil）、大众（Volkswagen）和丰田（Toyota），其中有一家零售商、两家汽车制造商以及一堆石油公司，所有这些公司都是按照传统的管理科层制度组织起来的。虽然传统的企业在从制造业向服务业转型的同时可能会发生改变，规模会变得稍小一些，层级会削减，任务授权的程度会增加，但这些企业与近乎无老板的公司仍然相去甚远，而后者却被认为是未来的弄潮儿。

此外，许多扁平化、网络化、去中心化公司的样板并没有看上去的那么特别。例如欧洲为数不多的大型科技公司声破天（Spotify），常常被看作典型的知识经济公司，并且在自由组建团队方面赋予了雇员很大的自主权。然而，经过更进一步的考察就会发现，声破天原来是一家相当普通的公司，即使它的围墙颜色更明亮、它的沙发更舒适、相比其他普通公司它的组织单元有着更时髦的名称。

中国的海尔集团是全球最大的家电制造商之一，在它所标榜的"人单合一"模式下，每个雇员都"像CEO一样行动"。作为真正的CEO，张瑞敏解释道："通过人单合一的模式，我们避免成为一个（有着传统封闭金字塔结构的）帝国，而是要成为一个（有着开放网络平台的）热带雨林。任何一个帝国最终都会崩塌，而热带雨林则是可持续的。"海尔集团将大部分决策权授予它的四千多个小微企业（micro-enterprises），这些企业又聚合成三千个"生态系统微型社区"（ecosystem microcommunities）。[6]不可否认，这是一个高度去中心化的模式，但这与发轫于20世纪20年代的去中心化的多部门架构之间并无根本区别，我们将在第五章讨论这一架构。

一个更突出的例子是维基百科（Wikipedia）这个终极的无老板组织。截至本书写作之时，这个开源、开放获取的众包词典涵盖了从Aa！（一个日本的流行团体）到Z.O.W.I.E.（一种虚构的间谍装备）等主题，几乎囊括了600万篇文章——这一惊人成就是传统的、科层制的、有组织的百科全书难以达成的。最新一版（2013年）的《不列颠百科全书》收录了大约4万篇文章，其网络版达到了惊人的12万篇，但这也仅仅是维基百科的五十分之一。维基百科看起来是打了传统的自上而下设计模式的脸。事实上，它看似非设计互动的"自发秩序"（spontaneous order）的典型例子，此概念由诺贝尔奖获得者F. A. 哈耶克提出，是指在没有任何中央指导的情况下，激发和撬动自下而上的自主性和知识。

但维基百科在一些关键方面是经过设计的；它并非以一种完全自发的方式出现。维基百科中的文章虽然由大众撰写和编辑，但其架构（包括底层代码、格式与内容规则、文章创建与修改规则等）是由吉米·威尔斯搭建的。威尔斯于2001年1月设立这一项目，亲自写了大部分代码，并且目前仍然担任维基百科基金会的负责人。威尔斯在奥本大学的经济学课上阅读了哈耶克的《知识在社会中的运用》一文,从此便确信自下而上的众包设计代表了目录、指南和其他信息资源的未来。因此,他着手创建了一个在线的开源百科全书。但是他所创造的"秩序"充其量也只能算是"半自发的"。

维基百科的案例颇具深意,并不是因为通常的那种解释(即无老板公司叙事),反而是因为众多解释都忽略的一点:一个初始的组织架构师及其设计框架的重要性。这引发了本书所关注的核心问题:在日益知识化、网络化和动态化的世界中,管理的界限在哪里?即使在一家生产完全是知识型的、雇员几乎完全匿名并通过松散的网络组织起来的企业,仍然需要管理来界定和执行基本的游戏规则。这种对管理的要求有哪些更广泛的影响?也就是说,在较为传统的组织中,即使需要从外部获取知识、雇用专家和脑力劳动者,并将许多决策主动权沿科层结构下放,管理的作用又是什么?

我们如何处理和回答这些问题在实践中意义重大,关系到我们如何向可能入职之人介绍公司,关系到我们的管理风格和言辞,关系到我们如何组织、管理和领导公司。例如,如果我们嘴上对雇员说着《社交网络》中所描述的路子,但实际上却按照《一袭灰衣万缕情》的方式管理公司(或者相反,但这种可能性很小),这种企业层面的虚伪将会导致严重的问题。奥迪康公司(Oticon)是首批尝试极端去中心化管理模式的组织之一。稍后我们将会看到,其宣称的策略与实际管理实践之间的脱节将给自己造成困难。我们如何回应这些问题,还关系到是否值得尝试实施"合弄制"和"青色组织"*的问题。从根本上看，重要的是我们是否采用了与生产活动相适应的组织和管理方法，这种方法应致力于为各个利益相关者群体创造价值。对于某些活动来说，或许极端去中心化配合少许传统科层制度的模式会运转得很好。但是大多数公司所从事的并不是这类活动。此外，如果商品和服务的确能在没有任何管理干预的方式下被生产出来，那么从一开始就根本不需要公司，个人和团体将自发地集中于市场。

传统的商业企业

那么，什么是公司呢？我们的看法是：传统结构的企业（有着所有者、高管、中层管理者和雇员）是诺贝尔奖获得者奥利弗·威廉姆森所说的"资本主义经济制度"中最突出的制度。当然，市场经济的特征是……市场。然而，在一个复杂的、现代化和工业化的经济中，几乎所有生产活动都发生在商业企业内部，而所谓的"市场"不过是企业间的竞争与合作罢了。企业家创建企业，雇员获取、整合以及重组资源，生产出种类不断丰富的消费品和服务，所有的这些活动都在管理科层制度的密切监督下完成，而管理科层制度本身又向代表投资者的董事会汇报。

20世纪末，对管理的普遍看法是由《一袭灰衣万缕情》等热门电影所塑造的。"职场电影"（office movies）实际上是一种

---

* 青色组织（Teal）是莱卢在其《重塑组织》中提出的一种管理模式，是组织形态进化的最终形态。在这种组织方式中，不存在管理者，团队成员以实现组织目的或使命而共同行动，所有成员都有权力、能够畅所欲言。

独特的电影类别。像《上班一条虫》(1999年)、《巴西》(1985年)、《穿普拉达的女王》(2006年)、《在云端》(2009年)这样的电影,以及像《办公室》这样的电视剧——或者一些像《我的总经理妻子》(1966年)以及《虚伪之地》(1968年)这样的非英文电影——都有着明确的主题:雇员讨厌枯燥的、能够一眼望到头的工作;科层制度将雇员变成了被公司驯服的哈巴狗;高管独断的乃至残暴的权力;以及当雇员加入非正式初创企业或放弃顺从企业时的解脱。威廉·怀特的著作《组织人》(1956年)也传递了类似的信息:大型的科层制企业或许更有效率,但也仅仅是一台毫无生气、毫无人性的机器。

当然,这台机器也有许多优点:它能够降低成本、能够降低输送给市场的商品和服务的质量波动、能够保证相对稳定的雇佣关系(包括基本工资),这些优点解释了该制度长期存在的原因。

在学术文献中,商业史学者小阿尔弗雷德·钱德勒撰写了两部关于管理科层制度的里程碑式的研究:《战略与结构》(1962年)和《看得见的手》(1977年)。这两本书说明了大型企业是如何利用其管理效率和生产力取代以前的小型企业的。企业通过将交易和活动内部化实现扩张,而以正式的科层制度组织起来的管理职能,对于理解企业是什么、做什么以及对于经济的运作而言至关重要。

有趣的是,虽然以传统方式组织起来的公司在流行文化中可能并不受青睐,但迄今为止大多数学者、记者、政策制定者仍将其视为经济活力、财富创造和增长的重要来源。甚至像约翰·肯尼斯·加尔布雷斯和拉尔夫·纳德这样希望对公司进行严格监管以避免危害的批评家，也无法想象一个没有大型企业的工业经济。发展中国家与农村地区已经开始招揽工厂、配送中心和其他大型企业，以此增加就业并启动经济。亚当·斯密的劳动分工理论从市场慢慢进入到现代工业企业内部。

科层制度的消亡？

以传统的方式组织公司存在着诸多好处，这一旧叙事业已成为大部分管理学思想的基础。它影响了经济学家、社会学家、历史学家以及其他学者对公司、科层制度和管理者的思考方式。它也是大部分学者、顾问和管理者思想的核心，几乎涵盖了商学院讲授的所有内容。吊诡的是，根据新近流行且影响力与日俱增的无老板公司叙事，上述标准解释竟然是错的，管理科层制度（在一些理解中，管理本身）曾经起到过作用，但现在已经过时了。正如弗雷德里克·温斯洛·泰勒所描述的老式职场——因此被称为"泰勒制"（Taylorite）——及其产业工人大军被受过高等教育、积极主动、独立且富有创造力的"知识工作者"所替代一样，传统的企业正在被更加扁平化的组织、P2P网络、分布式领导（distributed leadership）、平台、极端的去中心化、职工赋权、独立承包和企业家精神所取代。《斯隆管理评论》的主编保罗·米歇尔曼宣称，"无论是从组织内部还是从组织之间来看"，我们都已进入"一个去中介化的时代，管理层级终将坍塌，对中心化体系和可信中介人的需求终将消散，如果不是立刻消失的话"。[7]

留意这些声明中的将来时态！这些学者、专家和顾问在推销这一新叙事时，只是在预言而不是分析。支撑他们预言的，也仅是指出几个打破科层制度并采用更扁平化结构的公司。除了威尔乌，另一个经常受到吹捧的例子是一家线上零售商——美捷步（Zappos），如今已成为亚马逊的子公司，该公司采用了"合弄制"模式，旨在以灵活的、新兴的和自组织的团队来替代传统的职称与隶属关系。我们将在第五章详细讨论"合弄制"，届时将说明该模式在美捷步内部引发的一系列问题（讽刺的是，其中包括因没完没了的会议与协商而滋长的官僚体制），以及美捷步对该制度悄无声息的抛弃。即便如此，这段历史并未浇灭无老板公司支持者们的热情。

总体上看，有两种趋势通常被用来证明无老板公司叙事的合理性。一种是技术层面的：公司之间或雇员之间的交流能够通过电子界面进行无缝处理，并由区块链管理。另一种是心理层面的：从莱卢的主张，即人类意识发生了根本性转变（别忘了其著作的副标题提到了"人类意识的下一阶段"），到更加谨慎的（并且可以验证的）主张，即得到授权且有内驱力的千禧一代和Z世代[*]雇员无法在传统大型企业僵化、古板的官僚体制下工作。

这两种趋势的结果据说是：正如自上而下的、科层制的和传统的《不列颠百科全书》被自下而上、扁平化的和灵活的维基百科所取代，传统组织的公司也被"维基式"的企业赶出了市场，

---

[*] Z世代是西方流行的人口统计概念，大致包括从20世纪90年代末到21世纪第二个十年期间出生的人口，是首代从小就接触互联网和移动设备的群体。

后者以知识型和网络化为特征，并具有扁平化的结构、自组织的团队、雇员所有制、职工民主以及科层制度内部的市场自发力量的驱动。

据称，未来的管理模式是在IT支持下的极致授权与持续学习相结合的管理模式。我们将说明，去中心化不仅存在诸多好处，也存在成本，究竟是优是劣将由具体背景和当下形势所决定。本书将在众多有关"无老板"组织和"维基式"组织的论述中取其精华，来说明授权的收益何时能够超过成本——反之亦然。

遗憾的是，强有力的去中心化被当作"一招鲜吃遍天"的解决方案。顾问们提倡以合弄制和"敏捷"式管理框架（Agile Scrum）*等自我管理模式替代自上而下的权威行使模式，甚至完全消除权威（不过，我们将表明，这些工具并没有做到这一点）。"敏捷"式管理已经在诸多企业实行，如巴克莱银行（Barclays）、塞纳（Cerner）、罗宾逊物流（C. H. Robinson）、微软、爱立信（Ericsson）、拳头游戏（Riot Games）、谷歌以及声破天，奥维斯托克（Overstock）也通过内部的投票体系来决定公司优先事项。换句话说，这种企业组织的新叙事并非只是一套抽象的学术理论，或是浮夸的顾问言论而对企业毫无实质影响。相反，这些想法非常关键，并且已经在重塑商业。

代表这一新叙事的各种说法范围广泛，从根据一些"精挑细选"的例子来粗暴推断真实的趋势，到疯狂的猜测。但大部分说

---

* 敏捷式管理框架结合了"敏捷"式管理（Agile）的哲学与Scrum框架的结构。

法都是大错特错。尽管有很多绘声绘色的个案传闻,但其背后并无多少真凭实据。我们担心这些与新叙事有关的各种思想正在误导记者和学者,并可能潜在地伤害那些急于抛弃现有管理结构以追求最新时尚的从业者。

互联网、廉价可靠的无线通信、摩尔定律、微型化、信息市场以及其他技术奇迹,给制造、零售、运输和通信等领域带来了翻天覆地的变化。尽管如此,经济法则仍然是经济法则,人性并没有变,管理和商业的基本问题(如何通过聚合、组织并激励人员和资源以生产消费者需要的商品与服务)仍然一如从前。自工业革命以来,企业家就一直在既非完全中心化又非完全扁平化的公司中组织着极其复杂的活动。想象一下19世纪和20世纪初经营国家铁路、钢铁厂或汽车装配厂的复杂性。这些都是在以不同结构组织起来的团队中进行的"知识型活动"(knowledge-based activities)。小阿尔弗雷德·钱德勒的历史著作表明,大型企业的兴起并不仅仅取决于对生产和分销的投资,还取决于将决策权授予整个公司层级的创新管理结构。当下的情况有所不同吗?

核心观点概述

本书既是批判性的也是建设性的。首先,我们以怀疑的眼光评估了无老板公司叙事,并指出这种叙事错误地判断了商业领域的关键趋势。诚然,许多公司已经通过减少中层管理职位来精简层级,并将决策授权给公司科层制度中级别较低的雇员。这一趋势在新冠疫情期间急剧加速。旅行限制使得跨国公司无法将管理者派往国外，因此本土子公司必须承担更多的责任。同时政府也要求公司让其雇员回家，这使得他们的工作受到了更少的正式监督。

在科技作家艾德·齐通看来，疫情给我们的教训是"美国的管理者太多了"。他认为美国"比世界上任何一个地方都更加痴迷于管理这一概念"，而管理是一种"头衔而非一门学科"，它"关注的是如何邀功诿过，而非真正的管理他人"。[8] 这种将管理视为生产力流失的观点越来越普遍。但这是错误的。管理对于协调人员、资源和任务至关重要，特别是当受到疫情这样无法预测的冲击而又必须做出远程工作、授权决策以及重组供应链等决策之时（齐通自相矛盾地承认了这一点）。

本书提炼了有关管理科层制度的本质和目的的关键思考与关键证据，以此展示优秀的管理者的做法以及管理的角色是如何变化的。我们讲述了一个管理权威和公司科层制度变革的故事。尽管一些大师连同其所倡导的潮流都要求缩减或是消除科层制度，甚至宣扬完全无老板的公司，但我们将呼应马克·吐温的观点，表明科层制度的消亡被严重夸大了，并且科层制度也不应担此恶名。正确行使的权力与科层制度对公司的蓬勃发展是有益的，也是必要的。但要认识到这一点，必须首先理解科层制度和权力在现代知识型经济中所起到的关键作用。概言之，我们揭示了21世纪科层制度积极的一面。

我们是这样讲述这个故事的：

我们批判性地讨论了关于管理的这一新叙事。我们从理论视野与历史视野出发，评估了科层制度消亡的各种说法。在整本书中，我们一一检验了用以佐证新叙事的常见案例，其中不仅包含威尔乌、美捷步，还包括纺织与服装公司戈尔（W. L. Gore）、番茄生产商晨星（Morning Star）以及助听器公司奥迪康，所有这些都是创造无老板公司这一神话的典型企业。[9]

这一神话由两部分组成：首先，当今最振奋人心的、最创新的公司都是无老板的，或者是几乎无老板的；其次，所有其他公司也应当欣然采纳这一模式。正如创新管理领域的专家，昆士兰大学商学院的蒂姆·卡斯特勒所言："是时候重新考虑如何管理了，不如就从让每个人都成为首席开始。"[10]莱卢也将其扁平化（且以人为本的）组织（他称之为"青色组织"）视为一个普世模型，而非仅仅适用于个别行业中个别公司的模式。在2018年的采访中，他如此解释道：

> 我了解到大量的制造业企业都通过这种新的实践实现了繁荣，许多零售商也是如此，还有科技初创公司、非营利组织、医院、学校、静修中心，以及一些采取自我管理制度的卡车司机和清洁公司，等等，凡是你能想到的，几乎都采用了这种模式。在近几个月中，我突然听说许多市政府和地方政府也要采用这一模式。
>
> 最令我震惊的还是一些超大型组织的CEO真正理解了本书*的思想，并且正在推动他们的组织朝这一方向努力。对我来说，这充满了希望！当然，重塑这样的大型组织需

---

* 指莱卢的《重塑组织：进化型组织的创建之道》。

要花费更长的时间，但令人欣喜的是目前已现端倪。[11]

相比之下，其他作者则更为谨慎，他们承认无老板模式可能并不适用于所有情况下的所有公司。然而，那些更夸张的言论通常都不会那么考究严谨。

本书将说明，这一神话建立在对公司工作内容和运作方式的根本误解之上。基本的经济理论认为，如果没有人负责组织和运营，那么组建公司就毫无意义——否则每个人都会成为独立的承包商。即使是合伙关系通常也存在某种科层制度，其中一个合伙人将比其他人承担更多的领导责任。的确，将责任下放、授权雇员以及采取更加去中心化的结构会有一些潜在的收益。但是更扁平化的科层制度也会带来成本，例如协调雇员与活动变得更加困难，特别是在面临高度相互依赖的任务时。当去中心化的收益大于成本时，它才有意义，有时确实如此，但并非总是如此！

若忽视这些附带的成本，盲目追求扁平化结构，将带来巨大风险。这种想法将鼓励公司跟风追求新的潮流，而不仔细考量其在本公司的可行性。它只是凑热闹，热衷于眼花缭乱的口号、花哨的行话、社交媒体的关注，而不是深思熟虑、谨慎斟酌如何实施更好的管理。"无老板公司总是最棒的"，这种新叙事忽略了我们所说的"无老板公司的险境"：低效、不够灵活、停滞不前——而这正是这种叙事号称能够避免的结果！

这些险境源自结构、透明度、监管和领导力的缺失。没有明确界定的职位与责任，就很难快速、顺畅地协调人员与任务。若没有正式的规则和程序，一切都将被政治化，决策将变得混乱不堪乃至引发冲突。若缺乏专业的管理者，就会丧失指导和监督高效能人才发展的机会，解决分歧也只能依靠没完没了的会议与争论，此时公司将无法适应由竞争对手、监管机构或技术带来的外部变化。[12]

我们将看到，无老板公司模式通常伴随着个人崇拜、缺乏明确的使命和焦点以及因此产生的雇员整体上对工作不满意等问题，尽管该模式的支持者大声疾呼，说情况并非如此。矛盾的是，管理与科层制度恰恰有助于提升公司的灵活性和适应力。

公平地说，的确有几家公司在采取近乎无老板的结构的同时，也避免了上述风险。技术与流程简单的企业几乎不需要协调人员与工作流程。例如，沙夫利特汽车玻璃（Safelite Autoglass）公司的单个雇员就可以为汽车和卡车更换破损的挡风玻璃。执行独立任务的雇员并不直接依赖于其他雇员的工作，因此在生产过程中也不需要老板来理顺任务之间的联系。不过，可能仍需要老板来确定任务并提供激励。即便任务简单，完全无老板也不可能是最成功的模式。

然而，对于大多数公司来说，无老板公司结构的危险是实现利润和增长的障碍。人员、任务、工作流程通常是**相互依存**的，并且很难通过自下而上的方式自行组织起来。实行无老板结构的代价是高昂的！我们将通过实例和逻辑推理阐明这些问题，并揭示如何规避这些问题。

新叙事的另一个大问题是，证据与大师们的夸张说法不符。仅以无老板公司叙事中的模范公司为例。尽管奥迪康和晨星等公司尝试了彻底的去中心化模式，但管理者在其中的每一个阶段都发挥了重要作用。此外，这种扁平化结构之所以有效（或只是看上去有效），只是因为他们已经拥有能轻松实现去中心化的技术。例如，威尔乌公司依靠高度模块化的软件开发模式，很容易授权给自我管理的团队。而在其他的例子中，管理之手事实上相当重要，例如美捷步就面临高层管理者地位过高甚至具有压倒性优势的问题，我们将在后文继续说明这一点。这些证据表明，要么支撑无老板叙事的案例是"精挑细选"的，要么整个新叙事都是误导性的。

最后，我们要说明的是，即便像戈尔和晨星这样看起来成功的扁平化组织的范例，也只是特例而已。它们仅仅是有趣的谈资，但并不能为管理者提供具有普遍意义的经验教训。戈尔和晨星的模式无法规模化、难以复制，并且在促使其成功的因素中，运气和特殊的形势与其精心制定的管理哲学同样重要。每一个如美捷步这样的媒体宠儿，都对应着像Blinkist这样的公司，这是一家德国公司，专门制作重要书籍的简短摘要（希望包括我们的书！）。Blinkist曾尝试以合弄制替代其传统的管理结构，但两年后就发现：

> 这个原本承诺自由的大胆实验反而成了束缚。"与其说在解决问题，不如说我们将所有时间都花在了讨论如何以合弄制的方式解决问题上"，[联合创始人尼古拉斯·] 詹森说道。Blinkist得出结论：照本宣科与唯老板马首是瞻一样麻烦。"我们确实低估了一件事，那就是让新人完全熟悉一个全新的工作方式需要循序渐进地解释。新人要了解整个

系统需要学习很多新词。"[13]

我们认为，在知识型经济中，**管理变得越来越重要了，而非相反**。与新叙事不同，为满足当前环境的需求，管理权威甚至比以前更加重要了。在知识型与网络化的经济中，环境的可预见性更低了，而管理的部分职能便是引导公司适应不确定性。当发生公司现有规程无法处理的非常事件之时，管理者就会介入处理。当环境变得难以预测时，由管理者处理不确定性就变得更加重要了。

事实上，面临技术、监管和全球竞争等重大冲击而得以幸存的公司，都拥有强势的、魅力型的且很权威的老板。史蒂夫·乔布斯可以说是史上最伟大的东山再起的企业家，当公司面临重大重组时，他顶住重重阻力做出了艰难的决定（砍掉牛顿项目，与微软建立合作伙伴关系），从而拯救了苹果公司。许多耳熟能详的、成功扭亏为盈的企业案例都与个人联系在一起，这绝非巧合。例如苹果公司的乔布斯、IBM的路易斯·郭士纳、惠普（HP）的卡莉·菲奥里纳、星巴克（Starbucks）的霍华德·舒尔茨以及漫威（Marvel）的彼得·库尼奥。这给我们的启示是，集中的决策权往往可以减少因更具协作性和由共识驱动的方法而导致的延误。

此外，研究表明削减层级结构的公司往往并未去中心化——情况恰恰相反。例如，丹麦玩具公司乐高（Lego），最近转向了更加中心化的商业模式。近年来，乐高在减少管理层级的同时，扩张了上层管理层级，引进了职能专家，并使高级管理者更加贴近具体运营。乐高的举措可能是更加普遍的趋势的一部分。研究人员对《财富》500强中的300家公司14年来的管理层及其报酬进行了研究，结果表明，尽管公司的层级在不断精简，但其高管团队（定义为直接向CEO汇报的人员数量）的平均规模却翻了一番，从五个增加到了十个。更重要的是，高管们更频繁地干预经营决策。这一结果是反直觉的：与垂直结构相比，扁平化结构也可以有更多的微观管理（micro-management）[*]。

我们解释了管理如何满足公司运营中最基础的需求。从马克斯·韦伯到切斯特·巴纳德、罗纳德·科斯、小阿尔弗雷德·钱德勒、赫伯特·西蒙、奥利弗·威廉姆森等思想家的基本观点仍是理解科层制度及其功能的最佳方式。他们认为，管理往往可以协调组织内部的活动，并使人们更好地协同工作，而这是其他任何已知的方法（包括非结构化、自下而上的组织、自发的协调）都难以企及的。我们自己和本领域其他同僚的研究都发现，在决策具有时间敏感性、关键知识集中在管理团队内部、行动或任务之间具有很强的互补性等情况下，管理（也就是行政权威）是相当重要的。这些情形恰恰是网络化、知识密集以及超级竞争经济的标志。事实上，我们认为上述情形以及随之而来的极强的时间敏感性、对专业决策制定的需求以及对内部一致性的关注，恰恰解释了我们的经验观测，即为什么在公司不断精简管理层级的同时，上层管理团队却在不断扩大。

我们比较了不同类型的行政权威和科层制度。新叙事中正确

---

[*] 一种管理者过度干预和控制下属的工作细节，缺乏信任和授权的管理方式。

的一面的内核是：面临众多日常业务，雇员不再需要老板来指导或监督进度。事实上，这种介入可能会打击雇员的积极性。在以分散知识（dispersed knowledge）为特征的网络化经济中，知识储存于高素质专业人士的头脑中，从而领导者需要摒弃"事务应由上层管理"的观念。这意味着"权力"需要被重新界定。管理者需要改变指定具体方法和流程的做法，转而阐明希望雇员遵守的原则和达成的目标。换句话说，他们可以设计游戏规则，而不具体指定参与者的行动，就像前述维基百科创始人吉米·威尔斯的例子那样，他不控制维基百科词条的内容，但他设计了词条格式的结构、修订词条的流程以及解决争议的程序。

除了制定有关奖励、指导、规则和沟通的准则之外，还需要其他手段来帮助雇员应对外部变化和突发事件，例如新冠疫情。比如，在紧急情况下，雇员不希望在获得老板许可之后才能做出应对——他们需要对"如何做事"有一个基本的理解。高效的领导者很擅长界定这种框架。若任凭文化自行发生、渗透，而不经深思熟虑的组织和设计，将会导致一些问题——其中最重要的是无序竞争的文化，这种文化仅有利于特定雇员，且以损害其他雇员利益为代价。

我们赞同这一说法：新的环境表明有必要重新定义传统的管理角色。虽然世殊事异，但仍然非常需要有人来确定整体框架。在知识经济时代，上层管理者的首要任务就是确定并实施组织的游戏规则。

无老板公司的悖论

流行的叙事认为,彻底去中心化、事实上无老板的公司要比以传统方式组织起来的、科层制的公司更好,但这显然是自相矛盾的。它与我们内心的直觉和经验相悖:虽然我们崇尚自主、个人主义和自由(尤其是免受残暴政府统治的自由),但科层制却根植于人类这个物种!

我们生于家庭、长于父母或监护人的引导与指导之下。英国心理学家约翰·鲍比提出的依恋理论认为,婴儿与其父母或照看者之间是否存在"安全纽带"是影响未来生活满意度的主要因素。随着年龄的增长,我们获得了更多自由,但规则是由成年人制定的。在学校,我们会追随酷小子或明星球员,我们也会尽量避开校霸。所有这些人都对我们拥有正式或非正式的权威。我们(通常)会听从和服从老师的教导,毕业后我们为值得(或不值得)尊敬的老板工作。我们当中的一部分人则自立门户,尽早离开舒适区并自主创业。但即使是一个初创公司也有股东、监管者、律师以及其他我们需要服从的权威人士。我们的大多数关系在某种程度上都是科层制的。

科层制度可能令人感到不快。无论是功能失调的家庭、压抑的寄宿学校还是纪律严明的军队生活,科层制度都令人感觉不妥,与我们的利益相悖。历史上充斥着科层制度的恶行,人们都清楚科层制度在20世纪的战争、种族灭绝以及其他恐怖事件中发挥的至关重要的作用。

但科层制度也有好处。家庭关系、文化和社会联系、宗教以及运转良好的企业都存在层级、权力脉络和规章制度。事实上，没有制度、没有诺贝尔经济学奖得主道格拉斯·诺斯所说的"构建政治、经济和社会互动的人为设计的约束"，就不可能有合作与协调。他所说的约束是指那些告诉我们什么可以做、什么不能做的政策和规则。这些约束可以是非正式的（习惯、禁忌、传统），也可以是正式的（宪法、法律）。正如诺斯所说，这些约束"创造了秩序，减少了交换中的不确定性"。[14]没有那些告诉我们什么能做什么不能做以及我们如何相互联系的规则，社会将分崩离析。我们确实需要游戏规则。科层制度就提供了这样的规则。从某种意义上说，他们**正是**现代经济社会中的关键规则。

悖论就此产生。一方面，我们有一种非常流行的管理思想流派，即从根本上怀疑甚至憎恶老板和科层制度。另一方面，常识与大量证据（我们稍后会详细说明）表明科层制度和老板是天然存在的，甚至是必不可少的。如果科层制度如此重要，那么我们又该如何解释像威尔乌这样常常被描绘成终极的、非科层制的、无老板的公司呢？

在接下来的篇幅中，我们将以丰富的细节呈现出大量案例并对其进行分析。我们希望能够说服读者：尽管去中心化和授权是管理者工具箱中的重要组成部分，但它们仅仅是特定条件下使管理者更有效率的一种策略与做法。换句话说，去中心化与授权并不等同于无老板，也不等同于科层制度的消亡。

第一部分

无老板公司

大多数表面上的"无老板"公司其实名不副实。扁平化结构在某些案例中是行得通的,但激进的去中心化存在许多风险,包括当公司的事务必须以某种特定方式统一处理时,协调人员和任务所产生的困难。正如管理思想家早就知晓的,所有组织公司的手段都有利有弊。

第二章

欢迎来到平面国

上一章介绍的电子游戏开发商和发行商威尔乌,是激进去中心化(几乎无老板公司)的最著名的当代案例之一。威尔乌是如何组织起来的?这一结构运转得有多成功?这个公司真的是无老板的吗?本章将进一步说明这些问题。

威尔乌的真相

即使你不知道威尔乌这个公司,你或许也会熟悉它的产品。在过去二十年最受欢迎的电子游戏中,有相当一部分是威尔乌制作的,例如《反恐精英》《传送门》《胜利之日》《军团要塞》《求生之路》《刀塔》。1998年发行的《半条命》以及次年的《反恐精英》等热门游戏令威尔乌具备了极强的盈利能力。2017年,其收入超过40亿美元,这对一家仅有400名雇员的公司来说是个巨大的数字(事实上,威尔乌是2012年全美人均盈利能力最强的公司)。在2016年,将近40%的游戏是通过威尔乌的Steam平台发布的。[1] 截至本书写作之时,它在PC端游戏中占据了大约80%的发行量。

威尔乌由两位微软前雇员加布·纽维尔和迈克·哈灵顿于1996年创建，是无老板公司叙事中最著名的典型代表之一。这并不意外。威尔乌巧妙地推销了其组织结构。正如BBC于2013年指出："去年，一本介绍其不寻常的组织结构的手册被泄露到网上，导致这家电子游戏开发商引起了轰动。"一位作者将这本手册描述为"一场关于职场的极具诱惑力的新构想，这令科技界欣喜若狂"。这消息已经传遍了。在一项2014年的研究中，超过2200名游戏开发者将威尔乌列为最理想的职场，对其评价甚至超过了"我自己的公司"。[2]

2015年，时值希腊财政部长扬尼斯·瓦鲁法基斯正在反对欧盟控制希腊宏观经济的计划（但并未奏效），并成为欧洲政坛的核心人物，威尔乌也收获了媒体的关注。瓦鲁法基斯曾是威尔乌的"常驻经济学家"，负责监督其游戏中的虚拟经济。[3]在一篇出奇自相矛盾的文章中，英国杂志《新政治家》（不完全是私营企业的朋友）对威尔乌着迷，认为它是"第一家反资本主义的软件公司"，因为它的组织体现了"完美的无政府主义集体"——一个让热爱自由的人可以自由结合并推进自己所选择的项目的地方。正如文章所说，这一自由也有底线，"如果'自己所选择的项目'仅意味着将全部工作时间花费在为你的放克车库乐队演奏拍弦贝斯的旋律，那你可能会被要求另谋高就"。但后来，从瓦鲁法基斯那里了解到，威尔乌可能被认为是"完全相反：自由市场理念罕见地进入企业内部"，《新政治家》总结道，我们并不清楚威尔乌究竟是"自由市场主义者的美梦，还是噩梦"。[4]

虽然威尔乌以其游戏发行商而闻名，但它也越来越多地涉足数字商店和分发平台——Steam。Steam平台发行于2002年，它的出现是因为威尔乌难以维护其游戏的补丁，而补丁可以使玩家跟上更新进度。当威尔乌无法找到能够提供这种服务的供给商或开发者时，企业就自己开发建立了Steam平台。现在，其他公司也在Steam平台上发布他们的游戏，该平台占到了线上游戏行业数字销售量的绝大部分份额。Steam平台的成功促使威尔乌从游戏开发转向为行业提供服务。

一些评论家并不认可这一转型，他们更希望威尔乌专注于游戏设计。"怎么回事？"一位记者在2019年愤怒地问道，"一句话：资本主义。威尔乌通过其Steam平台使自己从一个游戏开发商摇身一变成为冷酷无情的金融掮客。Steam平台业已成为最大的数字游戏发行平台，这使得威尔乌能够在几乎不生产任何新作品的情况下赚取巨额利润。"[5]当然，开发和维护一个发行平台与制作一件在该平台上销售的产品具有同样的"创造性"。（有谁会说亚马逊不是一家富有创造力、创新力和突破常规的公司？）[6]

前文提到的《新雇员手册》描述了威尔乌特殊的组织设计，其副标题为"当没有人告诉你应当做什么的时候，知道该做什么的无畏冒险"。手册一开始就点出了摒弃科层制度、无老板的主题：

> 科层制度对于保持可预测性和可重复性非常重要。它简化了计划，并且使自上而下地控制一大群人更加容易了，这也是军事组织如此依赖它的原因。但是，如果你是一家娱乐公司，在过去十年间竭尽全力招募全球最聪明、最具

创新精神、最有才华的人，然后告诉他们坐在办公桌前按部就班地工作，这将抹杀他们99%的价值。我们要的是创新人才，这意味着需要维护一个能让他们尽情发挥的环境。这就是威尔乌为什么推行扁平化。这是我们的简写方式，表明我们没有任何管理，也没有人需要向其他人"汇报"。[7]

让我们来引用这本手册中更多的内容。这是一份生动的文件，有趣且又有些愤世嫉俗，迎合了千禧一代和Z世代的讽刺风格。该手册坦率地列出了威尔乌不擅长的领域，如知识分享、长期预期和员工辅导。一家知识型公司并不擅长分享知识和辅导！威尔乌试图通过招聘政策弥补这一缺点。它偏爱"T型"人才，这类人群"既是全才（T的横代表他们在宽泛的、有价值的领域内拥有很高的技能），又是专家（T的竖代表他们在很窄的学科领域内也是佼佼者）"。[8]这份手册反复强调了招聘正确的人的重要性，这些人可以凭借自身的主动性去发现有趣的工作、不惧怕向他人提出新的想法并且能够在"平面国"偶尔出现的混乱环境中游刃有余，甚至可以"乱中求胜"（借用这句谚语），因为他们珍视得到授权和信任的机会。

手册传达的想法是，"正确的"人不仅仅有动力去主动搜寻他们所需的知识，更重要的是他们知道去哪里搜寻这些知识。拥有这样的雇员，公司就不必构建正式的知识管理系统。知识管理系统拥有庞大的数据库，要求雇员将新知识录入其中，并在需要的时候从中检索（但这些雇员通常不需要这样做）。拥有非常能干和具备强大自驱力的雇员，公司也不必进行职位描述，因为雇员可以自己发现需要做什么。因此，这份手册的术语表中对"管理者"的定义是："我们并没有这种人。所以，如果你见到了一个这种人，请告知他人，因为它很可能是先于我们入驻这栋建筑的幽灵。不管你做什么，千万别让他以幽灵般的主动对你做范例介绍。"（真是一种对介绍和范例的辛辣讽刺！）

或者，至少他们有这样的想法。即便能力出众的雇员，有时也会受到激励去追求自己的利益，而非公司的利益〔在学术文献中，这被称作"委托-代理问题"（principal-agent problem）〕。为缓解这一问题，公司实行绩效管理制度，以使雇员积极性和公司目标保持一致。威尔乌采取一种"360度评估系统"，在这种制度下，每个人都为其他所有人打分，并且所有雇员都按照绩效结果进行排名。为构建这一评价体系，威尔乌组建了一个专门的团队对雇员进行访谈，询问他们与谁共事以及与该雇员共事的经历。该团队将反馈信息进行匿名化处理后再发放给雇员们。

这一审查的结果——具体的评分和排名——影响了雇员的年度奖金份额。由于奖金池巨大，一个差评可能会导致相当大的收入损失。正如扬尼斯·瓦鲁法基斯所解释的，"最终奖金可能会是基础工资的5倍、6倍乃至10倍。"[9]明白了吗？威尔乌雇员获得的奖金并不是科技领域常见的基础工资的10%、20%或者30%，而是高达十倍年薪的奖金。排名下跌意味着损失惨重！

威尔乌也大量使用了规范。瓦鲁法基斯用F. A. 哈耶克的术语"自发秩序"说明了这一问题（哈耶克是奥地利裔英籍的美国经济学家，并且是古典自由主义思想家，也是吉米·威尔士的启蒙者）：

重要的是要明白，这种基于自发秩序的企业在很大程度上依赖于相信支配其生存的社会规范的个人。因此，究其本质，不会有人试图滥竽充数，也不会有人试图以某种方式制造烟幕弹来掩盖自己并不善于工作的事实。[10]

更扁平、更松弛、更网络化

出于各种原因，威尔乌业已成为无老板公司叙事中的典型。它是一家科技公司，生产年轻化的时髦产品，他的组织结构是"无老板公司"作者们主要思想的集中体现：极大的授权、自组织、强大的激励机制以及良好的组织行为规范（稍后我们将看到，现实中并非完全如此）。

请记住，无老板公司叙事是一种反映在商业书籍、咨询公司推崇的项目以及大学课程中的流派，它们宣扬权威与科层制度的消亡，宣扬扁平化的、自组织的、有技术支持的、无老板的组织对其取而代之。《社交网络》描绘了未来的职场，而《一袭灰衣万缕情》或《广告狂人》中的办公室文化却像其性别刻板印象所暗示的一样死气沉沉。

确实，表面上职场行为已不同以往。但其中更深层次的含义是，《社交网络》中的职场比它的各种前身要**好**得多。更扁平、更松弛以及网络化的办公场所解放了人和他们的创造力。它是民主而平等的。通过让受教育的劳动者们可以访问电脑和手机中近乎无限的信息，它授权他们应用自身的知识和技能。一个更松弛、更有弹性的办公室文化具有适应性，也更有利于平衡工作与生活。如果你接触过近年来关于组织战略的商业书籍，你就会发现如下书目：《维基经济学：大规模协作如何改变一切》《海星式组织：重新定义组织模式》《未来是湿的：无组织的组织力量》《去老板化》《组织的未来：一个激发工作中每个人创造力的有效计划》。[11]这些书籍都告诉我们更精简、更扁平化、更敏捷的组织正在流行，而公司形式的老古董已经过时。

初看之下，这些书籍似乎抓住了我们的经济和社会的根本性变化。当我们想查资料时，我们使用的是众包的维基百科，而非老式的《不列颠百科全书》。我们越来越多地使用由打"零工"（gig）的普通人所提供的打车、留宿、外卖以及各类专业服务，所有这些服务都通过一个应用程序来组织协调，而不再使用由大企业雇员提供的服务。我们对这种结构松散、去中心化、自下而上的行事方式感到舒适。然而，无老板公司叙事严重夸大了它们的好处。

当你有一个激进的想法时，如果你能指出一个看似有效的实例，这将有助于你想法的传播。政治激进分子就常常苦于其想法难以付诸实践。"停止资助警察"（Defund the police）的口号在2020年社会正义抗议活动中吸引了许多关注*，但事实证明，没有人真的想完全废除警务，也很少有人有关于如何改进的具体想法。在管理学思想中的激进想法亦是如此。无老板公司叙事的支持者们并没有很多例子可供参考（因此，数十篇文章、博

---

* 2020年5月，非裔美国人乔治·弗洛伊德（George Floyd）在被警察跪压时死亡，以此为导火索，美国爆发了以"停止资助警察"为口号的大规模社会抗议活动。

客、图书章节都是关于那几家公司的，通常是威尔乌、晨星和美捷步）。

不论是无老板公司叙事还是对科层制度的攻击，都不是什么新鲜事。管理大师、商业顾问、管理学教授以及一众商业巨头们似乎已经兜售这种概念很久了（本书将提供更多的细节）。在主要的管理大师中，汤姆·彼得斯几十年来一直争辩道，科层制度会扼杀创造力、向专制的管理者赋权，以及阻碍人的潜能。如今，加里·哈默尔和弗雷德里克·莱卢（以及他们的众多追随者）也在附和这一观点。他们都在敦促我们打破企业科层制度、摆脱老板，或者至少让老板们不再胡作非为。将科层制度夸张地扁平化已经成为商界中各个领域的口头禅，而不仅限于大师和顾问们了。

Autopilot HQ公司的CEO迈克·沙基*为客户公司分析了消费者数据，并告诉《快公司》："我认为无论何时我看到的决策或执行层面的失败，均是由于有太多层级参与了决策。"[12]特斯拉（Tesla）和太空探索技术公司（SpaceX）的CEO埃隆·马斯克提到，在传统的科层制度下，如果一个部门的雇员想同另一个部门的雇员接触，"将不得不向其经理反映，再由经理向其经理反映，再由他和另一部门的经理沟通，再由该部门经理知会其团队成员。随后，反馈信息再反方向传递一遍。这种流程简直愚蠢至极"。他向特斯拉的管理层警告说："不要说支持，但凡允许这种情况发生的，便请即刻另谋高就，这不是在开玩笑。"[13]

---

* Autopilot HQ公司已更名为Ortto，其CEO迈克·沙基的正式名字为迈克尔·沙基（Michael Sharkey）。

许多管理者听过无老板的模式并被说服采用该模式。虽然很少有人能完全采用，但过去几十年中我们还是见证了公司治理向去中心化、授权、职工赋权以及由管理者设计框架和流程而非由其监督日常活动等模式转变的趋势（即便如此，我们仍要申明这一趋势比它宣传的要弱得多）。例如，二十年前联合利华公司（Unilever）据称至少有36个管理层级，但现在已减少为6个。[14]

在我们目前所处的网络化的知识经济时代，这些变化是合理的。当工作围绕临时项目展开并依赖于点对点（P2P）软件工具时，传统中层管理者的工作（主要负责监督和指导）就变得更加复杂。她将很难指导和监督她不了解的项目细节，也很难控制团队内部状况。然而，在同侪团队中工作的雇员或许能够自我指导和监督。这并非万能的，因为这类团队也有自己的问题。但是，无老板公司叙事的核心是，有时同侪组织和同侪监督能够胜过中层管理者的监督。

有关无老板公司的文献越来越多，其基本内涵则源远流长。几十年来，去中心化、扁平化和授权一直存在于咨询顾问、教授、管理学大师甚至CEO们的词典中。或许是通用汽车公司（General Motors）的艾尔弗雷德·P.斯隆开创了这一趋势。他从20世纪20年代至50年代一直担任通用公司的CEO，并且是20世纪最重要的企业高管之一。虽然通用公司是美国最大的工业企业之一，并且常与IBM和美国钢铁公司（US Steel）一起被视作最传统的科层制度组织，但它事实上并未按照常规的科层制度进行管理。相反，正如斯隆在自传《我在通用汽车的岁月》中解释的那样，他为通用汽车采用了高度去中心化的组织架构，并以顾问的身份管理公司，倾向于说服而非直接命令雇员。[15]这听上去要比专制的指令好得多。有了斯隆作为这种方法的代言人，扁平化、去中心化、精简化等思想在管理者中引起强烈反响也就不足为奇了。不出意外，这些思想仍在不断推广，甚至更胜以往。

然而，尽管几十年来人们一直呼吁更加扁平化、精简化和赋权的管理结构，企业这一庞然大物仍未消失。它们可能永远也不会完全消失。但是正如弗雷德里克·莱卢在其影响巨大的宣言中坚称的那样：它们或许需要被"重塑"（reinvented）。[16]同样，汤姆·彼得斯和加里·哈默尔等主要的管理学大师们从20世纪80年代以来也一直在阐述同样的观点。不过，这种思想在两个关键的方面产生了变化，使得无老板公司叙事在其坚实的历史根基上显得焕然一新了。

其一，其核心思想变得更具可操作性和实用性。汤姆·彼得斯的著作都是布道式的或大而无当的，比如《追求卓越（实践版）》和《追求卓越（个人成长版）》。[17]相比之下，莱卢的《重塑组织》更加实用，它提供了实操建议和现实案例，向读者展示了如何做决策、解决冲突、推广企业文化与价值，当然，还有如何接受舒适空间（safe space）和情绪管理等软管理手段。

其二，其核心思想变得更加全面和野心勃勃。最准确的例子还是来自莱卢。他将未来的公司称作"青色组织"。在其中，雇员将实行自我管理，组织在面临变化时也将更具适应性（后文将进一步阐述）。不过，这一组织形式在某种程度上也反映了"人类意识的下一阶段"，它以整体性（wholeness）、自我管理（self-management）和企业目标演进（evolutionary purpose）这三大"支柱"为基础。其他作者可能会用一些没有那么"新纪元的"思想来支持他们的主张，但关于打破科层制度和雇员赋权的论点则与时代思潮是一致的，其言外之意是这些变革不仅有利于公司，也有利于人类自身。

那么，无老板公司真的是未来的趋势吗？管理学大师们最终是正确的吗？或者他们只是将华而不实的泛泛之谈辅以"精挑细选的"案例？抑或他们甚至连案例都没有选对呢？让我们再来讨论威尔乌。

回到威尔乌：平面国中没有科层制度吗？

威尔乌声称自己没有正式的科层制度。但事实表明，那些自组织的项目实际上还是有项目负责人的，这已经是一种科层制度了。更有甚者，在《新雇员手册》末尾有一个词汇表，其中一个词条是："加布·纽维尔——在本公司内所有不是你老板的人中，那个最不是你的老板，如果你明白我们意思的话。"当然，这是用一种调侃的方式表明加布·纽维尔实际上恰恰是威尔乌的老板。

不过，除了加布作为威尔乌的老板外，威尔乌内不再有其他正式的科层制度了，没有职位设计、部门、业务单元，也没有明确的命令与汇报的组织链条。但是这里有"非正式的"组织，即由建议、信息、友谊和八卦组成的关系网络，这种关系网络存在于所有组织中。组织是人及其活动组成的集合，它们需要一定程度的协调，并且在某种程度上人们自身也必须守规矩。行为规范、公民意识和努力工作的态度才能由此产生。当一个组织非常扁平化时，这种非正式的结构可能会填补因正式结构缺失而留下的空白。例如，拥有非正式权力的职位可能会被网络中的中介者（broker）把持，例如那些更善于沟通对接不同项目的雇员。

威尔乌"平面国"的概念可能源于埃德温·艾勃特在1884年创作的小说《平面国：多维空间传奇往事》。[18]艾勃特是英国一位校长，他在写作时化名"正方形"（A Square），与书名一道将我们的注意力引向几何学——读者或许会记起高中数学课中的"平面国"。2007年，本书还被改编为一部动画电影。本书的故事是对二维世界生活的一次奇特探索，在这个世界中女性的形态是线段、男性是多边形。

在跨年夜，叙事者（正方形）梦见自己参观了一个一维世界，这是一个居住着"光点"的直线国度。之后，正方形被一个三维球体造访，并最终参观了空间国度。这个球体原来是空间国度的使者，肩负着向平面国的人民解释存在三维空间的任务（平面国的人民无法真正理解三维空间，正如我们地球人无法真正理解四维或五维空间一样）。平面国的领导人私下承认三维空间的存在，却严厉打压那些宣称三维空间存在的人。平面国结果竟是高度科层制的不容异见之处！

一位威尔乌前雇员承认威尔乌"给人的感觉很像高中"，他进行了详细说明："它是一种伪扁平结构，至少在小团体中，人们都是同级的，并且可以一起做决策。但我吃尽苦头吸取了一个教训，即在公司里实际上隐藏着一层强大的管理结构，给人的感觉很像高中。有人是在公司获得权力的受欢迎的孩子，有人是捣蛋鬼，其余所有人介于两者之间。"[19]另一位前雇员也讲述了威尔乌中类似的非正式权力科层制度的故事，"在威尔乌中，要想取得成功就必须从属于一个有更大决定权的小团体，同时，即便你暂时取得了成功，终究也会被遗忘的。不论你工作多么努力，不论你多么有原创性和创造力，如果你的老板和其他人不喜欢你，你也很快会被解雇或被'优化'。"[20]

不可避免的科层制度

大自然厌恶真空，人类群体也往往厌恶权力真空。在缺乏正式的科层制度时，其他权威关系将会产生并填补这一空白，例如酷小孩和书呆子这样非正式的、社会化的科层制度。这就是米契尔斯所说的"寡头铁律"的一个例子，即所有组织（即使该组织建立在彻底的平等原则之上）最终都将发展成精英统治（即寡头统治）。[21]表面上没有老板的威尔乌不仅有老板，甚至还有统治精英！

正如前文所述，即便像维基百科这样高度去中心化的项目也有创始人、设计者、协调者和仲裁者。维基百科的运营由一个复杂且多层次的，涉及职能、责任、政策、指导方针以及根本原则的综合系统来管理，其中各类岗位职能包括服务者、监督者、管理员、编辑、审核人员以及其他人员。这并非固定的规则，而是需要讨论、协商，并在共识的基础上进行修订，但无论如何它们仍然是规则。总之，维基百科拥有一整套结构和流程来管理其运营。

维基百科说明了寡头铁律的另一个方面：即使没有正式的科层制结构，某种科层制度也会不可避免地出现。在一篇发表于2016年的论文中，印第安纳大学的两位研究者分析了长达15年的数百万个维基页面和用户数据，研究了非正式规范及其实践的产生，如版权资料的使用、拼写与语法规则以及用户间争议的解决方式等。他们发现大多数规范都是由一小部分初始用户在早期建立的，这与通常所做的假设——规则产生于去中心化的大众生产*中——正相反，这些规范也没有随着网络的发展而演变。"这个网络演变是一个非常保守的过程，在网络发展过程中，其早期特征得以保留，在某些案例中甚至得到了强化。我们的发现与大众生产系统中寡头统治的'铁律'是一致的。"[22]

仔细考察就会发现，许多像威尔乌那样去中心化、扁平化、无老板的组织事实上根本不是无老板。在进一步检验这些公司之前，让我们先从更宽泛的视角来考察无老板公司这一叙事的起源。这些观点真的那么新颖吗？如果不是的话，为什么这些说法如今会引起这么多的关注？

---

* Peer Production，也被译为同侪生产、对等生产、同行生产等，最早由尤查·本科勒（Yochai Benkler）提出，主要是指在去中心化的结构、差异化的目标以及自组织的基础上进行的生产。此处为了强调其去中心化的特征，将其译为大众生产。

第三章

无老板与转变中的管理文化

无老板公司叙事可被视作一个更普遍的文化掌故的一部分，一个强调解放、自主和赋权的故事。这有助于解释它的吸引力：无老板既时髦又酷，而商学院里讲授的与昔日的大公司相关的理论和模型都显得枯燥古板。

传统公司曾被认为能够"履行承诺"（delivering the goods）——提供工作保障和薪水。而随着一些传统公司的衰落，一些一度充满活力的行业（如钢铁、造船、石油与天然气开采、纺织等）遭受冲击，这种态度也发生了转变。美国钢铁行业曾由像安德鲁·卡内基这样的行业巨头统治，其于1953年就雇用了65万名雇员，到2015年，这一数字仅为14.2万。[1] 其中一些工作岗位流向了海外，但大部分岗位的减少则源于技术改进和"迷你钢铁厂"（minimills）的兴起，前者使每位工人可以生产更多的钢铁，后者回收利用废弃金属以制成新材料，其经营规模远小于传统钢铁厂。即使在一直以来为各种工人和高管提供终身雇用的日本，传统的经营方式也逐渐被更灵活的体制所替代，后者以社会和文化稳定为代价来降低企业成本。

不过，即使在许多传统企业开始衰落并停止履行许多雇员眼里隐含的社会契约之前,企业及其管理上的科层制度就经常受到流行文化和官僚体制极端批评者的冲击了。

反主流文化及其对科学管理的批判

杰克·凯鲁亚克的小说《在路上》于1957年问世。其主人公萨尔·帕拉迪斯采取了一种截然不同的生活方式,几代读者都认为,与《一袭灰衣万缕情》中汤姆·拉斯接受的由传统公司所象征的没有灵魂的生活方式相比,萨尔的生活方式更有意思,更迷人,更真诚,也更"现代"。这种对比很眼熟:资产阶级(无论是否小资)及其传统、日常生活和义务,与浪漫主义者自由的和创造性的精神形成鲜明对比。我们的当代文化中对科层制度和权威的批判也反映了这一理念。

在其他地方,对内嵌于科层制度中的计划与权威的怀疑也由来已久。唐纳森·布朗不仅是通用汽车公司20世纪20年代著名的计划管理体系的设计者之一,也是企业官僚体制压抑趋势的早期批评者。[2]然而,他和其他的批评者都是曲高和寡,例如名著《管理革命》的作者、政治理论家詹姆斯·伯纳姆。第二次世界大战期间的战时计划在引导美国工业基础为战争服务方面似乎取得了成功,福利国家的不断扩张、"科学管理"(Scientific Management)哲学的兴起以及大公司科层制度在几乎所有行业的持续增长和侵入,等等,这些背景使得对计划和权威的批判看起来非常不合时宜。

20世纪60年代,这一切都变了,一个决定性的事件是美国在越南的失败。美国国防部长罗伯特·麦克纳马拉在晋升为福特汽车公司总裁的过程中磨炼了他的计划能力（和野心），1961年他受雇于肯尼迪政府后离开了这一职位。军事官僚体制下大规模计划和资源配置的努力，支持了大规模的军队部署（最初是1.6万名"军事顾问"，到20世纪60年代末，最终成为超过50万人的作战部队），这与战争中的真实表现形成了反差。美国的战争机器被一个更加敏捷和更具适应性的对手摧毁。一个基于深思熟虑和前瞻性作战计划以及专制指挥系统的组织结构，竟然败给了一个松散的、看似自组织的结构。麦克纳马拉越来越强烈地意识到这一点，于是在1967年辞去了国防部长一职。这一年也是"爱之夏"*——反主流文化的正式起始之年。

反主流文化的管理思想

"爱之夏"出现的后一年通常被视为反主流文化的标志性年份。事实上，（或许尤其是在欧洲）反主流文化塑造的这一代人有时被称作"六八一代"（nineteen-sixty-eighters）。这一年，管理顾问和领导力大师沃伦·本尼斯出版了《临时社会》一书。[3] 该书源于本尼斯此前关于群体动力学的研究，但也可以说反映了他在20世纪60年代的雇主——麻省理工学院的组织结构，以及在越战中吸取的关于松散、灵活组织可能更优越的教训。《临时社会》引入了"灵活组织结构"（adhocracy）**的概念，这一概念后来被著名的管理思想家亨利·明茨伯格加以体系化，产生了巨大

---

* "爱之夏"（Summer of Love）是1967年夏季以旧金山为中心开始的一场运动，主要参与者为摇滚歌手及年轻的爱好者。该运动的主要内容大致包括反战（尤其是越南战争）、怀疑政府、拒绝消费主义、拥抱公共生活等。

** 也被称为任务型组织、特别小组、适应式组织等。

影响。[4]

阿尔文·托夫勒在20世纪70年代的畅销书《未来的冲击》中也使用了这一术语，此书普及了未来学，并成为反主流文化和流行文化的经典之作。[5]［受该书启发，柯蒂斯·梅菲尔德写了一首名为《未来的冲击》的歌曲，后来被钢琴家赫比·汉考克采用，摇滚乐队吉利安（Gillian）也以此命名其1983年的专辑。］托夫勒书中的主要观点是，社会从工业社会向"超级工业"社会的巨大转变将导致大量信息过载，基本上会给每个人造成压力，特别是当他们坚持既有的、明显过时的思考和组织方式时。

本尼斯、托夫勒和明茨伯格将"灵活组织结构"定义为灵活、非正式的组织形式，它允许适应性、创造性和灵活的整合行为，可以帮助"超级工业"社会的居民应对各种问题。批评者可能会观察到这种早期的新叙事可能是由这些著名作者的学术背景（本尼斯、明茨伯格）或任职单位（托夫勒）所塑造的，他们将（已相当理想化的）大学的模式概括为一个由适应性和创造性的知识工作者组成的松散集体，并将其推广为未来一种普遍的组织模式。事实上，正如我们在本书中反复论证的，毫无根据地将少数几个组织或者将专门从事某项活动的组织的经验推广至经济中的其他组织上，这种趋势是无老板公司叙事的普遍特征。

"拆毁城墙"：欣然接受反主流文化

反主流文化常常被认为是反资本主义的反抗，但这在很大程度上是一个误解：尽管部分反主流文化在20世纪70年代转变为马克思主义（尤其是在欧洲），但其首要目标是政治、社会和商业中的从众和权威。很少有人能像心理学家和迷幻药拥护者蒂莫

西·利里一样,成为反主流文化的标志。反思20世纪60年代时,利里提出:

> 无论何时何地,只要社会中的少数人选择了生活方式、艺术表现形式、思维方式并且全心全意地接受"唯一真正不变的是变化本身"这一古老公理,反主流文化就会绽放。反主流文化的标志并不是某种特定的社会形式或结构,而是形式和结构的转瞬即逝,是它们出现、变异、转化成其他形式和消失时的令人目眩的速度和灵活性。[6]

利里认为,对赫拉克利特"唯一不变的就是变化"这一古老哲学的欣然接受是反主流文化的真正特质。对永恒变化的强调,以及认为组织和人应当有灵活性、弹性和适应性的想法,当然也是无老板公司的特质。

无论是破坏性冲击还是持续性创新,变化本身都不是反资本主义的。相反,受到伟大的奥地利经济学家、发明了"创造性破坏"(creative destruction)一词的约瑟夫·熊彼特的启发,许多作者将演化和永恒的变化视为现代资本主义经济的特质。例如,在《未来及其敌人》一书中,支持资本主义的作者弗吉尼亚·波斯特雷描绘了一幅近乎摩尼教的世界图景,其中世界在(坏的)"停滞"和(好的)"活力"的冲突中被撕裂。[7]

在任何情况下,资本主义都能极快地接受反主流文化。还记得《广告狂人》中备受讨论的最后一幕吗?唐·德雷珀一生无休止的谎言给他生命中的人们造成了巨大的伤害,因此他前往加利福尼亚隐居，以寻求自我认知和启迪。他拥抱了一位陌生人，并与嬉皮士们一起冥想。但随后，本集突然切到了广告界的杰作，即1971年的可口可乐"山顶"广告，一群多元文化的青年（大部分）在山顶高歌"我愿教世界歌唱"。隐含之意是，唐在隐居之后重返麦肯·埃里克森（McCann-Erickson）公司，并创作了山顶广告。[8] 从象征意义上讲，这一系列镜头展示了反主流文化是如何在其反建制、反企业的辞藻下渗入现代企业中的。

晚近一些被说成对现状构成挑战的运动也有相同的特征，比如2016年唐纳德·特朗普当选后出现的各种"抵抗"运动，以及乔治·弗洛伊德之死引发的"种族清算"运动。它们以反建制、反企业、反资本主义的语言和意象为特征，这些语言和意象借鉴于民权运动，甚至更早的革命时期，但这些运动却得到了美国和世界各地几乎所有主要企业的拥护。资本主义往往很快就将所谓的对资本主义的挑战纳入其中！

释放人类潜能

虽然"愉悦"（feel-good）的想法往往能够切中现实的问题和关切，但它们往往有失具体性和实用性。正如使用最广泛的商业战略教科书之一的作者罗伯特·格兰特教授所指出的："从工业革命一开始，人文主义者、社会改革者、宗教领袖以及政治革命家就一直寻求设计一种生产性组织，在该组织中，个体自由、个人成就以及互相关爱的社会关系得以与对技术和生产力的需求并存。罗伯特·欧文在苏格兰的新拉纳克工厂（New Lanark

Mills）和印第安纳州的新和谐公社（New Harmony）就是早期的例子。"[9]

格兰特接着指出，这些早期的参与式人道主义管理实验并没有通过生存考验（survival test）；他指出合作社运动麻烦不断的历史进一步证明了将参与式决策与生产效率和客户导向相结合是多么困难。他讽刺道，在讨论工业民主时常被引用的蒙德拉贡合作社（Mondragon cooperative）（将在下一章讨论），其非凡之处并非在于似乎在雇员参与决策的程度很高的情况下取得了商业上的成功，而是"他是大型工业合作社中少有的能够长期存活的实例"。[10]

迄今为止这些思想仍在持续产生影响。原因之一是它们迎合了人们普遍持有的政治观念。虽然无老板公司叙事似乎契合"左翼"人士对商业（和资本主义）的看法，但它更迎合了大多数人所持有的道德价值观，即如下的普世标准：尊重他人和平等待人以及促使组织结构让我们能够最大限度地发挥人类自身能力。当然，主要的问题在于接受一种几乎无老板的结构究竟是能够实现这种普世的道德价值观，还是会像平均主义模式那样，反而造成了隐形权力结构，助长派系主义，并最终导致更多的冲突。

无老板公司叙事的支持者经常叫嚷的人本主义价值观的一个早期实例为"人类潜能运动"（human potential movement），该运动在20世纪60年代早期初具影响力，特别是在加利福尼亚州。该运动的主要倡导者亚伯拉罕·马斯洛提出了他的"需求层次"

三角*，其中基本生理需求处于底层，而"自我实现"需求处于顶层。人类潜能运动推动了这种理念，即公司可以帮助其雇员向需求层次三角的顶端迈进。对于某些雇员来说幸运的是，其公司接受了这一挑战，一种实现方式就是安排他们去位于加利福尼亚大瑟尔的伊莎兰学院（Esalen Institute）带薪旅行，在那里他们可以接触伊莎兰"那些超越教条、探索更深层次精神可能性、开创对自我和社会新理解以及开辟变革新途的探索者圈子"。[11]

人类潜能运动的产物之一，是维尔纳·艾哈德（又名约翰·保罗·罗森伯格）于1971年创办的艾哈德研讨会训练课程（Erhard Seminars Training，EST）。该研讨会包含两个周末的讲习班。在这些训练营中，学员们接触了艾哈德的禅宗思想，将他们从过往的生活中解脱出来，放下过去的包袱（尤其是心理契约破碎**），接受慈悲心。

艾哈德的思想对商业思维产生了重大影响。他的研讨班受到了许多商业人士的追捧，他本人也于1990年的管理学年会上向大师和学者发表了主题演讲。从领导力大师沃伦·本尼斯到哈佛金融学教授迈克尔·詹森都对他的思想表示赞同。《金融时报》指出，他的影响力"远远超过了上过他课程的几百万人；几乎没有任何一本自助书籍或管理培训项目不借鉴他的某些原则的。"[12]《哈佛商业评论之论变革》盛赞道："我们应感激无数探究存在的本质的哲学家、学者以及思想家，尤其是维尔纳·艾哈德。"[13]

---

* 即需求层次理论。

** 原文为broken agreements，又称Psychological Contract Breach，是指组织未能履行对雇员的心理契约中的承诺或责任，而使雇员产生的主观感知或认知评价。

保罗·费尔曼也是如此：当他还是锐步（Reebok）的CEO时，就让所有经理参加EST培训。"我坚信任何能让你审视自己并看到各种可能性的东西。"[14]

不出所料，个体赋权和自我实现逐渐被认为不仅可以在伊莎兰学院或艾哈德研讨会上讨论，还可以在职场实践。不幸的是，对EST的拥护在锐步引起了摩擦，公司分裂为"信奉EST的和不信EST的。核心雇员甚至高管有时似乎也被排挤在圈外，得不到新的重要研究成果或被排除在公司战略会议之外，除非他们接受EST的观点和方法"[15]。

科技界是反主流文化思想的早期接受者，尤其是其在加利福尼亚州的一群代表性人物。史蒂夫·乔布斯于2005年在斯坦福大学毕业典礼的演讲中，热情洋溢地抒发了对斯图尔特·布兰德极具影响力的杂志《全球概览》的赞美，该杂志普及了更美好、更生态友好的生活理念，并将技术作为一种解放力量加以推广。乔布斯说："这是我们这一代的圣经之一，有点像纸质版的谷歌，但比它早了35年。"[16] 当然，以乔治·奥威尔的反乌托邦小说《1984》为主题并在1984年超级碗上首次全国播出的著名的苹果电脑（Macintosh）商业广告，不仅嘲笑了当时占统治地位的IBM，还影射了新创科技公司的反建制和解放文化。该广告由雷德利·斯科特执导，一位身着白色背心（其上印有苹果电脑）手执大锤的无名女英雄与"老大哥"（《1984》中的人物）展开对决。总之，该广告告诉我们苹果电脑的出现会将人类从盲目从众（老大哥）中解救出来。

乔布斯（和其他科技大咖一样）本人并不完全是授权和去中

心化的拥护者。正如亚当·拉辛斯基在2011年的一篇文章中说："对于苹果公司的众多崇拜者来说，这家公司就像是科技版的旺卡工厂*，一个神秘而又充满魔力之处，生产出令他们欲罢不能的绝妙产品。所塑造的这种形象没错，但苹果公司也是一个残酷无情的地方，这里严格执行问责制，决策迅速、从上而下的沟通清晰明了。"[17]

在公司顶端的自然是乔布斯，他是苹果公司的创始人之一，并在大部分时间内一直担任CEO一职，直到他2011年去世。乔布斯以魅力十足和富有创造力的远见卓识为公众所知，他穿着标志性的牛仔裤和黑色高领毛衣。内部人员则认为他是极端控制狂，对拥有五万名雇员的公司实行严厉控制。拉辛斯基谈道：

> 每一次与苹果公司内部人员的谈话，即使一开始不是关于乔布斯的，最终也会围绕他展开。苹果公司的创作过程就是不断让某人——不论是一个人的老板、一个人的老板的老板，还是这个人自己——准备向乔布斯汇报的过程。他是公司的独裁者，亲自做每一个关键决策——也决定大量看似不重要的决策，从接送雇员往返旧金山的班车设计到餐厅供应的食物。[18]

这听起来像是法兰绒套装文化，而不是牛仔裤和T恤文化！事实上，正如后文将详细讨论的，表象是有欺骗性的：一些表面

---

* 电影《查理和巧克力工厂》中威利·旺卡的魔法巧克力工厂。

上扁平化、松弛、自下而上组织的公司和系统，在细看之下却是完全不同的。

尽管如此，反主流文化的辞藻经常被用来包装和佐证拥护这些理念的新式管理方法。授权和去中心化的一个论据是能够促进多样性和释放创造力，具有20世纪60年代"千花齐放"的经典风格。这种论据有时带有明显的精神色彩。弗雷德里克·莱卢《重塑组织》一书的副标题直译为"受人类意识的下一阶段启发的组织的创建指南"。这本书可以写在旧金山反主流文化的爆发地——海特-阿什伯里街的拐角处。

反主流文化引入了一种新的思维模式，对人们如何看待雇用他们（或由其管理）的组织产生了普遍的影响。杰弗森飞船乐队（Jefferson Airplane）在1969年的歌曲《我们可以在一起》中的合唱"拆毁城墙"成为重塑企业科层制度的指南。

更广泛地说，自上而下的模式现在似乎已经出局，自下而上的模式则大行其道。美国强大的战争机器基本上被组织松散的越南南方民族解放阵线（VietCong）击败。基地组织（Al-Qaeda）面对表面上组织严密、处于科层制度下的美国情报体系和军方所取得的成功，被广泛地解读为松散组织网络对科层制度的胜利。（正如稍后要论证的，问题可能恰恰相反：美国情报体系分散在十多个相互竞争的机构中，其层级结构**不足以科层**来应对来自基地组织的威胁）。

反主流文化的公司

无老板公司叙事的支持者认为，管理中的科层制度，甚至是管理本身，曾经发挥过有益的作用，但现在已经过时了。正如传统的产业工人大军被受过高等教育、积极主动、独立且富有创造力的"知识工作者"所替代一样，传统企业也将被更加扁平化的组织、P2P网络、分布式领导、平台、极端的去中心化、职工赋权、独立承包和企业家精神所取代。其中许多表述使用的将来时态与其说是分析，不如说是预言。

莱卢极具影响力的著作《重塑组织》比大多数投机性的书籍更加投机，不过它关于未来组织的核心思想却很有代表性。莱卢将其称为"青色组织"（基于描述人类意识不同阶段的色彩编码系统：红色代表冲动，黄色代表顺从，橙色代表成就，绿色代表多元化，青色代表演化）。肯·威尔伯在前言中解释说，青色组织"不再采用统治者科层制度，即现今组织中普遍存在的上下级关系"[19]。如果读者认为这听起来令人困惑，我们也同意。就像很多新纪元哲学、声明和口号一样，读者想让它表达什么意思，它就是什么意思。

千禧一代和Z世代究竟想要什么

水瓶时代（Age of Aquarius）*早已离我们远去，但其关于个体自主性和赋权、为了更大的善而做事以及从惯例和传统中解放的思想，在过去几十年中卷土重来。事实上，我们已经亲眼见证了

---

* 代指20世纪60年代和70年代嬉皮士文化（例如"爱之夏"）和新纪元运动的鼎盛时期。

我们学生思想的彻底变化。大约在三十年前我们的学术生涯刚开始时，我们的大部分学生都寻求有保障、薪资颇丰的工作和在成熟公司内的职业发展道路。商学院也相应开设了大量会计、金融、市场营销以及综合管理课程。如今美国和欧洲大学中最热门的专业之一则是企业家精神。学生们看着《创智赢家》并幻想在初创公司中工作或创办自己的企业。这种野心通常结合了做某种"责任重大的"和"可持续的"事业的愿望。如果可以自己当老板，同时还能有利于社会，谁还愿意给"别人"打工呢？

当然，我们这是以偏概全。很多学生与适龄劳动者一样，都能很好地适应传统的、科层制度的环境。但也有相当一部分人想要自主权和独立性。对他们来讲幸运的是，一种新的工作环境正在兴起——至少他们的教科书和一些教授是这么认为的。尽管科技公司和其他更时髦、更扁平化的公司肯定不是无老板的（事实上，像亚马逊的杰夫·贝索斯和Meta的马克·扎克伯格这样的领导者都是家喻户晓的），但至少在公众眼中，他们是对传统的法兰绒正装式职场的一种丰富多彩、引人注目的挑战。他们的出现强化了没人愿意为老掉牙公司工作的这种观念。

在我们详细考察已经采用扁平化结构的公司案例之前，必须先进一步谈谈无老板公司叙事的起源。结果表明，威尔乌、美捷步等公司采用的大多数看起来新颖、令人振奋的措施都是在20世纪70和80年代引入的，有些成功了，有些则失败了。如今的"无老板"公司借鉴了这些商业模式，并加入了新的术语，宣称其组织结构彻底摆脱了现状。如此一来，他们便忽视了早期试验中的关键教训，即成功的组织设计取决于产品、市场和环境特征。在接下来的章节中，我们将探讨其中一些早期试验，说明他们的成功之处（以及失败之处），并总结出一些有关扁平化结构能够奏效的一般性原则。我们从塞氏（Semco）和戈尔入手，这两家老牌企业都属于第一批欣然接受近乎无老板模式的公司之一。

第四章

预见平面国：对扁平化科层结构的早期呼声

无老板公司叙事的吸引力在于其新颖和独特的呈现方式。但正因如此，它也潜藏着危险。毕竟，谁会愿意与这个更新颖、更伟大的世界脱节呢？谁会接受在传统工厂、办公室或车间内生产东西这种枯燥、过时、老式的模式呢？人们都愿意选择时髦和酷炫的，而不是古板和过时的。谁不想要最新的模式呢？"摇翻贝多芬吧，然后把这个消息告诉柴可夫斯基！"*

不加批判地接受无老板公司模式的危险在于，更加扁平化的科层制度仅仅在特定条件（如技术简单、行业稳定、拥有合作文化）下的少数案例中能发挥作用。尽管这种叙事被呈现为新颖且革命性的，但实际上并非如此；人们长期以来一直在寻找和试验替代性的工作管理方式。赋权民众、释放创造力、将工人从微观管理的桎梏中解放出来、让领导者自下而上地涌现等关键理念，已经存在了将近两百年。

其中一些试验取得了成功，但更多的则失败了。寻找新的工

---

* 出自查克·贝里（Chuck Berry）的一首经典摇滚歌曲《超越贝多芬》，歌曲中表达了贝里对摇滚的热爱，以及希望摇滚乐取代古典乐成为新潮流的愿望。

作组织方式是有意义的。通信和信息处理技术的进步推动了职场变化——这些变化在20世纪90年代中期互联网和移动电话刚在业界兴起时并不明显。同样，新冠疫情迫使人们在远程工作和协作方面进行了大量的试验，其中一些变化——如减少面对面会议、减少商务旅行、更灵活的工作时间、更好地照顾健康和家庭需求——可能会长期保留下来。

在自由社会和动态市场中，试验工作组织方式是一种固有特征。然而，正如在科学实验室中一样，此类试验应基于健全的理论和先前的经验来设计和进行。因此，我们将研究这个新叙事是否借鉴了我们所了解到的对近乎无老板组织的一些早期试验。[1]

新叙事的起源：塞姆勒与塞氏

"无老板"公司的理念并不是随着互联网的出现或过去十年间商业流程系统性地数字化而兴起的。早在三十年前，丹麦助听器生产商奥迪康就尝试过一个备受推崇且非常扁平的结构，称为"意面式组织"（spaghetti organization）。而当时的互联网仅连接数千台政府和大学计算机，且"数字化"远未进入商业词汇（我们将在第六章讨论奥迪康的细节）。

十年前，美国威斯康星州的尊乐香肠（Johnsonville Sausage）公司大幅减少了管理监督，把质量控制、人事管理、客户关系甚至业务扩展都交给了雇员管理的团队。正如CEO拉尔夫·斯泰尔所宣称的，"我的工作就是让自己不工作"[2]。斯泰尔的雇员赋权方法赢得了汤姆·彼得斯的赞誉，彼得斯认为雇员教育和自我提升是公司成功的关键:"在尊乐,持续学习、追求无限可能,几乎是一种宗教。"³ 确实,该公司发展迅速并保持盈利,尽管很难说公司成功是因为赋权和持续学习,还是因为严格的绩效评估和基于优绩(merit)*的酬金。(值得注意的是,当斯泰尔于2019年从私人控股的尊乐主席职位上退休时,他任命了他的妻子谢莉为继任者——这并不是优绩主义的标准流程!)

类似的例子时有发生,但似乎并未预示管理风格的重大变革。然而,在尊乐取得成功的同一时期,另一位高管提出了一个激进的去中心化组织愿景,引起了商业界的关注。里卡多·塞姆勒1989年在《哈佛商业评论》发表了一篇有影响力的文章《没有管理者的管理》。⁴ 塞姆勒在1980年成为巴西水泥搅拌机和工业搅拌机制造商塞氏的CEO,当时他年仅二十一岁,还是一名法学院学生。而在接下来的十年里,他却引起了广泛关注。塞姆勒摒弃了前任——他的父亲安东尼奥·柯特·塞姆勒的专制领导风格,采用了一种激进的产业民主(industrial democracy)模式**。

塞姆勒首先解雇了60%的高层管理人员,并进行了大规模的权力下放。这种模式的核心是塞姆勒所说的"组织圈"(实际上是三个同心圆),它取代了传统的金字塔结构(塞氏并没有正式的组织结构图)。最内圈包括五位高管,他们在塞氏被称为"顾问"。下一个圈层包括八位部门主管,或称"合伙人"。其他所有人都在第三圈的"同事"中,其中包括管理人员、一线工人

---

* "优绩"(merit)是指个人的功绩、才能、努力等,以此为基础的"优绩主义"(meritocracy)是指社会与经济的奖励或分配应当依据优绩来确定。

** 产业民主是一种让劳工在职场参与决策、权利与责任的管理模式,将政治领域的民主理念应用到了产业领域。

和一些拥有"协调员"头衔的团队老板。因此，塞氏没有传统的老板和雇员，而是有顾问、合伙人、协调员和同事。

这些听起来只是传统就业角色的一些时髦标签。而塞姆勒则是一个典型的推销员："在塞氏，我们不按常规出牌。我们毫不掩饰、毫无愧疚地与众不同，我们以此为傲。事实上，我们也乐在其中。我们改变了工作的方式，提高了生活质量，你也可以做到。"[5]

这些话听起来更像是一位大师而非CEO（然而，不可否认的是许多CEO也接受了大师的角色）。然而，塞姆勒的确言出必行，开发了一个真正与众不同且取得了成果的系统：公司从他刚接管时的90名雇员增长到2004年他离开时的大约3000名雇员。公司年收入也在这期间从400万美元增长到2.12亿美元。[6] 塞姆勒成了全球知名人士，赢得了多个奖项，并且著有巴西历史上最畅销的非虚构类书籍《扭转乾坤》。

塞氏之所以不同寻常在于其最外圈中只有一个层级：所有同事对协调员负责，但没有协调员向另一个协调员负责。与其他去中心化公司一样，塞氏提倡利润分享、雇员在重大决策上投票、灵活的工作时间、岗位轮换以及相当程度的工人和团队自治。但塞氏的做法更进一步。公司没有正式的工作描述。雇员设定自己的工作时间，参与由团队制定生产要求的工作，并且由团队成员像独立承包商一样决定如何以及何时完成团队目标。工资主要通过同行评议确定。公司也没有着装要求。[7]

和其他激进去中心化的倡导者一样，塞姆勒热情洋溢地歌颂人类尊严、自由和民主。"我们的大多数计划都是基于给予雇员对自己生活的控制权的理念。简言之，我们雇用成年人，并以成年人待之。"

在工厂之外，工人们选举政府，参军，领导社区项目，养育家庭和教育子女，每天都在为未来做出决策。朋友们向其征求意见；销售人员向其大献殷勤；子孙也因其智慧和经验而崇敬仰慕。但是，一走进工厂，公司就把他们变成了未成年人。他们必须佩戴工牌和姓名标签，按时到达，开展工作，排队打卡或吃午餐，上厕所需要得到许可，每次迟到五分钟就要作详细解释，还得在不过多质疑的情况下遵循指示。⁸

这里的假设是，遵循正式程序、与他人紧密协调、仔细跟踪个人活动以及坚持例行公事的管理模式适合儿童，而不适合成年人。这让人不禁想问，塞姆勒对职业乐团、运动队和军事单位的看法是什么，这些组织都优先考虑紧密协调而非自发性和自主性！实际上，塞姆勒声称他已经取消了大多数监管程序以传达信任，例如内部审计和储藏室的锁。雇员对公司程序的抵制被描述为"公民抗命"（civil disobedience）。"我们必须解放工厂里的梭罗和潘恩。"*但这里看起来似乎没有太多需要抵制的东西："当我接管塞氏时，我的第一个举措就是废除规范、手册、规章和制

---

* 分别指亨利·戴维·梭罗（Henry David Thoreau）和托马斯·潘恩（Thomas Paine）。梭罗在其短文《公民抗命论》中首次提出公民抗命的概念；潘恩系英裔美国思想家、作家、激进民主主义者，参加了美国独立运动，并撰写《常识》（Common Sense）一文为美国独立辩护，抨击英国国王。

度。"[9]

不幸的是,即使对极端去中心化的粉丝来说,塞姆勒的风格可能也过于"新纪元"。他2004年的著作《七日周末》挑战了大众对工作与娱乐、办公时间与自由时间的固有区分。

> 放弃传统的工作日和周末概念,以及将七天分为公司时间、个人时间和闲暇时间(自由时间)。重新安排你的日程,在大多数人不工作的时候工作。安排一个工作周,根据生物节律而不是时钟来睡觉,在寒冷的周日工作之后,在海滩享受阳光明媚的周一。[10]

我们还没有完全达到用生物节律取代时钟的阶段,不过智能手表和其他工具(由结构更传统的公司设计和制造,例如苹果公司)可以帮助我们解决睡眠问题。

塞氏成为无老板公司叙事的早期典型,部分是因为它的先锋地位和令人印象深刻的财务业绩,部分是因为里卡多·塞姆勒的表演才能。在杂志和报纸上关于这家公司的文章不计其数,标题包括"塞氏:有效的疯狂"、"没有管理者的管理"和"谁是负责人?没有人"。然而,正如记者皮姆·德莫里所指出的,关于塞氏的大部分报道都止于2003年塞姆勒离开公司之时。[11]塞姆勒于2001年开始出售其股份,并逐渐将兴趣转向其他企业。虽然德莫里没有详细说明发生了什么,但看起来塞氏某种意义上就是塞姆勒。当塞姆勒离开时(他仍保留着公司的财务利益),塞氏衰落了。鼎盛时期的塞氏拥有3000名雇员,现在只有50名。

虽然如今的塞姆勒及其公司不如21世纪初塞姆勒还是公众人物时那么出名，但他的一些原则已被较新的公司（例如网飞）所接受。其CEO兼联合创始人里德·哈斯廷斯对着装、休假和开支报告采取了"无规则"的方法。他与艾琳·迈耶合著、并于2020年出版的《不拘一格》阐述了他的理念："如果你给雇员更多的自由，而不是制定流程来阻止他们行使自己的判断，他们将会做出更好的决定，也更容易让他们负起责任。"哈斯廷斯认为，如果你只雇用最有才华的雇员，并鼓励一种绝对坦诚的文化——一种抛弃"常规意义上礼貌的人类礼仪"来说话和互动的文化——你就可以消除所有或大部分控制。[12]

网飞的财务表现令人印象深刻，在过去十年内，订阅用户和收入都增长迅速；尽管面临来自亚马逊金牌会员、Hulu、Disney+和其他流媒体服务的激烈竞争（这些服务在新冠疫情期间均表现良好），该公司仍继续保持强势地位。不过，网飞的工作环境并不适合所有人。基于对大量现任和前任雇员的采访，2018年《华尔街日报》的一项调查揭示了一种高绩效文化，"在最坏的情况下，这种文化也可能是冷酷无情的、令人沮丧的、浅显到功能失调的地步"。例如，哈斯廷斯鼓励网飞的管理者在评估雇员时采用"留任测试"：他们会努力留住离职雇员吗？*然而，"许多雇员表示，他们认为留任测试只是普通职场政治的幌子，而一些经理表示，他们感到必须解雇雇员，否则就会显得软

---

* 留任测试是网飞标志性的公司文化，其完整表述是：如果团队成员要去其他公司担任相同的职位，管理者是否会尽力挽留他们？或者说，若管理者当初就了解关于该成员的所有已知信息，是否还会雇用他？如果答案是否定的，那么该成员就未通过测试。

弱。一些雇员认为，事后解释解雇原因的电子邮件和会议相当令人尴尬和戏剧化，因为观众可能有几十人甚至几百人。"[13]

无论如何，网飞并没有完全接受塞姆勒的理念。相反，它保留了传统的科层结构，而不是采用塞氏所推崇的扁平化模式。网飞是一家传统组织形式的公司，它放宽了许多其他公司使用的汇报和控制系统，并给予雇员相当大的自由度，同时执行强烈依赖于绩效的文化和严格的绩效评估标准。事后看来，网飞没有完全采用塞姆勒的方法是明智的。塞姆勒的方法在他在位时似乎奏效，但他离开公司后，情况急转直下，如今的塞氏相较于塞姆勒在位的辉煌时期已经是一个微小的公司。这种号称"无老板"组织实验的结果并不罕见：具有讽刺意味的是，这些实验往往由强有力的领导者发起并维持。而当他们离开时，"无老板"组织就会崩溃。

戈尔的晶格组织

在里卡多·塞姆勒之前，另一位商人比尔·戈尔推广了他所谓的"晶格组织"（lattice organization），这是一种他于20世纪60年代末在戈尔公司实施的组织设计。戈尔公司最著名的是其1969年发明的防水透气面料Gore-Tex，以及其他消费产品，如Glide牙线。该公司提供超过一千种产品，业务遍及约三十个国家，拥有超过11000名雇员（或用典型的"无老板"术语来说，"同事"）。

加里·哈默尔称戈尔公司为"最初的"无老板公司，并且极力赞美比尔·戈尔："他致力于创建一种全新的公司——一个能释放和激励每个人的公司，一个既投入大量精力寻找下一个重大突破又充分利用现有突破的公司，一个既能稳健盈利又独具人性化的公司。"[14]（当你读到像新闻稿一样的公司分析时，要保持警惕。）

像无老板组织一样，晶格组织强调去中心化决策和横向协调。在1975年的一份备忘录中，戈尔这样描述晶格组织：

> 它包括直接交易、自我承诺、天生领导力，并且不指定或假定权威。每个成功的组织都有一个在专制的科层制度表象之下的晶格组织。正是通过这些晶格组织，各项事务才得以完成，我们大多数人都乐于绕过正式程序，以直接和简单的方式做事。[15]

戈尔在这里描述的是组织理论家所称的"非正式组织"——通过这种非官方的建议、互助、友谊和影响网络，雇员可以平行于官方正式沟通渠道进行横向和纵向沟通。[16]非正式沟通往往更快，更容易接触到真正知情的人，而且具有更强的综合能力。（我们都知道，一次非正式的对话往往能传达比书面备忘录更多的信息。）本书作者之一对主要的知识型公司（工程咨询公司、制药公司和医疗设备生产商）中信息共享的研究发现，雇员更喜欢非正式的知识共享方式，并认为它们更有效。[17]即使在制造业中，知识也倾向于通过与跨职能团队等正式结构配合的非正式网络进行最有效的传播。[18]

虽然晶格组织并不是一个完全的"无老板"结构，但比尔·戈尔希望有一个优先进行侧向沟通和协调而非自上而下控制的结构，从而有效利用非正式渠道。像塞姆勒一样，他大幅削减了管理头衔，并称所有人为"同事"（associate）。在他的模式中，领导者是通过协商一致选出的，并由同事们决定追随哪些领导者。同事们的绩效由同侪评估决定。同事直接与其他同事沟通。为了使这个系统正常运转，工厂规模必须足够小。每个工厂的雇员不超过150人，戈尔公司展示了马尔科姆·格拉德威尔所称的"150法则"，即有效的共识决策仅限于此规模的群体。他写道："戈尔在其小型工厂中不需要正式的管理结构，因为在这么小的群体中，非正式的个人关系更为有效。"[19]

这是一个重要观点：去中心化结构在特定情况下往往最为有效，比如当团队和任务可以分解成较小的独立单元时。这些小单元在戈尔公司运转良好，部分原因是它们基于跨职能合作的原则：销售人员、化学家、研发专家、工程师和机械师在同一个工厂内共同完成特定项目。让雇员在同一单元内直接合作通常比让职能单元在项目上合作更为有效。当团队围绕项目（例如建造一座桥梁或开发特定软件）而不是围绕业务职能（如市场营销、销售或财务）组织时，更容易避免谷仓效应*、领地争斗等问题。

---

* 谷仓效应由英国《金融时报》专栏作者吉莲·邰蒂于2015年提出，是指企业组织内部只有垂直的指挥系统，没有水平的部门间协同机制。

有机结构和人本主义管理

早期其他有关扁平化科层制度、授权和赋权的理念包括汤姆·伯恩斯和G. M. 斯托克在1961年描述的著名的"有机结构"（organic structure）。[20] 伯恩斯和斯托克研究了一批在"二战"期间担任政府承包商的英国电子公司，这些公司在20世纪50年代必须适应战后快速的技术变革以及电子产品消费者和私营工业需求的增加。他们认为那些最能实现这一转型的公司大多抛弃了传统的科层结构。"机械式"组织形式以正式的科层制度、高度专业化的固定角色和责任以及垂直沟通为特征，相比之下，他们则确立了一种更优越、更具适应性的结构，称之为"有机结构"。有机结构的特点是灵活的角色和任务、横向而非纵向的协调，以及同侪绩效评估。根据伯恩斯和斯托克的说法，有机结构更能适应环境冲击，适合在动态和创新条件下运作的公司。

伯恩斯和斯托克的工作在组织结构和创新的研究中具有重大影响，并且仍然在很大程度上塑造了商学院的教学内容。许多基于伯恩斯-斯托克论点的后续研究与他们初始案例研究的见解一致，但也有证据表明，更正式的结构对初创企业更为有效。正式结构有助于初创企业克服极具影响力的组织社会学家亚瑟·斯廷克姆所称的"新生期劣势"——初创企业面临的高风险。[21]

更为人所知的是心理学家道格拉斯·麦格雷戈在1960年出版的《企业的人性面》一书中区分的"专制型"（authoritarian）和"参与型"（participative）管理，这似乎是比尔·戈尔的最初灵感来源。[22]麦格雷戈的工作源自有时被称为"人际关系学派"的流派，现在多被称为"人本管理思想"（humanist management thinking）。这个运动中的思想家包括第一批管理理论家之一的玛丽·帕克·芙丽特（常被称为"现代管理之母"）、组织心理学（商学院称之为"组织行为学"）创始人之一的埃尔顿·梅奥，以及创建著名"需求层次"金字塔的亚伯拉罕·马斯洛。加里·哈默尔可被视为这一思想路线的现代代表人物，他认为职场组织应从对雇员作为人的基本尊重的立场出发，主张雇员最适合在自我组织的合作团队中茁壮成长。[23]

麦格雷戈认为，专制型管理基于对工人的特定理解，他称之为"X理论"，该理论认为人们不喜欢自己的工作，主要受到经济奖励和惩罚的激励，必须得到明确的指示。参与型管理或"Y理论"则认为人们享受他们的工作，是自我激励的，只需要一般的指导、激励和成功所需的资源。Y理论模型是"解放的和发展的"，通过赋权和给予责任来实现改进，将雇员视为管理过程中的伙伴或参与者。因此，Y理论的组织用更扁平化、更具协作性的结构取代了传统管理的科层制度。

伯恩斯和斯托克的有机模型以及麦格雷戈的Y理论在理论上具有极大的影响力，但在实践中的效果却并不明确。大量商业和大众媒体的书籍和文章赞扬了这些去中心化的、扁平化的组织形式，但实践者早已认识到，每种管理模型都各有利弊，没有一种模型在所有情形下都能提供最佳绩效。例如，麦格雷戈本人就承认，专制型方法在对待新手雇员或在需要快速决策的危机情况下是有效的——我们将在第六章和第七章中重新讨论这一情形。

管理学者和写作者随后接受了"最优"组织结构因条件而异的观点,这被称为"权变理论"(contingency theory)。[24]该理论认为,在公司设计方面没有普遍最优的解决方案。相反,权变理论引导我们关注任务、组织结构和人员之间的契合度,以及这种契合度是如何受到公司内外各种权变因素的影响的,例如技术、竞争强度、不确定程度和资源可得性。正如约翰·莫尔斯和杰伊·洛什1970年在《哈佛商业评论》的一篇文章中总结的那样:

> 具有高度可预测任务的企业,在采用高度形式化程序和经典方式的管理科层制度的组织中表现更好。另一方面,对于需要更广泛的问题解决的高度不确定任务,较不形式化并强调自我控制和成员参与决策的组织更为有效。实质上……管理者们必须设计和发展组织,以便使组织特性与要完成任务的性质相适应。[25]

这确实是本书的要旨之一:在组织结构方面,没有放之四海而皆准的解决方案。尤其是"无老板"模式,最多只适用于在特定条件下运作的少数公司,比如执行简单任务的小公司。

这个观点似乎是显而易见的,但许多经理在寻找一旦发现就可以解决几乎所有公司的问题的普世配方或"秘诀"时却忽视了它。实际上,"无老板"公司叙事假设在扁平化科层制度中权变因素无关紧要:因为所有人都渴望自由,因为世界正在快速变化,等等,所以我们需要摆脱管理者——无论具体情况如何。

没有秘诀的主要原因之一是经济学家所谓的"互补性"。互补性理论由诺贝尔奖得主保罗·米尔格罗姆和约翰·罗伯茨倡导。该理论认为,某些组织实践只有在其他实践存在的情况下才能发挥最佳效果。[26] 例如,雇员决策权与工作灵活性、强有力的绩效评估以及需要频繁调整的技术相辅相成。考虑一份典型的销售工作:销售人员通常比前台更了解他们的区域和客户,最有效的销售策略和技术往往会随市场条件而迅速变化。因此,让销售人员在如何定位客户方面有很大决策权是有意义的。为了给予他们强大的激励,他们通常按销售提成计酬——销售越多,收入越高。他们的主管可能并不特别关心销售人员使用的具体策略,只要他们能够交付结果即可。

然而,其他工作的雇员可能几乎没有决策权,因此也就无法表现得更好;对他们来说,基于绩效的薪酬制度并不合适。或者他们可能有很大的决策权,但是他们的主管无法衡量他们的表现。例如,安全检查员通常是按小时或月份支付工资。如果按每次检查支付报酬,他们就有强烈的动机走捷径!

在MBA课堂上经常讨论的一个组织互补性的例子是俄亥俄州的制造商林肯电气公司(Lincoln Electric),以其广泛采用的绩效工资制度或"计件工资"而闻名。计件工资只有在工人有一定的自主权时才有意义——也就是说,他们能够控制自己生产的"件数"。林肯不仅提供计件工资,还有几个互补的元素:长期稳定的就业,内部晋升机会,灵活的工作规则,以及广泛的公司内培训等。对林肯而言,这些元素共同发挥了良好的作用。然而,如果只有其中的一些元素而缺乏其他元素,可能会是灾难性的配方。

合作社与工人所有的企业

尽管在无老板公司的文献中并不总是被承认，但雇员主导、扁平化、几乎无老板的公司源自更早期的传统：19世纪和20世纪初的合作社运动。当时使用的术语不是"雇员"，而是"工人"。工人所有的企业、工人主导的管理、工人合作社和"工业民主"，早在几十年前就预见了现在流行的许多理念。在19世纪20年代，空想社会主义者罗伯特·欧文和查尔斯·傅里叶在苏格兰和美国组织了工人所有的合作社，将其设计为主要采用水平结构的自给自足社区。所有工人在企业中拥有平等的股份，对企业经营有平等的发言权。[27]合作社运动在20世纪初主导了美国农业，农民组成了自己的营销和分销协会，以对抗他们认为不合理的高昂的铁路运费。

当时，合作社运动主要是基于道德而非效率的理由来进行正当化。正如2012年电影《罗奇代尔先锋》中所述，世界上第一家成功的合作零售商店于1844年在英国罗奇代尔镇由罗奇代尔公平先锋社（Rochdale Society of Equitable Pioneers）的工人阶级成员创立。该运动起源于欧洲拿破仑战争后期，战争带来了工资下降、失业甚至饥荒。该运动的目的是结束垄断商人的"剥削"，推广使用"公平的衡量标准"，并与当地社区分享商店的盈余。

像美国经济学家约翰·肯尼斯·加尔布雷斯这样的写作者认为，合作社使工人或农民能够团结起来行使"对抗性力量"，以对抗那些试图剥削他们劳动的大型工业企业。例如，如果大型铁路公司或粮食储存设施滥用其"市场力量"以维持低商品价格，农民可以组成合作社进行反击，利用他们的联合议价能力来推高价格。同样，工业工人、手工艺人和其他劳动者可以组成合作社，以保留更多他们自己劳动的价值（否则这些价值会被"老板"剥削）。

合作社在某些领域发挥了重要作用；在农业领域，它们甚至在当今仍具影响力。但总体而言，合作社在工业领域并非取得了巨大成功的模型。蒙德拉贡公司（Mondragón Corporation）是一个意外，这是位于西班牙巴斯克地区的工人合作社联盟。成立于1956年的蒙德拉贡公司雇用了超过八万名雇员。这些合作社强调"开放入会、民主组织、劳动主权、资本的工具性和从属性、参与管理、报酬的一致性、互助合作、社会转型、普世性和教育"的共享的商业文化和坚定的参与哲学。[28]蒙德拉贡参与多种制造和服务活动，是该地区最重要的雇主之一。正如最近的一篇介绍所说："合作社的概念可能唤起嬉皮士社会主义的概念，这限制了它作为全球经济模型的价值，但蒙德拉贡则是一个真正意义上的大型企业。"[29]巴斯克地区独特的社会和文化因素可能有助于解释合作社的长期存续。然而，这种模式可能既非完全可推广的，也不具有可持续性。随着合作社的扩张，它已经增加了作为常规雇员而非成员所有者的合同工和临时工，并且设立了作为传统公司而非合作社组织的海外子公司。

与投资者所有的公司相比，合作社通常面临一些劣势。[30]其显著特征是所有者们与企业同时存在其他关系——作为工人、顾客或供应商。一方面，这些关系可以增加动机，促进忠诚，并建立牢固的社会和心理联系。我希望公司表现良好，因为我在这里工作；我不仅是杂货店的所有者，还是顾客！[年长的读者可能还记得美国企业家维克多·凯姆，他通过杠杆收购了消费品制造商雷明登产品（Remington Products），并成为其最著名产品的电视发言人之一："我是如此喜欢这个剃须刀，所以我买下了这家公司！"]

另一方面，与组织有多重关系的人可能会存在角色冲突。作为一名雇员，我希望公司的利润以更高工资的形式分配。作为投资者，我可能还希望利润投入研发、设备维护或收购，甚至以牺牲工资为代价。一个向加工厂销售产品的农民希望以最高的价格销售自己的产品，但如果他也是加工厂的所有者，他可能更倾向于更低的价格或选择其他供应商。更重要的是，尽管投资者-所有者都希望获得更高的利润，但工人-所有者或供应商-所有者在战略、目标和优先事项上可能会意见不一。年轻的工人可能更希望公司在创新上进行长期投资，以便将来提高工资，而即将退休的工人则希望立即以工资的形式支付这笔钱。

太阳底下没有新鲜事？

几年前，我们在撰写博客"组织与市场"（这组管理学评论时而严肃时而轻松，吸引了学术界读者和商业从业者的关注）时，曾经有一个常设特稿栏目叫作"太阳底下没有新鲜事"。其中，我们指出大多数时髦的新型组织和管理形式在以前都已经尝试过，并不是激进的创新，更多的是延续。例如，去中心化的、一臂之距*（arm's-length）的网络化组织形式可以追溯到维多利亚时代，详细记录在汤姆·斯丹迪奇令人愉悦的书籍《维多利亚时代的互联网》中。[31] 现在所谓的"开放式创新"，即企业集团在水平集群内共享新想法，其先驱可以追溯到19世纪末。[32]

古代社会采用了各种管理结构，其中央控制的程度不一。现代术语"去中心化"可能最早出现在19世纪20年代的法国（décentralisation），当时指的是法国的国家行政管理。[33]

对组织结构的学术兴趣可以追溯到著名的德国社会学家马克斯·韦伯，他在1922年的著作《经济与社会》中概述了一种官僚制理论。韦伯将官僚制管理定义为一个以正式科层制度为特征的系统，该系统具有明确和固定的角色与责任、书面规则和程序、受过专业训练的管理者，并根据中立客观原则进行的绩效评估和晋升。韦伯虽然赞扬官僚制管理为市场经济中最"理性"的组织形式，但他也意识到它可能扼杀自发性和创造力。（我们将在第十一章再次回顾韦伯的理论。）

韦伯的朋友、奥地利经济学家路德维希·冯·米塞斯，在他1944年的著作《官僚体制》中更进一步地提出，官僚制管理在静态环境中是有效的，特别是在像政府机构这样的组织中，这些机构不通过市场销售其产出，而且与盈亏系统相隔离。而对于追求利润的企业家来说，一个更加去中心化、雇员自治的结构更为合理。

简言之，无老板公司叙事的核心理念——职工赋权、灵活

---

* 这个表述来自奥利弗·威廉姆森，意思是双方没有建立信任、相互义务等的个人关系，但仍然比竞争市场中的贸易伙伴"更接近"。

性、自治、扁平化等——在关于组织和管理的讨论中已经存在了很长时间。它们同时也存在于流行文化中。有一则著名的轶事（我们无法验证其真实性），讲述了约翰·F. 肯尼迪总统在大幅扩展美国航天计划后访问美国国家航空航天局（NASA）的事。在他与训练中的宇航员、首席工程师和各种科学家进行了例行会议后，离开大楼时碰到了一名清洁工。总统问清洁工他的工作是什么。清洁工回答道："先生，我的工作是帮助把人送上月球。"这则轶事的长久流传说明长期以来人们基本认同赋权能够使所有雇员感到他们是公司使命中重要的一部分。

总体而言，无老板公司叙事背后的思想对学者们来说是耳熟能详的，并且在实践中经常被使用——在合适的情况下。以"灵活性"这一概念为例，这是无老板公司所谓的优势之一。雇员拥有更多的决策权通常意味着在工作时间的选择上更加灵活。例如，声破天越来越多地让雇员自由选择工作地点和时间，作为其新的"随处办公"（Work from Anywhere）计划的一部分。[34]

大多数人直觉上认为这种灵活性是好的（作为雇员的我们肯定也珍视它）。然而，直到最近也很难说它究竟有多么重要。为了解这一点，最近的一项研究调查了优步的司机。[35]他们不是公司的雇员，但也不是独立的企业家（在法律上，他们被归类为独立承包商）。优步司机拥有极大的灵活性，可以自由选择何时工作（并且可以同时为相互竞争的公司工作）。研究人员通过观察司机如何调整工作时间以符合预期的工资变化，据此评估灵活性的价值：如果一个司机即使在预期工资上涨时也不增加工作时间，我们可以得出结论，他有更重要的事情要做，并且非常重视灵活性。与假设中有固定工作时间的"正常"工作相比,平均而言,优步的司机通过自主设置工作时间获得了很高的价值——相当于每周额外工作6.7小时的价值!

同样地,一项针对企业家的著名研究发现,平均而言,自雇人士在他们的职业生涯中的收入比作为有薪雇员要低35%。[36] 那么,为什么那么多人选择自我雇用?因为他们看重灵活性、自主权、成就感以及其他非货币的好处。

换句话说,灵活性和自主权的价值很高。难怪自主管理的理念已经存在很长时间了。然而,正如彼得·德鲁克在1954年观察到的那样,具有高度工人自主权的灵活职场只在特定情况下、特定人群和新的人力资源管理方法下才能实现。[37] 我们将在第十三章进一步讨论这个问题。

像其他时髦的话题一样,无老板公司叙事重新唤起和包装了旧的观念,而且没有看上去那么激进。问题并不在于对这些观念的重新包装和过分宣扬;如果这些观念是好的,当然值得重新包装并推动其在现代得到采纳。问题在于人们以其名义提出了过多的主张。激进的去中心化或"无老板"组织可能对某些公司在某些时候有效,但它们并非普遍适用——也就是说,并非适用于所有公司的所有时期。实际上恰恰相反。

第五章

新瓶装旧酒？

威尔乌的故事表明，扁平化结构在特定情形下或特定时期内是可行的。威尔乌的盈利能力很强，并且在行业内占据主导地位。戈尔一直是一家成功的公司，而塞氏在里卡多·塞姆勒的领导下也表现出色。

然而，我们对这些公司的进一步探究表明，像所有成功的公司一样，它们的繁荣是由于强有力的管理和有远见的领导。它们的确采用了科层制度，并且绝对不是无老板！当然，像威尔乌和塞氏这样的公司将去中心化、有机、松散结构的组织模式推进到了极限，甚至可能超越了极限。不过，其他在无老板公司叙事中的典型企业实际上更注重形式而非实质。他们许多核心的"无老板"特征与传统公司并无太大不同，只是进行了些许调整、换了个巧妙的新标签。我们将在世界领先的瑞典音乐流媒体服务公司声破天和总部位于拉斯维加斯、亚马逊旗下的在线鞋类和服装零售商美捷步的故事中看出这一点。

声破天和美捷步的案例揭示了无老板公司叙事中的一个关键险境——追逐潮流。

管理学容易追逐潮流。诸如"全面质量管理"（total quality

management)、"再造工程"(reengineering)、"作业成本法"(activity-based costing)、"品管圈"*(quality circles)、"即时制库存"(just-in-time-inventory)以及"经济附加值"(economic value added)等术语和概念,会突然出现在商科的期刊上,随后又很快消失。¹ 仅仅因为竞争对手采用了新理念而盲目跟随,可能会导致灾难性的后果。对无老板公司叙事大肆吹捧的危险在于,它让管理者采纳不适合其技术、行业或劳动力的组织结构。

声破天是我们用来说明该问题的两个斯堪的纳维亚公司之一(另一个是奥迪康)。早在20世纪70年代,斯堪的纳维亚的管理者就已经是批评传统公司科层制度的早期拥护者之一。鉴于斯堪的纳维亚国家的历史,这或许并不令人惊讶。尽管这些国家之间存在一些差异,但它们都是高度平等的,拥有悠久的合作社运动和组织历史。这些国家中的普遍信任(generalized trust)水平是全球最高的。普遍信任是指人们对社会其他成员的信任程度,而不仅仅是对家庭和朋友的信任。这些国家所谓的权力距离(power distance)也很低(尽管丹麦的权力距离比瑞典和挪威低得多),权力距离是用于研究国家之间文化差异的人类学概念。² 它衡量的是人们对存在于最有权力者和最无权力者之间的权力差距的接受程度。在一个权力距离低的社会中,下属不太愿意接受他们的地位,通常对处于科层制度顶端的人持怀疑态度。

斯堪的纳维亚国家同样存在高度的个人主义价值观,这通常被用来衡量人们对松散社交安排的偏好程度。与大集体期望无条

---

* 又写作"quality control circles",中译"品管圈"从此说法而来。

件的忠诚不同，持有个人主义价值观的人们期望的是个人只照顾自己和直系家庭。很容易看出，在具有这种价值观的社会中，自我管理和无老板组织的理念会引起共鸣。

推广这些理念的第一批斯堪的纳维亚商人之一是瑞典人扬·卡尔森，他于1981年至1994年担任北欧航空（Scandinavian Airline Systems）（SAS集团）的CEO。卡尔森在1985年出版了自己的反科层制度宣言。³瑞典版书名直译为《拆除金字塔：新时代人类、管理者和领导者之书》*——强调了我们之前提到的观点，即无老板公司叙事通常与自我更新（personal renewal）、赋权和自我实现的更广泛主题相关。卡尔森在1981年成为CEO时，实施了一项名为"以人为本"（Putting People First）的培训计划，该计划由丹麦人克劳斯·穆勒开发。SAS当时被广泛认为是一个僵化且沉闷的组织，而该计划的目的是通过将责任委派给在前线、与客户面对面的雇员，赋予他们现场解决问题的权力，以此实施SAS的转型。

这一组织重组取得了成功，吸引了大量媒体的关注。《工业周刊》盛赞道："扬·卡尔森摧毁的可能不仅仅是瑞典的金字塔。凭借他的纪录，他可能会撼动远远超出斯堪的纳维亚的传统企业基础。"⁴被广泛认为是现代领导学领域创始人的沃伦·本尼斯表示："我长期以来一直主张，组织可以也必须鼓励他们的高管把握机会，将问题视为机遇，并力求获得大成就而非满足于小胜利。我还敦促领导者倾听——倾听每一个人。幸运的是，扬·卡

---

* 本书中文版为《关键时刻MOT》。

尔森的做法证明了我所主张的正确性。"[5]对斯堪的纳维亚及其他地区的商人来说，教训显而易见：组织变革不仅是良好的宣传，也是树立品牌的好方法。

卡尔森深谙如何吸引媒体的关注。经营声破天的团队也同样擅长这一点。音乐流媒体提供商声破天是音乐行业的主要颠覆者之一[6]，并因其扁平化和灵活的"N型"结构而受到商业媒体的赞誉，这种结构促进了内部知识共享和雇员认可。[7]声破天一直被评为瑞典最具吸引力的雇主之一。它是贯彻所谓"敏捷"方法的一个突出例子，该方法最初是为软件开发设计的，但现在越来越多地被用在动态环境中组织团队。声破天以一种看似创新的方式组织团队，在人员、任务和职能之间建立了各种联系。然而，仔细观察便会发现，这种结构已经存在了几十年；声破天只是给它换了个新名字。

声破天：随需应变的音乐服务

声破天——正式名称为声破天科技（Spotify Technology SA）——建立了一种所谓的免费增值（freemium）商业模式，用户可免费访问其提供的基础产品，即音乐流媒体平台。但免费版本经常会被广告打断，并且不含无广告高级付费版本中的一些功能，例如下载和家庭账户。

声破天为3.65亿活跃用户（其中1.8亿为付费订阅用户）提供超过7000万首曲目。[8]声破天于2006年由丹尼尔·埃克和马丁·洛伦松创立，利用了许多人认为的基本互联网精神，即"信息应当免费"。当然，数字化音乐也是信息，因此"应当"是免费供每个人享受的——只要他们愿意忍受基础的、功能有限的版本。

声破天还得益于瑞典是最早拥有快速宽带的国家之一，这使得音乐流媒体服务成为可能。"信息应当免费"的观念，加上快速宽带，也助长了盗版行为。臭名昭著的海盗湾（Pirate Bay），一个促进非法分享版权软件和媒体产品的平台，就是21世纪初在斯德哥尔摩成立的。埃克和洛伦松将文件共享合法化的基本商业想法，是对即将到来的打击非法分享行为的回应，这种打击会让用户渴望找到合法的替代方案。第三个促成因素是声破天将其服务与斯堪的纳维亚主要电信运营商特利亚（Telia）的手机服务绑定。声破天巧妙地利用了合作伙伴的策略，例如在进入美国市场之前先与脸书结盟。

作为目前无可争议的音乐流媒体霸主，声破天的经历在各个方面都可算是一个成功的故事。它在短时间内实现了巨大的增长，做到了许多公司难以做到的事情：不仅协调了多个产品开发部门（即专注于特定软件的雇员小组），而且在完全全球化、高速发展的环境中迅速增加了这些部门的数量。令人惊讶的是，声破天拥有1.8亿付费用户，其客户数量是苹果音乐（Apple Music）的两倍多！并且比YouTube音乐、Tidal、Deezer和奈普斯特（Napster）等小型竞争对手的付费用户数量要多得多。许多科技初创公司也将声破天的数字化免费增值模式（即免费提供基础产品，期望吸引用户转向付费的高级产品）应用到其他媒体领域——如艺术、电影和新闻——但成功的例子却寥寥无几。[9]

N型公司

声破天几乎是知识经济公司的代表。像谷歌和微软一样，它的产品是软件和服务；像脸书和网飞一样，它严重依赖用户生成的内容——声破天不创作或制作音乐，而是分发他人制作的产品，并依靠用户社区来评分和分享音乐（从而也为平台提供可用于定向广告的信息）。像所有科技巨头一样，它的核心雇员是坐在隔间里的程序员，而不是装配线工人或销售代理。（公司也有大量律师、营销人员和公关专家。）如果数据如人们所说是新的石油，那么声破天就是安坐在一座金矿上。

声破天平台让用户收听的音乐文件是其核心产品。当然，声破天有技术基础设施，但自2016年起，声破天就将大部分数据从自有服务器迁移到云端。其关键投入是雇员的工作努力，其中大多数是机器学习工程师、软件工程师、数据工程师——好吧，有各种各样的工程师——以及一些设计师、开发人员和产品经理。这无疑是一家典型的知识经济公司！

此外，声破天与现代全球经济中的大型知识型公司——苹果、脸书和谷歌——既有竞争又有合作。不出所料，声破天有效地采用并使用与时髦的、年轻的、知识型公司相关的行话。其位于斯德哥尔摩的公司总部拥有色彩鲜艳的墙壁和家具、顶层酒吧，当然还有游戏室。

商业评论员们对声破天的组织结构赞不绝口，认为这是声破天的秘密武器，使其能够应对几乎所有公司都面临的经典挑战——在保持敏捷性的同时实现扩张。[10]一则典型评论这样说："声破天模式是一种以人为本的、自主的规模化'敏捷'的方法，强调文化和网络的重要性。它帮助声破天和其他组织通过关注自主性、沟通、责任和质量来提高创新和生产力。"[11]（这听起来很棒，但实际上大多数公司都会将自己描述为"以人为本"的，并认为沟通、责任和质量——甚至自主性——也是许多企业文化的一部分。）

声破天是一家伟大的公司。自2008年成立以来，它已成长至如今的地位，控制了全球音乐流媒体市场约三分之一的份额。它是市场的领导者。声破天在进行大量产品开发的同时，控制住了成本（这是许多公司面临的一个大问题）。可以肯定的是，声破天最近的成功很大程度上归功于其组织架构（更不用说其创始人和领导层的商业敏锐和企业家判断）。声破天是否为扁平化和"无老板"结构如何引领企业取得卓越绩效的例子？实际上，并不是。

声破天的组织结构围绕着"敏捷"软件开发，这是一种旨在支持团队间知识共享的技术。这被称为"N型"结构，是一种对小阿尔弗雷德·钱德勒所用"M型"术语的戏仿，用于描述那些拥有多个业务单元（"部门"）的公司，例如通用汽车或杜邦化工（Dupont Chemical），这些单元通常相对自主，并且专门生产某种产品或服务（或一系列密切相关的产品或服务）。

恰当地说，N型结构的概念是一位已故瑞典商业学者贡纳尔·赫德兰的创意。他创造了这个术语来描述一种新型的科层制度，这种结构在20世纪80年代和90年代主要出现在大型日本工业公司中。经典的科层制度——赫德兰会称之为经典的西方科层制度——将活动和知识框定在业务单元和部门中，这些部门可以是功能单元，如生产、销售、营销和研发，或者是产品线单元，如消费电子产品和工业设备。尽管传统结构中存在跨功能和跨部门的团队，但这些团队主要用于临时项目；业务单元或部门是组织的基本组件。沟通主要沿着科层制度纵向进行，而不是在不同单元的雇员之间横向进行，并且在科层制度中有明确且稳定的权力分配。

当赫德兰观察像日本化妆品和化工生产商花王（Kao）这样的公司时，他看到了不同的组织原则在起作用。这些公司仍然有业务单元，但临时项目是组织的基本组件。雇员可以直接与其他职能和项目的雇员沟通。虽然仍存在管理科层制度，但它比传统公司更为灵活和松散，并且取决于公司当前所进行的项目。[12]

N型公司通过频繁的横向沟通以及灵活的权力结构来实现敏捷性。声破天很大程度上是按照这种模式组织的。但是，像赫德兰研究的日本公司一样，它并非无老板的或扁平的。

小组、部落、分会、公会

正如N形结构所示，所有的公司都围绕基本单元进行结构化，这些单元是组织的组件。在一家小型工程咨询公司中，相关单元可能是单个雇员顾问。毕竟是他自己与客户沟通，开具账单，并由老板或合伙人对他的工作进行评估。在按功能性组织起来的制造公司中，相关单元则是生产、研发、销售等部门。在多部门公司中，产品部门是基本组件。

在声破天，基本组件是"小组"（Squads），这些小组主要由开发人员构成，也就是其他公司所说的"开发团队"。小组通常由不到十名成员组成，负责开发特定的软件——例如，开发或维护iOS或Android客户端，或设计一个无线界面——或者某种服务，例如解决支付或其他相关问题。正如许多现代的软件产品，因其系统遵循众多"接口标准"（即连接代码片段的协议），这些软件中的代码模块都可被认为是独立的。因此，这些团队得以相对自主并保持自组织结构。[13]

这些团队使用的具体开发方法被称为"Scrum"。这个词源自由日本创新与管理思想家竹内弘高和野中郁次郎在《哈佛商业评论》上的一篇文章。作者将高效的跨职能产品开发团队比作橄榄球队重新开始比赛时使用"Scrum"阵型的队伍：橄榄球运动员紧密聚集，并低头试图争夺球权。[14] 成功的开发团队应该以类似的方式紧密合作，致力于共同目标。

作为一种开发方法，Scrum法承认在项目推进中情况往往会发生变化——例如，客户在开发过程中可能会改变主意。当问题本身就模糊或灵活时，线性的、基于计划的方法是不适用的，这些方法首先要求问题是被清晰定义的。相反，Scrum团队将工作拆分为更小的目标，这些目标通常可以在为期两周的短期迭代期（iterations）*内完成。这种结构使团队能够迅速调整开发工作，以应对意外事件，如代码需求的变化、团队组成的变化或公司战略的调整。团队有一名专门的"产品负责人"（product owner）来

---

* 迭代期（iteration）以及后文的冲刺（sprints）都是Scrum方法中的特有概念，前者表示软件开发过程中的重复性周期，后者表示团队在较短时间内全力以赴完成某个项目。目前两个概念常常混用。

监督工作。为了提高适应性，团队每天举行十五分钟的会议来跟踪进展。每个冲刺期结束时，会进行一次冲刺回顾，总结已完成的工作，并指出存在的问题（以及成功之处），以便将这些经验融入未来的工作中。

许多软件公司和部门都采用这种方法。它的狂热信徒用"工件"、"用户故事"和"仪式"等奇怪的术语来描述这种方法。批评者则认为"敏捷"的Scrum方法有些宗教化，有人还批评它限制了雇员的自主性，可能无意中扼杀了雇员的自主学习和主动性。[15] 关键在于，Scrum技术对于像声破天中的小型、专注的团队（如小组）非常有效。投身于Scrum方法与将小组作为公司基本组织单元的做法非常契合。

那么，各个小组的工作如何协调一致呢？声破天设有"部落"（tribes），即由多个处理类似问题或相关的软件领域的小组所构成的团队。虽然声破天致力于使开发工作具有独立性，但项目之间仍存在相互依赖的关系，有时一个小组开发的解决方案会与另一个小组共享。这些互动由部落领导者（tribe leaders）进行管理。

不止于此。"分会"（Chapters）横跨了部落，将具有相似技能的人员组织在一起。例如，许多小组都有数据库管理员。一个"数据库分会"则组织了所有跨小组的数据库管理员，使他们能够相互交流想法并共同解决问题。当然，还有一位管理这些分会的经理——分会领导（chapter lead），他实际上是分会中雇员的HR经理。最后还有公会（guilds），类似于声破天雇员的兴趣小组，例如，对"敏捷"管理或网络技术等特定领域感兴趣的小组。公会有助于公司内部知识的共享。

所以,最初看起来像是一组自主的工作团队,实际上是一个密集的相互连接的团队网络,其中拥有管理层和跨越各个团队的专门单元(如部落、分会和公会)。你猜怎么着?你肯定早已见过类似的结构,特别是如果你曾在任何使用"部门"、"分部"和"跨职能团队"等术语的组织中工作过一天以上的话。

实际上,声破天的组织结构图是著名的"矩阵"(matrix)结构的一种变体,只是对各种组织单元使用了更可爱的标签。矩阵结构最晚于20世纪50年代就已存在,当时它被用于处理美国新兴的航空航天行业中的重大复杂项目。矩阵结构可以有多种不同形式,但所有形式都要求雇员要向多个管理者和跨职能单元汇报工作。例如,在学术界,教授通常需要向系主任汇报其研究工作,同时也要向项目协调员汇报教学任务。所有矩阵结构都打破了按职能、产品或地域划分的严格垂直业务单元模型。然而,它们能够以相当不同的方式进行配置。

有些矩阵结构是传统谷仓式公司与永久跨职能单元的拼凑版本。而在其他一些被称为"项目矩阵型"的结构中,来自不同职能部门和同一职能中各个分部的雇员被分配到临时项目中。一旦这些项目完成,雇员就会回到原来的职能部门,并随时准备被分配到新的临时项目中。声破天就像这些项目矩阵组织。它的临时项目是Scrum团队或"小组",而它们的分会就相当于职能部门。像其他具有矩阵结构的公司一样,声破天也认识到让组织的基本组件(即项目或小组)负责一切是不切实际的。需要为小组定义软件模块以供其工作。需要评估各个小组的工作成果,尽管

Scrum方法可以使工作结构化并保证其不逾期。小组间相互依赖的关系也需要处理。跨小组以及拥有相同能力的人员之间共享知识通常也是有利的。所有这些需求都需要……科层制度。

声破天并没有真正采用一种全新的、激进的去中心化的结构。可以肯定的是，公司确实在（相当受限的）Scrum方法的框架下，实现了相当程度的自主权和自组织，但显然，声破天在这方面的表现并不比其他任何采用该方法的公司更明显。[16] 是的，公司确实存在组织化的知识共享和有益的横向沟通，但很多公司都有这些！归根结底，声破天是一家相对传统的、基于项目的公司，混合了经过验证的组织结构和"敏捷"开发理念——但它使用时髦的语言，使其在行业中、在现有和潜在雇员中以及在利益相关者中显得更有吸引力。

这是无老板公司叙事中的一个反复出现的主题。关于赋权、雇员主动性和自下而上组织的理念在今天尤其是在年轻雇员中引起了共鸣，因此公司在解释其业务时使用这种语言并不奇怪。但实际上，这些公司并没有与传统公司有太大的不同。

美捷步：合弄制之王

CEO显然很重要，但没有哪种独特的管理或领导风格、性格或专业背景能够用来定义成功的高管。那么，CEO的作用究竟有多大呢？过去几十年来，CEO的任期显著缩短，这表明产品、雇员、声誉和资源比高层领导更为重要。此外，股东（尤其是机构投资者）的权力显著增加，使得罢免表现不佳的CEO变得更加容易了。与此同时，或许是为了应对这种情况，CEO们已经成为通才，掌握的技能也更容易在不同行业间转移。[17]普华永道的一项研究发现，2018年CEO的总流动率为17%，在过去二十年里，CEO任期的中位数缩短为仅仅五年。[18]CEO们来来去去。

然而，同一研究还发现，少数CEO在其职位上任职时间较长。结果表明，几乎20%的美国CEO能在其职位上任职十年或更长（这一群体的任期的中位数为十四年）。研究表明，这些CEO对公司非常重要，尤其是因为他们让公司在财务上取得了成功。他们的重要性还在于，他们可能会在公司留下"印记"。

为了理解印记效应（imprinting）是什么，可以想象一下以下几位：工程师、商业巨头和流水线之父亨利·福特；法国时装设计师兼企业家嘉布丽叶儿·波纳·"可可"·香奈儿；花花公子（Play boy）商业帝国的创始人、花花公子休·海夫纳；或者离我们更近一点的恶作剧者、连续创业者兼冲浪爱好者尼克·伍德曼，他是运动相机品牌GoPro的创始人兼CEO。

这些所有者-创始人-管理者通过各种方式在企业留下了深刻的印记，包括塑造企业文化和特征，以及在早期做出决定性的决策，这些决策如今被称为"商业模式"：基本价值主张、关键资源和流程、收入模式等。正因如此，公司的历史往往基本上就是创始人的传记。此外，通过观察和了解公司高管的特点，我们可以洞察公司，并在一定程度上预测它们的行为。很少有现代公司和所有者-管理者能够像谢家华和他的在线零售商美捷步那样生动地体现这一点。尽管谢家华于不久前（2020年8月）退休，结束了他在美捷步长达二十一年的领导生涯,并于2020年11月去世,但从许多方面来看,美捷步就是谢家华。

谢家华于1973年出生在伊利诺伊州的厄巴纳-香槟市,父母是中国台湾移民。他毕业于哈佛大学,获得计算机科学学位。谢家华很早就开始创业,他的大学教育的资金部分来自于此——以1美元的价格购买冷冻麦当劳汉堡,并将其加工后以3美元的价格卖给其他学生(后来改卖比萨)。在甲骨文公司短暂工作后,谢家华与一位大学朋友创办了LinkExchange。该公司获得了红杉资本(Sequoia Capital)的投资,并迅速取得成功,最终以2.65亿美元的价格卖给了微软,这使得谢家华在24岁时成为千万富翁。

像其他成功的创业者一样,谢家华在成功退出他创办的公司后,创建了风险投资基金Venture Frogs,并开始认真反思他在LinkExchange的经历,以及他理想中的供职公司和想要创办的公司。[19]谢家华选择将友谊关系网络作为美捷步的模式之一,这种网络结合了趣味性、深度的个人关系、互惠、连贯性以及非常重要的非正式性。公司开始追踪雇员关系,谢家华解释说该举措表明美捷步对上述理念的重视。

> 当雇员登录到他们的计算机时,我们会要求他们随机查看一张雇员的照片,并询问他们对这个人的了解程度——选项包括"在走廊打个招呼""在工作之外一起聚会"以及"我们将成为长期朋友"。我们开始记录跨部门关系的数量和强度,并计划开设相关课程。我的愿望是,我

们能有更多的雇员计划成为亲密朋友。[20]

正如谢家华在他2010年的自传（他在37岁时出版了这本书）中所解释的那样，他曾在LinkExchange中尝试过这种模式，其招聘和雇用模式是聘用朋友以及朋友的朋友。但LinkExchange很快转变为一家拥有科层制度的传统公司，雇员的积极性受职业和金钱的驱动，内部政治和权力争斗也开始显现。谢家华扪心自问：这是一个自然而然的过程吗？或者可以在合适的公司中加以避免吗？

走进美捷步

机会出现在Venture Frogs将50万美元投资于一个在线鞋类零售业务创意之时。美捷步——取自西班牙语"鞋子"（zapatos）的变体——于1999年10月上线。经过相对缓慢的起步后，Venture Frogs对美捷步进行了第二轮投资，谢家华最终在2001年5月加入公司，担任联合CEO，并在2003年成为唯一CEO。谢家华非常重视非正式性，以至于他刻意避免为美捷步制定明确的公司价值观，他认为这过于"企业化"（corporate）。正如他后来指出的，大多数企业核心价值观或指导原则"听起来非常高大上"或"像是市场部的新闻稿"。[21] 然而，美捷步的成功却使得这种行为变得必要——不是为了在扩张的影响下保持公司的连贯性，而是因为明确的价值观清单在招聘和雇用中会很有用。经过一年，公司最终制定出了十项核心价值观：

一、用服务让人们惊叹

二、拥抱并推动变革

三、创造乐趣和一点无厘头

四、具有冒险、创新和开放精神

五、追求成长，不断学习

六、通过沟通建立开放、诚实的关系

七、建立积极的团队，培养家庭精神

八、追求事半功倍

九、有激情，有决心

十、保持谦逊[22]

通常，类似这样的列表中总有一些条目是显而易见而不必要的，甚至是陈词滥调（不能作为协调行动的指南）。但这里列出的许多条目实际上并非如此。很少有公司会刻意去"创造乐趣和一点无厘头"，坦率地说，很多公司最好还是不要这样做。你可能不希望你的银行或管理你401(k)账户*的公司变得哪怕只有一点无厘头。[23] 也很少有公司能够在将总部设计成类似美捷步拉斯维加斯总部那样的环境下还能蓬勃发展，该总部不仅拥有开放的办公布局，还有奇异的装饰品、鲜艳的色彩、极度休闲的着装以及一种感官过载的整体氛围。[24]

在谢家华看来，列表中的最后一项"保持谦逊"是美捷步最重要的价值观。他认为，如果没有谦逊，狂妄自大和自负的雇员

---

* 401(k)账户是指美国的养老金账户，雇员每月拿出一定比例的工资存入该账户中，同时企业也会存入一定金额，共同作为雇员的养老基金。

将主导公司基调，建立友好的文化将变得不可能。公司的目标是建立真正以顾客为中心的组织，而谦逊的雇员是实现目标所必需的。因此，列表中的首位仍然是"用服务让人们惊叹"，这一点保持了对消费者和供应商的重视。这一价值观通过全天候服务、没有自动电话答录、没有固定话术、极其慷慨的退货政策以及友好的客服代表得到支持。[25] 正如谢家华所解释的，基本原则是"更好的服务将转化为大量的回头客，这将意味着低营销费用、长期利润以及快速的增长"。[26]

媒体为美捷步的顾客导向而神魂颠倒，许多报道讲述了美捷步雇员为帮助顾客所做出的异乎寻常的努力。[27] 雇员接到的大多数电话都是顾客希望能迅速得到解决的投诉。但2012年的一通电话与众不同。那位顾客（性别未知）只想聊天。于是这场谈话持续了十小时二十九分钟。最后，顾客买了一双靴子，但这并非销售人员保持通话的原因。正如一位美捷步代表所解释的："有时候人们只是需要打电话聊一聊……我们不去评判，我们只想提供帮助。"

在另一个故事中，一位顾客的母亲因为治病导致脚肿。顾客买了至少六双鞋子，以确定其中是否有一双适合她母亲的需求。不幸的是，由于母亲的病情，没有一双鞋子合适。顾客被允许退还所有鞋子。两天后，顾客的母亲收到了一张附在花束上的写有早日康复的祝福卡——同时，母女俩的美捷步账户也被升级为VIP状态（包括所有订单免运费）。[28]

这种异常高水准的顾客服务据称是通过大力赋权给美捷步雇员实现的，这些雇员被称为"成员"（members）（与第十章中讲述的晨星的雇员一样）。直接接待客户的雇员不按照每小时接待的客户数量或类似的效率指标来评估其绩效。谢家华明确表示，唯一相关的指标是顾客满意度，即"幸福感"。这需要允许客服代表花费大量时间和资源（例如，让客服代表决定顾客可以退回哪些商品）来让顾客满意。授权是推动这一模式的关键。此外，所有雇员都有权与媒体自由沟通。[29]

这有效吗？美捷步确实享有卓越服务的声誉。然而，其中一些轶事可能过于美好而不太可能是真的。多年来，有关诺德斯特龙（Nordstrom）的故事广为流传，这家总部位于西雅图的零售商也因出色的顾客关系而著称。故事称，一位顾客对一对雪地胎不满，并拿来要求退款，而退款被愉快地批准了。故事的重点是：诺德斯特龙甚至不卖轮胎！这个故事在讲座或演讲中总能引来一片笑声。显然，这确实发生过，但故事中遗漏了关键细节。这家诺德斯特龙位于阿拉斯加州的费尔班克斯，它所占据的场所曾经是一家轮胎销售商，这位顾客正是从那里购买了轮胎。[30]尽管如此，依然是优秀的顾客服务！也为诺德斯特龙和美捷步这样的零售商提供了很好的故事素材。

处理授权

当雇员对公司资源（包括他们自己的工作时间）的使用拥有过多决策权时，内部协调可能会受到影响。如果任由其自行决定，一些雇员可能不会珍惜他们被授予的信任。他们可能会推卸责任，或滥用资金或其他公司资源，这种现象在经济学中被称为"道德风险"（moral hazard）。在一个高度去中心化、雇员被授予诸多权利的组织中，混乱似乎是潜在的。正因为我们本能地知道这一点，我们倾向于将科层制度作为默认选项。但有时候，这些潜在的问题可以通过共享的文化和价值观得到控制，而无须中心化。

文化在美捷步扮演着重要角色。这体现为公司对求职者进行严格的审查，并且为每一位新雇员提供与客服相同的基础培训（这可能与美捷步的谦逊价值观相符）。意识到有些雇员最终会发现自己不适合美捷步，公司在第一次培训期后会向每位雇员提供一笔离职补贴。补贴从2000美元开始，每年增加1000美元，5000美元封顶。

然而，当美捷步开始扩张时，挑战也随之出现。显然，仅凭文化不足以维持一个以雇员赋权为核心的商业和管理模式的运作。

当美捷步在2005年开始实现盈亏平衡时，亚马逊便与其接触。[*] 谢家华感到亚马逊仅仅把美捷步视作另一个鞋类零售商，而非一个具有独特文化的潜在的全球品牌。谢家华与一些希望更积极追求盈利（并减少"家华的社会试验"）的董事会成员之间出现了紧张关系。[31] 由于谢家华有效控制了大多数股份，董事会无法强制出售，但谢家华和他的得力助手、美捷步的首席财务官兼首席运营官林君睿（Alfred Lin）是唯二致力于这些"试验"的董事会成员。

当亚马逊再次接触美捷步时，谢家华开始觉得亚马逊愿意允许美捷步作为一个独立的业务单元继续运营。这笔收购于2009

---

[*] 当时亚马逊提出希望收购美捷步。

年11月1日完成，美捷步的估值为12亿美元。这帮助打破了谢家华与董事会之间的僵局，并使美捷步获得了亚马逊的重要资源。（美捷步的）销售和盈利能力都有所提升。然而，强调趣味性、创造力和授权的模式在扩展过程中仍然存在问题。

走进合弄制

直到此时，美捷步采用了相当传统的管理结构。在2013年，这种结构被放弃，取而代之的是所谓的"合弄制"。这一系统由软件开发者（后转型为顾问的）布赖恩·罗伯逊设计，并在2015年的畅销书《重新定义管理：合弄制改变世界》中得以阐述。[32] 这个副标题*有些误导，因为合弄制并不真正"废除科层制度"。以下是它实际所做的。

这种公司治理方法的奇怪名称源于"合弄制度"（holarchy）的概念，该概念定义为"子整体"（holons）**之间的一组联系。这个术语由作家阿瑟·凯斯勒（Arthur Koestler）创造，用来指代既是部分又是整体的事物。[33] 因此，这个名称的意思是，合弄制公司所包含的基本单元既是独立整体又依赖于其他单元。

其运作方式如下。在合弄制中，雇员不再使用传统科层制度中的职位名称；合弄制声称废除了职位描述。相反，雇员被称为"成员"，他们有各自的"角色"，这些角色涵盖了一系列任务、活动或责任。每个成员被分配一个或多个角色。角色被归类到"圈层"（circles）中，这些圈层可以组合成更大的圈层，例

---

* 原标题的字面翻译是《合弄制：颠覆科层制度的革命性管理系统》。

** 单词holon源自希腊语"holos"（希腊文为ὅλος）与后缀"-on"的组合，前者意为整体，后缀意为粒子或组成部分。

如，"领导层圈层"或"董事会圈层"取代了"设计圈层"。到目前为止，这听起来与传统职场并没有太大不同，其中"角色"相当于职位描述，"圈层"相当于团队，而更大的圈层看起来像是部门和分部。

合弄制的不同之处在于成员和圈层有多大的自由来进行自我组织。公司只管设定目标，然后由成员自行组织成圈层，并决定每个圈层的运行方式。圈层决定其中成员所担任的角色。圈层内的决策遵循公司设计的结构。圈层之间通过两个角色——主联络员和代表联络员——进行连接；这些成员参与相关会议，并确保组织目标被相关圈层转化为具体行动。没有正式的管理者和职位名称，只有角色，这些角色可以由不同的成员在不同的时间担任。

2016年《哈佛商业评论》一篇关于合弄制的文章描述了这一过程，以全球制造和服务公司ARCA的例子进行说明。ARCA是一家总部位于北卡罗来纳州的公司，于2015年实施了合弄制。

以卡尔为例，他在ARCA实施合弄制之前就已加入公司。作为一名刚毕业的法学院学生，他虽然缺乏商业经验，但凭借出色的法律和分析能力展现了巨大的潜力。他的多才多艺使他能够在不断扩张的公司中承担多个角色，包括销售、法律服务和运营。然而，随着他在各职能团队间的工作，他感到自己在组织结构中的贡献变得模糊。当公司采用合弄制后，卡尔在多个圈层中的众多角色变得明确且可见。他觉得自己的价值被更清晰地认可了，这使他更加自信地推动变革和做出决策。卡尔说:"在合弄制之前,我感到自己被赋予了很多权力,但在实际工作中却总是需要经过他人同意。我认为实施合弄制的组织就是在说'你不再需要征求我们的意见了'。我利用这个机会更加自主地行使判断和决策权。"

卡尔是如何安排这些工作的呢?合弄制让他能够放弃那些不值得他花时间的角色。例如,他利用结构调整的过程,将一些行政职责重新划分为一个单独的角色,并将这个角色分配给了一位充满热情的新雇员。这样设计角色的好处是显而易见的:由于雇员主导了这个过程,他们能感受到在有意义的工作上所取得的真正进步。[34]

将个人分配到不同的任务中,给予他们灵活的角色,并让他们跨团队、跨项目工作——如果你愿意,可以称之为"圈层"。这听起来很棒,但这或多或少就是传统科层制度所做的事情。确实,在合弄制的支持者中,那些更深思熟虑的人承认,这就是一种科层制度的主张。(而那些未经深思熟虑的支持者仍然将其宣传为一种"无老板"的方法。)

不同之处在于,合弄制强调将问题分解成子问题,从而可以分配给圈层乃至角色(或对于定义足够狭窄的任务,可以进一步分配给"微角色"),并有机地生成这些结构。合弄制向处理特定角色的雇员赋权,使其自行决定如何最好地实现与该角色相关的目标。在合弄制的公司中,雇员无须获得许可即可进行符合其角色目标的特定行动(当然,使用超出角色范围的公司资源仍需申请许可）。但自主权是默认选项。

这其实与许多传统组织形式中使用的去中心化模型并没有太大不同，即使它们没有使用这种术语。然而，合弄制使得去中心化模型更加结构化了。例如，合弄制为团队决策过程指定了具体的协议（比如，如何控制角色）。

最后一点非常关键。还记得维基百科吗？正如我们在第一章中指出的，维基百科条目的内容不是由老板撰写的，但条目被请求、撰写、编辑和修订的系统是维基百科创始人设计的。优秀的老板设计系统和结构，即使那些将决策权下放到组织较低层级的老板也是如此。合弄制既灵活又适应性强，并且允许很大程度的自主权，但其总体结构仍是精心设计的——由采用合弄制的公司管理者，并最终由这一概念的创始人设计。

对于有限政府和法治化的国家，治理过程和程序会在宪法中明确规定，要么是像美国宪法那样的成文宪法，要么是一套被所有人广泛理解的非成文原则，就像英国宪法一样。合弄制也有一部章程，其创始人将其描述为合弄制的"规则手册"（rulebook）。[35] 罗伯逊解释说，将公司转变为合弄体制的第一步是CEO正式采纳这一章程——从而将自己的权力让渡给体现于章程中的规则系统。正如他所说："通过英雄般地交权给系统，领导者为真正在组织的各个层级中分配权力铺平了道路。"[36]

这是一种很好的想法！这基本上是应对管理过度问题的一种尝试。传统的科层制度通过在不同层级的雇员之间引入信息和心理距离，部分地防止了管理过度。在扁平化组织中，由于管理层非常接近实际运营，管理者可能会受到微观管理和过度干预的诱惑。管理者可能会表示愿意放弃控制，但并不意味着真正如此。或者雇员可能也不相信他们。表面上，合弄制通过让CEO公开采纳合弄制章程来解决这个问题。然而，问题在于当CEO违反章程时，合弄制并没有明确的行动建议。

美捷步中的合弄制

2013年，美捷步成为合弄制模式最重要的采用者。很容易理解为什么合弄制会吸引谢家华：它承诺在美捷步规模化的同时保持公司的创新和企业家精神。它能够同时保证一致性和去中心化——前者是平衡增长过程的条件，后者则有助于创新和企业家精神。2013年3月，谢家华在内部备忘录中写道："我们在自我管理、自组织以及更高效的业务运营方面进展并不快……我们将加速这一进程，'长痛不如短痛'。"[37]

然而，美捷步在实施合弄制的过程中遇到了一些意外问题。首先，许多雇员对这一实施过程感到沮丧。谢家华似乎认为一些雇员与新方法不太契合。于是，2015年他为美捷步雇员提供了一种特别版本的美捷步"提议"（即之前提到的辞职奖金）：

> 自我管理和自组织并不适合每个人……因此，公司将提供一种特殊版本的"提议"，在全公司范围内实施。如果雇员认为自我管理、自组织以及我们在 Glass Frog* 上发布

---

* Glass Frog 是一套敏捷管理软件，美捷步使用该软件作为合弄制的管理平台。

的最佳顾客战略和战略声明不适合自己，每位雇员将至少获得3个月的离职补偿（以及最多3个月的失业健康保险福利报销）。[38]

在接下来的几个月里，18%的美捷步雇员接受了这一提议，其中包括问题较大的技术部门，有38%的雇员选择了离职。2020年初，美捷步的观察者A. 格罗斯指出，美捷步已经下定决心（尽管是悄无声息地）退出合弄制。[39]尽管如此，美捷步并没有完全放弃，例如，"圈层"的概念仍然存在。但传统的管理者又回到了公司。

哪里出了问题？至少有三个问题，并且合弄制的支持者都未曾预料到。然而，对于那些理解传统科层制度优势的人来说，这些问题并不那么令人惊讶。

首先，合弄制使美捷步过于官僚化。这并不是因为繁文缛节或难以应付的命令与汇报关系，而是因为会议过多。取消正式的职位描述并将所有活动围绕角色和圈层组织展开，原本由管理者以"纵向"的科层式方法处理的协调工作，现在要由雇员以更加横向式的方法处理。这虽然增加了信息共享和联合决策，但也导致了耗时更长和更频繁的会议。虽然传统的科层制度常常因为在上下层级之间传递信息的速度太慢而受到批评，但人们有时却忘记替代方案可能更糟。

其次，正如许多其他合弄制采用者所意识到的，这一模型难以规模化，部分原因是协调工作涉及大量横向沟通。这一问题与另一个问题有关，即增长通常涉及处理各单元之间的相互依赖关系，即"溢出"（spillover）效应。公司并不是独立组织原子的松散集合。即使在最"模块化"（modular）的公司中，各组织单元之间也存在许多相互依赖关系。没有任何一个单元是完全独立的，并非所有活动都可以"分解"成更小的单元。

公司在成长时会意识到这一点。突然和意外的销售额增长会对企业生产、支持职能等方面施加压力，可能会使公司面临压力。这是初创公司面临的一个众所周知的挑战：一旦开始增长，它们发现会很难控制成本，部分原因是管理者和雇员在增长过程中难以处理相互依赖关系。即使对于一个精简的科层制公司，管理这一过程也可能很困难；对于一个基于大量授权以及需要在圈层间协调的公司来说，挑战可能更为严峻，因为这些圈层由专职协调"角色"运营，而这些角色往往权力有限，仅能通过争论和说服来提出自己的意见。

第三，采用合弄制导致了顾客关注度的下降，这可能是因为，为使这一模式正常运作而投入了过多的精力。显然，对于一个指导原则是以顾客为中心的公司来说，这无疑是一个致命的缺陷。

注意阅读附属条款！

声破天和美捷步都是出色的公司，二者都具有创新性，也都很成功。声破天的"小组"和"部落"术语获得了媒体的广泛关注，吸引了寻求创新和挑战环境的知识工作者。美捷步对合弄制的采纳同样引起了关注。对他们来说非常棒！

声破天的矩阵结构和去中心化的合弄制系统有很多值得称道之处。但它们并不是实质性的创新，也绝对不是无老板的。管理者使用过类似结构已经是几十年前甚至几百年前了，包括跨职能团队、多重汇报关系、交叠的互动圈层等。无老板公司叙事不仅夸大了高度扁平化结构的好处，低估了良好管理的作用，而且还夸大了前者的新颖性。这两种结构都存在不同类型的风险。突出扁平化结构的优点同时低估其缺点，并错误地暗示这些结构总是适合所有公司，可能会导致管理者采用不适合他们的模式。声称一个广为人知的结构是新颖的和不同的，会促使管理者将其作为解决公司各种问题的权宜之计，却没有意识到他们的改动只是表面功夫。

在下一章，我们将进一步阐明何时无老板组织结构可能会有效——以及何时它不会有效。

第六章

无老板公司叙事：对与错

无老板公司叙事中关于授权、去中心化和赋权可能存在益处的说法是正确的，但这种叙事在其他方面有许多错误之处。它忽略了科层制度的扁平化在带来收益的同时也会带来成本。它没有认识到公司制度设计取决于商业环境中的关键元素——产品、市场、技术和雇员偏好。第四章讨论的组织互补性理论在职位设计的背景下详细阐述了这些权变因素。权变因素和互补因素的概念（或称"积极互赖关系"，甚至"协同效应"，如果你更喜欢这个词）对于理解无老板公司的局限性及其险境至关重要。我们将在丹麦助听器制造商奥迪康公司20世纪90年代的一次近乎无老板实验的兴衰中看到，奥迪康的故事说明了权变因素和互补因素的重要性，并更清晰地展示了无老板公司叙事中的（部分）正确和错误之处。

奥迪康的故事最能展示根植于无老板公司叙事的根本性误解：将公司本质上等同于市场。通过过分强调扁平结构、去中心化和自主权，这种叙事暗示市场中的所有优秀特征——交换、竞争、适者生存等——都可以在公司内部重现。然而，组织内部发挥作用的力量与市场中发挥作用的力量是不同的。假装它们相同会产生问题。

奥迪康的"意面式"组织——其"无老板"组织实验——被明确视为将市场引入公司。这个朗朗上口的比喻由CEO拉尔斯·孔林德创造，旨在说明新的扁平化组织虽然具有灵活性和适应性，但仍有其结构和形态，就像一盘美味酱汁中的一堆意面被叉子搅拌后的样子。他大概没有想到另一个关于意面的说法，即把意面扔到墙上看看哪些能粘住（尽管这确实描述了组织如何进行变革：看似随机地尝试许多事务，观察哪些能奏效）。无论如何，孔林德的比喻被广泛接受，意面式模型也已经成为商业术语。

奥迪康是最早通过使科层制度扁平化来提高雇员满意度、创建更利于雇员之间共享知识的组织、产生新想法并改善整体绩效的重要公司之一。其经验在商业媒体中受到了极大的关注和广泛的赞誉，并且在全球的商学院中被研究和讲授。据称，奥迪康展示了即使是在低增长环境中的老牌公司，使科层制度扁平化也可以推动组织学习和革新。然而，丹麦公司这次"意面式"实验中一些最重要的教训却不为人所知。

奥迪康：从意面到千层面

1991年8月8日早上8点，在哥本哈根郊区的海勒鲁普，CNN的记者们正在等待一个通常不会引起全球最大有线新闻组织兴趣的事件：丹麦公司奥迪康新总部的揭幕。就在几个月前，CNN刚刚报道了由美国主导的海湾战争，即美国领导的针对伊拉克占领科威特而开展的军事行动,这一故事极大地影响了CNN的全球影响力。BBC、《纽约时报》、《明镜周刊》和《卫报》等国际报纸也对奥迪康进行了专题报道。

这些媒体并不是在报道听力损失的治疗方法或突破性的技术创新。尽管奥迪康在未来几年内将极富创新性,但那天它并没有要宣布的新技术。这是一家中型公司,所处行业并不特别令人兴奋,并且位于一个欧洲小国的小城市中。是什么让CNN以及其他国际广播公司和报纸在那个八月的早晨来到哥本哈根呢?

这些人来这里是为了见到奥迪康聪明且善于应对媒体的CEO拉尔斯·孔林德。孔林德在国际商业媒体中很有名,而那天他有东西要推销——在他看来,这就是一场管理和组织的革命。孔林德在这里介绍了"意面式"组织——这种新型、极度去中心化、赋权、由信息技术支撑的奥迪康组织。

孔林德的推销说服了顶级管理大师汤姆·彼得斯,后者是国际畅销书《追求卓越》的合著者,彼得斯当时正对战略、组织和绩效之间的关系有类似的思考。在他1988年出版的后续著作《追求卓越(实践版)》一书中,彼得斯告诫管理者们遵循书名所暗示的模式。这本书开头描述了一个因持续变化而变得不可预测的商业世界,其中许多变化由技术驱动。自彼得斯的书出版以来,快速技术变革及其对商业的颠覆效应几乎成为领导力书籍的标准开篇。然而,在1988年,彼得斯描述了对美国经济的其他主要挑战,如生产力滞后、大量贸易逆差以及来自全球新兴地区的政治和竞争威胁(没错,太阳底下没有新鲜事)。应对这种"混乱"需要"世界级优质服务"和"非凡的响应能力";基于

"试点文化"（piloting culture）的快速持续创新，以便支持持续、渐进式改革以及重大创新项目；与相关利益相关者"合作"；基于全面且激励人心的愿景进行的领导；以及衡量组织中真正重要的事务。当然，这一切努力必须完全以人为本。雇员需要具备灵活性、被赋权，并参与所有事务。

如果彼得斯列出的现代公司的琐事听起来有些陈词滥调，那是因为事实就是如此。这些词语和短语听起来很不错，通常会被纳入咨询报告、TED演讲和著名教授及作家的主题演讲中。然而，达成共识、阐明愿景和获得认同都是平凡的管理任务。真正新鲜的是彼得斯的框架和语言；他令这些普通的想法听上去是激进的、振奋人心的和新奇的。他需要能够践行其思想的公司案例，于是他关注了奥迪康，在其1992年的著作《解放型管理：瞬息万变的九十年代必不可少的去组织化》[*]中为这家公司专门分配了整整一章。（遗憾的是，与他早期的畅销书不同，这本书似乎并未引起读者哪怕一瞬的关注，很快就淡出了视野。）

奥迪康发生了什么，以致如此的"狂飙突进"[**]？

回顾过去，我们可以看到，一些在1992年看起来如此革命性的特点如今已不再特别。媒体对开放式办公空间（除报社之外，当时仍不常见）赞不绝口，办公区设有临时工作站，项目组成员可以在这里聚集，并用手推车运送文件。他们注意到这个表面上无纸化办公的组织（总部有一个大玻璃管道，展示纸张掉落

---

[*] 本书中译本分为上下两册，书名分别为《解放型管理：无结构时代的企业》《解放型管理：企业流行与市场创新》。

[**] 狂飙突进（Sturm und Drang）是指从18世纪60年代后期到80年代早期，德国文学和音乐创作领域的变革，文艺形式开始从古典主义向浪漫主义过渡，是对启蒙运动时期理性主义的回应。

到较低楼层的过程，显然要接受被粉碎的残酷命运），这是今天完全数字化办公室的前身，整体设计旨在促进自发的互动和知识共享。

再次强调，如果这些看起来并不特别新颖，那是因为我们对管理和组织性质的思维方式已经发生了巨大变化。但在当时，奥迪康的这些变化都是具有象征意义的。在表面之下，奥迪康发生了实际的变化，我们现在可能称之为组织DNA的变化。当孔林德试图彻底改变公司文化时，他确实彻底重塑了奥迪康的管理模型。

走近拉尔斯·孔林德

20世纪80年代末的奥迪康财务表现平平、创新能力下降和市场份额缩减，这导致了高管层的更换。旧的管理团队已经在奥迪康掌舵近三十年。新任CEO拉尔斯·孔林德上任后，启动了一项大规模的成本削减计划。最初，他强力推进公司决策结构的中央集权化，以便其掌握权力、削弱对成本削减措施的抵制。尽管这一计划成功地将收入和利润恢复至原有水平，但孔林德也清楚地认识到奥迪康正面临长期衰退。奥迪康日益加剧的财务困境促使孔林德改变了他对自己所管理的这家公司的根本看法。他意识到，需要比常规的成本削减运动更为激进的解决方案。为了了解这种更为激进的方案是如何出现的，我们需要更仔细地分析一下孔林德。

很难用"魅力型"（charismatic）这个词来形容拉尔斯·孔林德——至少与史蒂夫·乔布斯这样的人相比是这样的。孔林德身材瘦削，戴眼镜，讲英语时带有典型的丹麦口音，给人的感觉是内向的。然而，他也极为聪明，有内驱力，其所信奉的一套基本价值观在20世纪90年代可能显得略有些古怪，但在如今几乎已成为主流。

对孔林德而言，公司存在不是为了使股东回报最大化，而是为了共同利益而改变世界。雇员是这一壮举的合作伙伴，他们应当被信任，并获得自由和灵活性来探索自己的改进想法。这些基本价值观构成了孔林德在奥迪康进行公司转型的基础。这些也是他一直倡导的价值观，尤其是在他2012年的《去老板化》宣言中。[1]

孔林德接受过数学训练，并曾在丹麦唯一的（迄今为止）核试验设施——里瑟（Risø）担任副职。积极参与国际童子军运动也对他产生了影响，特别是童子军运动中强烈的价值驱动的倾向（记得那十二条童子军法则吗！），以及注重地方控制和较少的中央指导。童子军运动强调投身于一种运动及其价值观，并践行善举。因此，成为一名童子军意味着参与建设"一个更美好的世界，在这个世界中，人们作为个体得以自我实现，并在社会中发挥建设性作用"。[2] 在童子军中的确存在科层制度，但这种科层制度仅限于为童子军提供支持的成年人之间。领导主要是同辈之间的领导。

人们很容易将孔林德的新实验解读为将童子军原则引入奥迪康，即对奥迪康科层制度实施激进的扁平化、赋权雇员、增强顾客导向，以及建立强有力的主动性和信任的文化价值观。孔林德本人也说过："我认为大多数公司都在浪费资源。相比之下，当我审视童子军运动时，我看到的是一种强烈的志愿者精神。当童子军聚集在一起时,他们有效地合作而无须科层制度,就像因共同利益而聚集在一起的家庭。这就是为什么童子军运动在资源有限的情况下也能取得大量显著成就的原因。"[3]

这位数学家、童子军成员兼CEO在1989年除夕夜,为这家他管理了一年多的公司(奥迪康)绘制了第一份新型的激进组织结构草图。他当时正试图拼命挽救这家濒临破产的公司。那份草图中的灵丹妙药就是彻底消除科层制度。孔林德希望奥迪康能够基于"内部市场力量"来运作。他设想的是一个真正的市场,但同时由管理委员会精心引导。由于他的提议如此激进——孔林德知道,市场和科层制度历来被视为截然不同的事物——他将自己的备忘录命名为"思其不可思"(Think the Unthinkable)。

思其不可思

"思其不可思"于1991年4月18日向组织公布。它提出了一种没有老板或科层制度的新型组织的激进提案。孔林德使用了市场的比喻:就像那个去中心化的、自愿交换的系统一样,奥迪康将由具备高度自驱力的人通过自组织的努力来运营,他们以创业的方式行事,以实现技术和市场的创新。因此,备忘录提出了一个非常扁平、富有创意、非正式、自组织的知识型公司的设计方案,并以信任、赋权和热情的文化为驱动力。具体的财务目标是在三年内将盈利能力提高30%(这个改革项目有时被称为"330项目"。)

孔林德不断对比过去的"旧奥迪康"和具有新结构的"新奥迪康",即所谓的"意面式组织"。孔林德希望奥迪康的这盘"意面"能够实现以下目标:

废除科层制度。所有管理职位和正式职称都被取消。公司中不再会有部门，只有自组织的临时项目。所有雇员都被视为同事或合伙人（尽管在法律上他们仍然是雇员）。尽管科层制度的层级大幅减少，但并未完全消除：所谓的产品与项目委员会（Products and Projects Committee，PPC）仍然位于组织的顶端。该委员会的任务是评估和批准项目，并拥有干预项目的自由裁量权。也就是说，如果委员会认为某个项目没有朝着正确的方向发展，它可以关闭该项目或将其与另一个项目合并。

赋权雇员并去中心化。雇员不再被分配到特定项目，而是可以加入任意数量的不同项目。在公司内部网络的早期版本中，形成了一个内部求职市场，任何雇员都可以加入他们想加入的任何项目（需项目负责人批准）。孔林德的新结构还允许雇员启动与奥迪康核心业务领域相关的任何项目，前提是他们获得指定委员会的许可来实施和管理该项目。批准的标准很简单，包括相关性和三年内固定回报率。最后，项目负责人被赋予了真正的领导权。管理一个项目就像经营一个初创企业，项目负责人作为承担责任的企业家，不是以传统老板的身份行使领导权，而是作为支持者，基于经验以及在项目团队和整个组织中享有的尊重行使领导权。项目负责人在项目成员的薪酬方面拥有很大的决策权。

鼓励多任务处理和技能提升。鼓励雇员学习新技能和进行多任务处理。重新思考工作与雇员之间的关系：与其让雇员适应特定工作，不如将工作重新设计为独特的功能组合，以适应雇员的需求和技能。

提高奖励力度。在"旧奥迪康"，雇员每月只领取工资，仅此而已。在新组织中，薪酬在很大程度上（对于当时来说）基于绩效，特别是项目的财务绩效。为了凸显雇员的"合伙人"身份，孔林德还引入了雇员持股计划。

强调组织的人造维度。这正是让媒体惊叹不已的地方：那些带有移动办公桌和推车的开放办公空间；办公室中央巨大的玻璃圆柱，其中冗余的文件静静地流向碎纸机；精心设计的楼梯，雇员（对不起，是合伙人）在这里会面并分享知识。当然，所有这些特征都与时代相符：在1990年左右，"文化"是管理咨询领域的热门话题，当时更加"人本主义"的管理实践正在取代20世纪60年代和70年代的"数字管理"文化以及20世纪80年代对削减成本、以财务绩效为导向的强调。（还记得臭名昭著的CEO"电锯阿尔"邓拉普吗？）哈佛商学院教授约翰·科特和詹姆斯·赫斯克特在1992年畅销书《企业文化与绩效》中指出，"软性"特性如共同的价值观和不成文规则对公司绩效的影响比技术效率或生产力更大。[4] 而旨在鼓励自发互动和激发创造力的物理空间，则被视为强大企业文化的推动因素。

拥抱知识与沟通。在"思其不可思"中，孔林德敦促奥迪康成为一家"完全的知识型公司"，这预示了20世纪90年代随着互联网的快速发展和知识成为关键竞争性资源而兴起的"知识管理"话语。在这里，雇员的知识共享被视为公司绩效的关键。其论点是知识不仅需要在科层制度中上下流动，还必须横向流动，因为新产品、新营销措施等想法会从新的知识组合中涌现出来。因此，孔林德强调跨职能项目——将市场人员和研发人员置于同一个项目中——的重要性，是创新的关键驱动因素。他还强调用清晰易懂的表达方式阐明关键的组织优先事项是至关重要的。

当时，这种做法似乎是激进的——在今天仍然如此。回过头来看，孔林德是在赌公司的未来，但这种做法至少在一段时间内是奏效的。随着组织不断推出一款又一款创新的助听器设备，其盈利能力飙升。奥迪康的意面式组织很快被管理顾问、写作者和教授们采用，成为商学院组织变革管理教学中使用最多的案例之一。奥迪康的意面式组织已成为科层制度之死的叙事的一个关键代表。它被公认为是第一批激进去中心化组织的成功实验之一，几乎完全实现了雇员赋权和非常扁平化的结构。

失乐园[*]

然而，问题在于媒体报道和商业案例只提及了意面式组织美好的一面，却忽略了问题。甚至最近的报道也未提及该模式在1996年就被放弃。本书作者之一在2016年对奥迪康进行了一系列采访，发现公司内部几乎没有人记得意面式组织。[5] 如果它真的取得了如此绝佳的成功，为什么会被放弃呢？

从某种意义上说，激进的意面式组织被其自身的成功所扼杀：它产生了过多的想法，同时也带来了困惑、动荡和普遍的混乱。管理层开始怀疑创意管线是否填充得太快了。与此同时，雇员对那些承诺参与很多项目的同事感到厌烦，因为他们的总工作时间达到了要求的300%。雇员对项目间资源和预期成果缺乏规划、没有明确的程序和规则感到沮丧。他们怀念科层制度所提供的东西：可预测性和秩序。

---

[*] 《失乐园》(*Paradise Lost*) 是17世纪英国诗人约翰·米尔顿在《创世纪》的基础上创作的史诗，讲述了亚当和夏娃因听信撒旦的诱惑吃下禁果，从而被逐出伊甸园的故事。

雇员们对产品与项目委员会随性专断的干预感到沮丧，这是公司中仅存的管理层，它负责批准或拒绝项目，并检查项目执行情况。该委员会经常在没有充分解释原因的情况下就关闭或合并项目。对雇员来说，这种干预与孔林德努力构建的理念相左，即自由、信任以及被当作成年人来对待。看似雇员是在反抗科层制度，但实际上并非如此。

这种看似专断的项目干预体现了奥利弗·威廉姆森所称的"选择性干预"（selective intervention）的不可能性。[6] 原则上，管理层在极度扁平化的组织结构中很少进行干预，通常只有在协调、改善沟通或解决冲突能够创造价值时才会。然而，问题在于，雇员知道这种干预可能会发生，但不确定具体何时发生，也不清楚其目的是什么。有人在你背后盯着你，揣测你的决策，推翻你的行为，这种情况可能会让你不愿意尽力做得更多、更好。管理层可能随时干预（即使很少这么做）这种想法会阻碍雇员表现出主动性、承担责任和投入度。这是公司规模的一个关键性限制：虽然管理上的协调带来很大好处，但如果过度使用，它的成本也是高昂的。

在一个运作良好的科层制度中，高层管理者确实会进行干预。已批准的项目有时也会被关闭、与其他项目合并或推迟。承诺并非总能兑现。然而，在一个运作良好的科层制度中，干预、否决和违背承诺的情况被最小化了。管理者会花时间和精力解释他们的干预原因，雇员即使不同意某项具体的管理决定，也会认为这一过程是透明和公平的。

一个经典的例子是绩效评估。研究人员一直发现，雇员不仅关心自己和同事基于绩效评级而获得的加薪，还关心加薪的决策过程。例如，他们希望提前知道评级标准，能够表达对工作的意见和感受，并及时收到评估结果。[7]作为学者，我们经常将稿件提交给同行评审，这是在学术期刊上发表的流程之一。我们每个人都经历过不少拒稿！被拒稿令人痛苦，但真正让我们不满的是评审质量差、决策等待时间过长或其他程序上的问题。如果我们认为过程是透明和公平的，我们更有可能接受最终结果。

1996年，即引入意面式组织五年后，奥迪康发生了变化：雇员们开始希望恢复那种良好的科层制度。他们渴望稳定、可预测和公平的流程，即使这意味着牺牲自主性和自发性。因此，公司恢复了一种更为传统的组织结构——类似于"千层面"的结构。公司根据主要目标市场将组织划分为三个大型单元——换句话说，类似于传统多部门形式中的产品导向部门——这些单元之间保持着强有力的横向联系。因此，奥迪康本质上从一个激进的、项目驱动的、几乎完全扁平化的组织转变为一种类似于"矩阵"组织的结构。

意面式组织的教训

从奥迪康创建意面式组织的经验中，我们可以获得有关无老板公司叙事的哪些教训？

第一，激进的去中心化是可能的，并且是有益的。奥迪康基于雇员赋权的激进去中心化组织确实在一段时间内使人非常兴奋、激发了创造力和能量（以及媒体关注）。

第二，随着自组织过程在协调工作和激励雇员方面遇到各种尽管琐碎但使人深感挫败的日常问题，雇员的热情会逐渐消失。或许这些挫败感可以通过更明确的程序来解决，比如建立一个简单的系统来登记雇员在不同项目上的工作时间。或许奖励机制的调整可以提高雇员的积极性。但这些只能算是小的调整，并且很容易违背新组织形式的根基——自组织精神。

第三，即便在一个激进的去中心化模式中，管理也并不会真正消失。也许只是其中的管理方式更加非正式了，就像威尔乌一样。但这只是问题的一部分。形式化的缺失产生了不可预测性，并影响绩效。在减少了中层管理层级的情况下，高层管理者离雇员更近，这可能使雇员感到不适。虽然雇员最初可能会感激老板现在不那么遥远了，但他们也会意识到，更近的距离可能会使老板更容易插手。微观管理以及其他从雇员角度看起来令人讨厌的管理行为开始增加。这正是意面式组织中的情况。在其他对科层制度实施激进扁平化的公司中，雇员也有类似的经历。

根本误区：企业并非市场

奥迪康的故事让我们看到当无老板公司倡导者错误地使用市场语言来描述企业时会出现的问题。强调自由、自主权和赋权，宣传自组织、自愿互动和自发创造力的优势，推动了将市场引入公司内部的需求，用谈判、说服和社区替代命令和控制。由此产生的公司是扁平化的、无老板的、富有企业家精神的、敏捷的——就像市场一样。

关键在于，尽管企业在市场中运作，但其内部运转与市场交易的运转有着本质的不同。当然，企业内部的雇员通常拥有一定程度的自主权——流水线工人拥有的较少,知识型雇员则较多——而管理者通常会设计激励体系、内部竞争、谈判程序和其他机制,从而激励雇员并利用他们独有的知识等。设计这些系统的管理者和参与这些系统的雇员必须进行试验、学习、适应和调整以应对不断变化的环境。但企业组织的这些方面是经过设计的——它们不会在没有目的和计划的情况下自发出现。

换句话说,公司根本不是市场,将市场的属性赋予公司是错误的。这是本书的一个关键主题。我们这一说法是什么意思呢?

在市场中,人们可以与他人自由交易;价格决定了谁购买和使用商品与服务,也决定了谁来投入;资源往往流向其价值最高的地方;企业家通过市场竞争的盈亏测试(profit-and-loss test)来检验新想法和项目。市场不是一个具体的事物、地点或有机体,而是一个过程,由体现于制度、规范和契约中的博弈规则所塑造。市场系统本身没有特定的目的;正如 F. A. 哈耶克所言,市场是"秩序"(order)而不是"组织"(organization)。[8] 市场并不是由任何人设计的,但它们服务于市场参与者的目的。它们缺乏希腊人所称的"telos"——一个单一的、终极的目标或目的。

公司则不同,它们由特定的人在特定的时间和地点建立,旨在实现特定的目的:生产特定的产品或服务,使创始人致富,青史留名,允许企业家找寻激情,甚至为更广泛的社会事业做贡献,比如保护环境或帮助某些工人。这就是为什么管理者至关重要:为了实现这些目的,企业的领导者选定操作程序,建立业务流程,购买和部署资源,以及雇用和管理雇员。例如,根据埃隆·马斯克的说法,特斯拉的使命是"通过尽快将引人注目的大众市场电动汽车推向市场,加速可持续交通的发展"。[9]为了完成其使命,特斯拉摒弃了汽车行业传统的通过特许经销商销售的商业模式,转而采用直接面向消费者的模式,包括送货上门和配套服务。特斯拉不仅投资于车辆制造、销售和服务,还投资于充电站的建设,这对电池充电能力有限的特斯拉车主来说至关重要。通过游说争取电动车税收优惠和改变公众对可再生能源的认知也是其商业计划的一部分。这些使命全部都是人为设计的,尽管有时执行不够顺利,但它们都是精心制作的战略,为的是将特斯拉打造成世界领先的汽车生产商。

当然,计划会改变,公司会转型,事情也不总是按预期发展。设计对象或机构(比如公司)并不是静态的和一成不变的——它可以根据需要进行调整,甚至完全重新设计。设计中可以包含选项和应急措施。但这种市场与公司之间的根本区别对于所有公司都是适用的,即使是那些高度去中心化的公司也不例外。

无老板公司叙事试图将公司变成市场——但公司不是市场,也永远不可能是市场。

大公司也是市场的一部分

然而,市场和公司是共存的,并且非常依赖彼此。市场在某些方面表现很好,但绝不是所有方面。大多数有价值的商业活动都发生在有组织、有结构的群体中,我们称之为公司。以沃尔玛为例。大多数沃尔玛的顾客可能没有注意到,其实能在沃尔玛购物,本身就是物流和运营管理的奇迹。2020年,沃尔玛在其近一万二千家商店中管理着440亿美元的库存,遍布全球28个国家。事实上，沃尔玛是成功的供应链管理的代名词。这项业务活动中，几乎所有人都实现了增值——包括供应链中的其他公司、沃尔玛的顾客以及其230万名雇员。供应链的基本管理由沃尔玛自己完成。供应链所提供物品的实际销售也是如此。然而，沃尔玛销售的产品并不是由沃尔玛生产的；蔬菜、肉类、电子产品等的生产由其他有组织、有结构的团体——即其他公司——来完成。

当然，沃尔玛与其他这些公司进行交易。因此，部分活动或"交易"在沃尔玛内部处理（特别是物流和销售），而其他活动则由其他公司处理。沃尔玛通过与这些公司进行市场交易来获得这些活动的结果（即实际的产品）。因此，尽管生产活动由公司承担，交易则可以在市场上进行。但再强调一遍，公司和市场是不同的事物，有着不同的性质和目的。市场是（部分）自组织的系统，而公司则基于（一定程度的）指导和计划，两者不应混为一谈。

技术与组织中的权变因素

我们从奥迪康的案例中看到，关于扁平化的科层制度、无老板公司、雇员持股公司以及激进去中心化的理念在某些情况下是有效的，至少在一段时间内如此。在奥迪康，这些理念帮助公司成功重启，避免了先前看似注定的破产。然而，奥迪康的成功并不意味着这些理念在其他公司也会奏效。这种组织公司的方式存在许多缺点，而这些缺点也解释了为何激进扁平化的科层制度从未成为公司组织的主流形式。

为什么这种方式在20世纪90年代对奥迪康有效？为什么我们今天频繁听到关于扁平化的讨论？这是否只是一个潮流，还是在经济和社会中的普遍现象？实际上，鉴于制定和执行规则的方式，一些权变因素的存在使得扁平化的结构和管理相比于命令和控制系统更具优势，这些因素包括技术变迁、外包的兴起以及模块化和简化。

技术变迁

在过去三十年中，技术的飞速进步给商业环境带来了显著的冲击。从20世纪80年代末以来，管理学作者和专家们一直强调技术变迁——这确实是有充分理由的！在这三十年里，我们见证了廉价且几乎普及了的高速互联网、移动电话和智能设备的出现，以及它们所催生的生产和分配模式，如社交网络、平台、云存储、流媒体服务和零工经济。现在，更多人通过脸书和推特获取新闻，而非《纽约时报》或BBC。TikTok的用户在运营的两年内从零增长到十亿，年轻舞者查莉·达梅利奥在几个月内便吸引了一亿粉丝——这一切没有管理层的任何指导。算法，而非编辑或管理者，越来越多地决定我们接收到的信息。我们通过优步和来福车（Lyft）与陌生人拼车，通过爱彼迎（Airbnb）和Vrbo共享房屋。像声破天和美捷步这样的公司之所以吸引我们的注意，不仅是因为其在数字领域的巨大影响力，还因为它们接受了互联网本身的松散结构和"民主"特性。

然而，故事远不止于此。随着人们对大型组织、资本主义以及商业在社会中的性质的看法普遍转变，对无老板公司的兴趣也在变化。对"利益相关者"（stakeholder）资本主义的日益关注——即公司应该关注更广泛的社会利益，而不仅仅为其所有者赚取利润——反映了这种更普遍的转变。日益激烈的全球竞争、快速创新、对企业家精神的重视以及知识资产而非实物资产的重要性，都预示着许多人认为的新型资本主义的到来。

外包的兴起

18世纪著名的经济学家亚当·斯密曾用"看不见的手"这一隐喻来说明资源如何在去中心化的市场体系中分配。生产和消费不是由国家计划者的明智行动来协调的，而是通过价格和市场——或者用我们今天的话说，是通过供需力量。即便是依靠管理者来安排工人和任务以利用劳动分工的大型工厂（例如斯密在1776年出版的《国富论》中描述的令人印象深刻的别针工厂），同时也在与其他公司竞争，并被迫根据市场条件调整其行为。

19世纪末，大型垂直一体化制造商崛起，随后，20世纪又兴起了多元化多部门企业，例如通用汽车和杜邦等，这促使哈佛大学教授小阿尔弗雷德·钱德勒提出，"看不见的手"正被管理这只"看得见的手"所取代。在《看得见的手》一书中，钱德勒声称，中心化的管理科层制度才是生产和经济进步的主要推动力，而不是市场竞争。诺贝尔奖得主赫伯特·西蒙在1991年写道，设想一下一个外星人从太空观测地球，手里拿着一台揭示社会结构的望远镜：

> 社会中的企业呈现为实心的绿色区域，内部的轮廓标出了企业内的部门和分部。市场交易由企业之间的红色线

条所示,形成企业间的网络。在企业内部(甚至企业之间),外星人还能看到淡蓝色的线条,这些线条表示权力关系,连接着各级雇员与他们的老板……无论外星人是观察美国、苏联、城市化的中国还是欧洲共同体,下方的大部分空间都会处于绿色区域,因为几乎所有的居民都是雇员,即在公司的边界内。组织将是这个景观的主导特征。发送回外星人基地的信息会将这一场景描述为"由红色线条相互连接的大面积绿色区域",而不太可能描述为"连接着绿点的红色线条网络"。[10]

换句话说,即使在现代网络经济中,组织仍然占据主导地位,其中许多组织的规模相当庞大。这就是前文提到的《广告狂人》和《一袭灰衣万缕情》中的世界。

然而正如许多人所言,20世纪的大型组织似乎正在让位于灵活、网络化和去中心化的企业。公司内部组织(公司的运营模式)的扁平化和去中心化伴随着实际业务的变化。许多公司已经剥离了不相关的业务领域,专注于其擅长的业务(即"核心竞争力"),并将非核心业务外包给其他企业。(这种外包不仅发生在国家内部,往往还涉及离岸外包——将业务转移到其他国家的公司。)

康涅狄格大学经济学家理查德·朗格卢瓦称这种现象为21世纪的"消失的手"(vanishing hand)。[11]他认为,同时控制供应商和买家并生产各种不同产品与服务的大型钱德勒式企业(Chandlerian firms),正逐渐被规模更小、专业化程度更强的企业所取代。据此来看，平衡正在从组织转向市场：随着企业外包和拆分业务单元，钱德勒的"看得见的手"正在"消失"。然而，即使在公司规模变小、外部市场发挥更大作用的行业中，科层制度仍然很重要。这些公司的科层制度也并未变得更像市场。在这些行业中，消失的手能够发挥作用仅意味着：相比于鼎盛时期的纵向一体化（vertically integrated）工业企业，由企业内部的计划和指导所分配的资源越来越少，更多的资源由市场信号所协调，这也促进了独立公司之间的协作。

为什么"看得见的手"开始消失？朗格卢瓦强调技术变迁，例如从20世纪60年代和70年代像大型计算机这样的专属、纵向一体化系统，向20世纪80年代和90年代的开放架构、模块化、垂直解体（vertically disintegrated）的个人计算机的转变。以经典的IBM System/360系列大型计算机为例，它主宰了该行业十多年。几乎所有的硬件组件、操作系统和应用软件，以及安装、服务和支持都是由IBM提供的，其产品与其他制造商的产品不兼容。与此形成鲜明对比的是21世纪初处于领导地位的个人计算机制造商戴尔（Dell），它善于利用其他公司制造的现成组件，并通过开放式模块化架构来组装定制的个人计算机。

换句话说，由于新经济中的许多公司规模越来越小，资源、人员和任务的协调越来越多地在公司之间通过市场实现，而不是在大公司内部通过管理科层制度实现。例如，随着固态硬盘（没有移动部件的电路板上的芯片）的制造变得越来越容易，价格迅速下降，使其比传统的硬盘（带有电动"磁头"的旋转磁盘或光盘，读取数据时"磁头"在表面上移动）更具吸引力。如果同一家公司同时制造计算机和硬盘，例如20世纪60年代风格的IBM，管理者必须决定哪种技术在尺寸、重量、成本、可靠性等方面最好，然后将生产和装配从一种技术转移到另一种技术。但是在垂直解体的世界中，计算机制造商在市场上购买硬盘，他们所要做的只是根据价格选择商品。市场会告诉他们从旧技术（更昂贵）转向新技术（更便宜），这就是哈耶克所说"市场奇迹"（marvel of the market）的一个例子。

当然，即使这些企业比其前身规模更小，仍有大量的协调工作在这些公司内部进行。如前所述，公司不是市场！但是，公司与市场之间的边界一直在变化，至少在某些行业中，越来越多的协调通过市场实现，而不是通过管理上的科层制度实现。

"消失的手"的另一个例子是电影产业。该产业中，大公司放弃了对价值链的所有权和控制权，转而采用更灵活的外包生产。例如，在20世纪30年代和20世纪40年代好莱坞大制片厂制度的主导下，由派拉蒙（Paramount）、雷电华（RKO）、米高梅（MGM）、华纳兄弟（Warner Brothers）和福克斯（Fox）等五大制片厂以及环球（Universal）、联合艺术家（United Artists）和哥伦比亚（Columbia）"三小制片厂"统治，电影的制作和发行是高度纵向一体化的。演员、导演和剧组成员都是制片厂的长期雇员，参与制作分配给他们的电影；制片厂甚至还拥有电影院链。

然而到"二战"后，电影产业变得更加分崩离析。1948年的一项反垄断法案迫使制片厂剥离其影院资产。最终，"人才"成为自由职业者，可以逐片谈判电影合同或一次签约一部电视剧。电影的资金和制作也变得可联合和共享——正如动画喜剧系列《恶搞之家》中关于当今电影开头一长串标志的搞笑场景所讽刺的那样。还记得2013年科幻惊悚片《地心引力》开场十七分钟的情节吗？其中太空飞船被太空碎片的冰雹摧毁，把宇航员瑞恩·斯通——由桑德拉·布洛克饰演——送入太空。这是伦敦的专业视觉特效公司Framestore的作品。现在有专门制作预告片或专门做剪辑的公司。换句话说，电影制作的价值链已经在某种意义上"被拆分"，其中许多阶段由小型专业公司占据。与计算机产业类似，企业内部协调和企业之间协调的边界已经发生了变化。

这是否意味着规模较小、更专业化的公司是无老板的？当然不是。即使是被拆分后的价值链也需要管理上的科层制度来组织、监督、调整，有时甚至要对每个生产阶段的运营进行重新协商。一个真正无老板的价值链根本不会有公司存在——每个工人都将成为庞大纵向生产结构中的微小元素！此外，垂直解体的生产系统中的专业公司实际上可能非常大；它们只是专注于生产的某一个阶段，但规模可能非常大。例如，2021年美国最集中的行业——即仅由少数几家大企业主导的行业——包括牛肉包装、国内航空旅行和宽带互联网；所有这些都提供专业化的服务，并作为更大垂直生产链条的一部分而创造价值。[12] 从2002年到2017年，行业集中度上升最快的包括新闻纸生产（不是报纸，而是生产纸张的造纸厂）、弹药制造（仅限子弹，而不是武器）和地热发电。[13]

对于那些将非核心业务剥离出去的规模较大、更多元化的公司来说，情况也是一样：它们通常会开展其他业务，从而使公司规模依旧很大（甚至更大）。[14]因此，即使由管理这只"看得见的手"在价值链上直接控制的环节更少了，它也仍然在构建价值链，协调上下游环节，并且通常在其首选环节内管理更多业务。即使技术高度模块化（意味着客户可以从不同制造商处混合搭配零件），技术规范是开放的而非专有的，行业是垂直解体的，也仍然有企业存在——通常是大规模且重要的企业——并且这些企业仍然由管理者进行管理。

模块化和简单化

尽管从企业与市场之间存在根本差异上看，无老板公司叙事是错误的，然而非常扁平的科层制度与高度的雇员赋权确实可以奏效——但仅在特殊情况下。这些情况与"消失的手"背后蕴含的情形类似。我们之所以观察到越来越多的外包和更加去中心化的供应链，是因为从建筑、汽车到商业服务业以及智能手机等各个行业都在朝着标准化、透明接口和规范的方向发展。换句话说，买家公布他们的技术需求以及期望组件如何组合在一起，很多供应商可以竞标提供这些组件。只要供应商知道期望是什么，他们就不需要使其达标的指导，而是可以依靠自己的技能、知识和努力来完成。

如果各个组件如何组合起来形成价值主张（value proposition）是非常明晰的，那么管理者需要协调的工作就会减少，也就不需要像钱德勒的纵向一体化公司那样的管理结构。公司内部工人的情况也是如此：如果生产过程简单，或者任务可以拆解为自成一体的"模块"，那么对管理的需求也会减少。

我们考察过的威尔乌和奥迪康都是传统行业的公司：视频游

戏和助听器。它们在各自的行业中都是重要的公司。威尔乌是一家大型企业，尽管在其行业中并不是规模最大的。虽然它们都没有苹果或亚马逊那样的消费者品牌知名度，但由于其巧妙的品牌推广，仍然被视为无老板趋势的典范。拉尔斯·孔林德喜欢分享关于截然不同的职场的戏剧性故事，在这些职场中强调雇员赋权、激发创新，并以顾客为中心。诸如"团队成员"和"同事"、"意面式"和"圈层"等酷炫的词和短语也为这种叙述增添了吸引力。

对这两家公司进行更详细的考察揭示了一些共性。首先，它们在生产过程中的相互依赖相对更少，这使得雇员和团队在运营中有高度自主权。管理权威的核心作用是协调——确保所有部分协调一致，并在出现不协调时解决这些问题。"意面式"组织时期的奥迪康，本质上是众多自主开发项目的组合，这些项目共享管理费用、营销和品牌以及部分研发。个人和团队可以专注于自己的工作，而无须与其他个人和团队进行大量协调。威尔乌的情况更是如此，小团队就可以设计代码片段甚至整个游戏，而不需要其他团队的过多投入。

换句话说，扁平结构可以在不需要大量管理协调的公司中有效运作。但这种结构对大多数公司来说并不适用。极端的去中心化在大多数情况下都会失败，原因与奥迪康的失败相同：各个部分无法协调一致。大多数业务都涉及多个部门间的相互依赖，这些依赖关系需要事先通过创建协调系统和结构来管理（例如维基百科），事后则需要通过适度但不太频繁的干预来协调个人和团队决策，并使其与整体公司目标保持一致。

所以，即便是"无老板"公司依然是有老板的。他们可能像拉尔斯·孔林德那样非常显眼，或者像"威尔乌的酷小子"那样在幕后非正式地运营。这再一次反映了寡头铁律。

然而，我们并不是说无老板公司都只是披着华丽术语外衣的传统公司。这些公司确实会比传统公司给予雇员更多的自主权。相比于传统公司的一般情况，这些公司的雇员能够利用公司资源做更多的事。然而，"无老板"公司的设计者——像孔林德这样的CEO——意识到，尽管官方口号如此，给予雇员几乎无限的自由通常是行不通的。结果不会是百花齐放，而是无花可放。因此，他们在设计时会审慎地保留一些管理职能。

此外，无老板公司的设计者还会用新的管理技术取代他们选择放弃的管理层级和职能。这一点早在几十年前就被奥地利的彼得·德鲁克预见到了，德鲁克也许是第一位真正的管理大师。几十年前，德鲁克不仅预见到了"自我管理"的理念——这是无老板公司叙事中的一个重要部分——还指出："要使自我控制的管理成为现实，除了接受这一概念的正确性和可取性之外，还需要新的工具和对传统思维与实践的深远变革。"[15]因此，奥迪康拥有详细的绩效评估、雇员持股计划和绩效激励——这些在20世纪90年代初对公司来说是相当有革命性的，但现在已变得很常见。威尔乌则有其堆栈排名（stack ranking）系统*以及高中式的八卦。

---

* 堆栈排名（stack ranking）是一种采用"强制分布（forced distribution）"模式评估雇员绩效的方法，即根据钟形曲线、按照固定的比例将雇员绩效分为若干等级并施以一定奖惩措施的方法。

关键是：尽管可以减少管理层级、削减管理职位并赋予雇员更多的自主权，但这样做不会产生真正无老板的公司。正如我们所见，这类组织通常有非常强大的领导、派系和其他权威来源——甚至是"最无老板"的公司，也有创立该模式并确保其运行的老板。最重要的是，这种公司管理方式只能在特殊情况下才有效。对于大多数公司——以及任何涉及高度依赖性的合作——这种方式都不起作用。此外，"无老板"并不能明显地令公司更加高效或减少官僚体制；正如我们在第一章中看到的Blinkist的例子，实行"无老板"可能导致更多的会议、更多的争论，以及更少的工作时间。

简言之，即使"近乎无老板"的模式在某些情况下能带来好处，它也会带来成本。这种结构适合你吗？如果你使用的是简单的技术，在稳定的环境中运营，并监管的是那些可以由彼此独立完成的任务，那么你可以尝试一下。但即使如此，也要谨慎行事。

第七章

拿证据来！

我们都喜欢精彩的故事：想想那些酷炫的职场！那些制造SpaceX火箭的未来工厂！但是，尽管生动的例子和翔实的哈佛式案例可以提供一些信息，它们并不能描绘出完整的图景。轶闻也仅仅是轶闻而已。以更全面的视角来审视有关管理者如何组织公司的那些证据，我们能从中学到什么呢？

无老板公司叙事并没有给我们提供很好的答案。通常，这些说法不太精确且难以捉摸，比如弗雷德里克·莱卢呼吁商业应当适应"人类意识的下一个阶段"，以及加里·哈默尔和米凯莱·扎尼尼关注于"在工作中解放人类灵魂"，并使"组织和其中的人一样出色"。[1]其他写作者则强调更世俗的目标，例如通过给予雇员对其工作的"所有权"来提高他们的积极性，允许在科层制度中较低层级的雇员运用其专业知识，或真正利用数字化的力量。无老板公司叙事还做出了许多笼统的声明（"随着数字工具的进步，未来的管理者将无事可做"），并提出了嘲讽传统管理结构的反问（"如果雇员比管理者更了解该做什么，为什么我们还需要管理者来指挥他们？"）。然后出现了一个生动的例子："看，威尔乌可以做到！这在很多行业都行得通。这就是更好的方式。所以你为什么不去做同样的事情呢？"

这些作者并没有提供很好的行动指南。读《去老板化》或《人治》这类书的管理者应该如何设计职位描述和酬金制度？或者如何重新设计办公室布局或业务流程？她是否应该辞去自己的职务并接受无老板公司的模式？事实上，"无老板"究竟是什么意思？我们能否允许所谓的"无老板"公司中存在一些魅力型创始人？他们虽然可能不干预日常运营，但仍然通过其创始人身份或智慧（比如威尔乌的加布·纽维尔）来施加影响，暗中操控公司运作。

我们通常无法在文献中得到答案。例如，在《管理的未来》一书中，加里·哈默尔和比尔·布林在诊断现代管理的问题后得出结论，呼吁对现代管理那摇摇欲坠的原则、流程和实践进行自上而下的重塑。这一结论出现在这本288页的书——一本表面上看是关于管理的未来的书——的第241页。几页后，我们被告知："到目前为止，我一直抑制着分享自己对未来管理的看法的冲动。这主要是出于谦虚。管理的未来尚未被发明出来，当它到来时，我应当会感到惊讶。"显然，加里认为，是我们读者应该去发明管理的未来，并让他感到惊讶。

与此同时，传统的、科层制的公司组织已经过时、丧失功能、不再时髦、成为一种蹩脚的范式，这一论点并未得到充分论证。此外，无老板公司叙事也未能提供明确、令人信服且详细描述的**替代方案**。我们得到的唯一确切的回答是间接的，即通过一些公司的孤证得出。

卡尔·波普尔的警告

管理者们可以从奥地利-英国哲学家卡尔·波普尔爵士那里学到很多，他以"证伪主义"（falsificationism）而闻名，这一观点认为，在经验科学中，理论永远无法被完全证实。当我们说在生物学或物理学中已经证明了一个理论时，我们实际上是指："根据我们目前的数据，这是我们所能得出的最佳的结论，未来我们可能还需要修正我们的理论。"我们最多只能说某一特定理论尚未被数据证伪或"推翻"。我们对经验现实的知识始终是暂时的和猜测性的，永远不是确定性的。

尽管这些理论无法得到确凿的证明，但它们或多或少可以与现有数据保持一致。经验科学的进步依靠科学家们提出理论并通过实验不断检验这些理论。波普尔认为，不仅仅是科学家，每个人都应该接受证伪的理念：我们应该将我们的想法、信念和期望暴露于批评之下，从而接受潜在的"证伪"。这就是我们学习的方式。

本着这种精神，波普尔在其最后一篇文章中警告了管理者和管理思想家关于公司和社会中的威权主义（authoritarianism）的危险。他指出，威权主义领导地位的恶劣，不仅仅在于它压迫人民、侵犯人权和人之为人的标准，更因为它阻碍了学习。如果自由讨论和观点交流受到损害，这对每个人都将是不利的。相反，作为管理者，我们应该通过"欢迎别人指出我们的错误"，并且在"指出他人的错误"时"充分意识到自身的缺陷"，来"学会尽可能地从错误中吸取教训"。"只有这样，我们才能学会以客观和理性的方式讨论我们的假设、提议、计划和决策，而不陷入相互指责和人身攻击。"[2]

"精挑细选"

那些推崇无老板公司叙事的人往往很不妥当地倾向于精选案例：他们挑选那些似乎可以证实他们观点的数据、例子或案例，而忽视了那些可能与之相矛盾的类似或相关数据、例子或案例。这是最违背波普尔思想的行为。鉴于目前有近5万家上市公司——注册企业的总数估计在1亿到2亿之间，仅中国就有8000万家！——我们几乎可以挑选出任何商业模式、公司战略或组织结构，并找到能"证明"它是下一个大趋势的例子。同样，我们也可以找到一些"无老板"公司，并"证明"它们所做的就是下一个大趋势。这种"精挑细选"就是心理学家所说的"确认偏误"（confirmation bias）——寻找证据以支持自己抱有的观点、信念、意识形态或发现，并忽视任何与之相矛盾的证据。这也是为什么有那么多关于威尔乌、美捷步、晨星、戈尔和奥迪康的文章和书籍，以及为什么那些作者很难认识到在这些案例中的特殊情况，正是这些情况才使得近乎无老板的模式起作用。

多个"轶事"也并不能构成"数据"

在科学中，我们常被告诫不要从极端案例中得出一般性的教训。正如法理学家所说的那样："疑难案件出恶法"（Hard cases make bad law）。马尔科姆·格拉德威尔在2008年出版的《异类》一书中讲述了体育、教育和商业领域中极其成功的个人和团队的故事，认为成功主要归功于努力工作（如他提出的"1万小时法则"），而不是天赋。然而，显然不是每个人都能成为"异类"，否则他们就不再是"异类"了。这些例子真能提供多少有用的教训吗？如果没有更全面的证据，很难确定格拉德威尔的理论是否真实。正如一位评论家所指出的："格拉德威尔挑选了很好的轶事，但它们最终只是故事而已。"事实上，"1万小时法则"已经被更为严谨的研究所驳斥。[3]

在《光环效应：商业认知思维的九大陷阱》一书中，商科教授菲尔·罗森维将从极端案例中得出一般性结论的尝试称为"专注胜者的假象"（Delusion of Connecting the Winning Dots）。他指出，如《从优秀到卓越》或《基业长青》这样经典的管理类书籍会着眼于一组非常成功的公司，然后试图从这些公司的经验中提炼出适用于所有人的教训。我们都见过"极其成功的X的十种习惯"这种类型的书籍，并且知道这些书籍往往不靠谱。试想，一个研究声称："这100个人从未得过癌症，他们每晚都刷牙。因此，刷牙可以预防癌症！"要想了解良好的口腔卫生是否能预防癌症，我们需要有一组每天都刷牙的人群样本，以及一组其他条件相似但不刷牙的人群样本；然后我们可以比较处于哪个样本中更容易患上癌症。我们需要同时研究成功和不成功的案例，而不仅仅是其中一种。

证据告诉我们什么？

那么，基于更系统的证据，我们对过去几十年来公司组织的变化了解多少呢？事实证明，这个问题很难回答，因为很少有研究能够基于整个经济，对长时间、大样本的企业数据来尝试测量去层级化、雇员赋权和"去老板化"的变化情况。

在大多数国家,整个经济范围内公司层面的数据来源于公共披露(如上市公司的季报或年报)、税收和普查记录、行业调查或其他投资者以及监管机构感兴趣的信息。这些数据库包含了关于企业年龄、企业规模(通过销售额、资产或雇员数量衡量)、财务和会计数据(如股价、成本和收入、资产和负债)等信息,这些信息通常可以在资产负债表和收益表中找到。大型公司通常会提供高管、董事会成员和其他关键人员的姓名和薪资。拥有多家子公司的企业通常会为各个子公司或运营单元提供上述部分信息,以及合并后的公司级数据。被认为对投资者或监管机构"重要"的采购、分销或其他合作合同也必须披露。即将通过首次公开募股(IPO)上市的公司通常会通过招股说明书披露其他细节。监管机构、证券交易所和信用评级机构也会追踪并购、收购以及企业资产基础的其他变化。

虽然这些数据来源可以用来构建一些粗略的扁平化指标(例如,雇员与销售额或资产的比率、多部门结构的存在与否,或纵向一体化的程度),但在大多数国家,我们对这些感兴趣的问题的系统性信息仍然很少:公司有多少个层级?这些层级数是否随着时间变化?公司的去中心化程度如何?公司的授权程度如何?直到最近,美国统计机构(如人口调查局经济研究中心)才开始收集关于公司内部组织的数据。不过,我们确实了解了一些情况,本章剩余部分将向读者介绍我们所掌握的内容。

技能与工作的变化

前文提到,相比于过去的工人,如今的雇员受教育程度更高，更清楚自己的选择，更关注工作与生活的平衡，并且更渴望参与决策。虽然这些特征可能使管理变得更加困难，但他们也能带来更多的贡献。因此，通过给予雇员更多的决策权来实现雇员赋权，似乎是一种双赢的局面。

几十年以来，雇员的教育和技能水平确实在不断提升，对教育的投资也引致了更高的工资。[4] 然而，真实情况要复杂一些，因为我们同时观察到了高教育水平、高工资职位和低教育水平、低工资职位的增加。[5] 这些数据表明，"知识经济"的概念确实有其道理，这种经济不仅更加数字化、虚拟化或更以科学为基础，而且——或许主要是——在这种经济下，人们接受更多教育，从事更多需要认知能力的工作。这对雇员流动、招聘、留任和工资都有影响。例如，若公司招聘的雇员拥有美国顶尖大学的生物技术、分子化学或统计学学位，那么公司将面临留任问题：那些对可商业化的科学前沿领域了如指掌的雇员可能会创建自己的衍生公司或被竞争对手挖走。显然，人力资源实践和薪酬政策不仅要考虑雇员的教育和技能水平，还要考虑上述情况的可能性。在公司组织的其他方面，如职位描述和留给雇员的决策权，也将反映雇员的教育和技能水平。

为了理解这一点，我们首先来看一个有关传统科层制公司的著名刻板印象（或夸张表现）——"泰勒制"工厂。术语"泰勒制"通常不表示褒义，它代表了为追求效率而忽视所有其他目标的单一目标导向。以下是背景介绍。

弗雷德里克·温斯洛·泰勒与科学管理

1911年，弗雷德里克·温斯洛·泰勒出版了他的小册子

《科学管理原理》。泰勒在宾夕法尼亚州尼斯敦的米德维尔钢铁公司（Midvale Steel Company）进行了数千次金属切割实验。由于切割速度越快、工具磨损越快，他试图找出切割钢材的最佳方法。他提出了一系列关于最佳切割速度、切割深度和金属进给率的方程。泰勒的科学和实验方法产生了一个关键的见解：将标准方法应用于单个制造过程以及工厂组织本身，能够提高生产力。这种方法被称为"科学管理"，并成为"美国效率"的基础。[6]彼得·德鲁克将泰勒而非卡尔·马克思列入他的"现代世界的三位创造者"之中，与达尔文和弗洛伊德并列。[7]

"科学管理"一词实际上是在1910年时，由后来的最高法院法官路易斯·布兰代斯首创的。当时他认为，即使劳动力成本上升，铁路运价的提高也是不必要的。他认为，运用科学管理原则可以避免整体成本的上升；尽管小时工资可能上涨，但通过重新组织工作流程和更好地管理这些流程，节省下来的成本将足以弥补直接人工成本的增加。

在科学管理理论中，提高生产力的关键在于将工作过程拆分为基本任务，并进一步将任务拆分为工人的具体动作。掌握这些信息后，生产中的计划者可以在秒表的辅助下，消除不必要的任务和动作，优化动作和任务的顺序，并使工人专注于简单的日常任务。这种"时间和动作研究"（time-and-motion studies）在20世纪的制造过程中非常流行。

这种思维方式与制造业中的一种新工艺创新相得益彰，即移动装配线。1908年，亨利·福特推出了T型车，销售达1万辆。同年，他聘请泰勒担任顾问。基于泰勒的观察，福特对装配线进行了许多改进以提升效率。例如，大的汽车部件应当比小的部件更为固定，因此底盘和车身会在一个工位上保持不动，而小部件则被送到该工位并安装在大部件上。每完成一组工作流程，半成品汽车就由工人拉着绳子移动到下一个工位，下一组工人将在那里对汽车进行喷漆。大多数工人都保持不动，执行一项或几项例行任务。

加强版的亚当·斯密

亚当·斯密在《国富论》中讲述了别针工厂的故事，表明若将生产过程重新安排，使工人专注于专业化任务而不是执行多项操作，可以显著提高简单商品的生产量。泰勒则讲述了伯利恒钢铁厂一名生铁装卸工施密特的故事。在他的职场未按泰勒制原则进行重新设计之前，施密特每天能装卸12吨每块重92磅的生铁。在职场经过泰勒制原则重新设计后，施密特的产量猛增至每天48吨，增幅巨大。施密特个人工作效率的提高使他的日薪从1.15美元增加到1.85美元。

更高的生产力和工资对产业本身和工人来说似乎都是一笔好买卖。然而，很容易看出，泰勒制为何被视为非人化的科层制工业的典型——科层制度下各个层级的工人像机械装置一样执行简单、重复的工作流程——尽管泰勒本人支持工人培训，并且非常重视对雇员的适当奖励。有一些马克思主义者将"工厂制度"视为一种故意使工人"去技能化"（deskill）的阴谋。当人们只有很少或根本没有任何独特的技能时，就几乎没有讨价还价的能力，更容易被剥削。乍看之下，泰勒制可能似乎也有相同的效果。但没有证据表明管理者将去技能化作为一种蓄意的策略。（相反，工业化伴随着教育水平的大幅提升。）此外，虽然泰勒制像任何极端的劳动分工一样可能很枯燥，但它的生产力极高，并且是20世纪收入和财富爆炸增长的关键驱动力之一。

无老板公司叙事常常以泰勒制作为反面典型。就像好莱坞的"查理"对他的虚构"天使"侦探所做的，"我把她们从危险中解救出来！"*确实，今天谁还想要像施密特那样的工作呢？泰勒制通常应用于那些线性（任务是连续的）、可预测的生产系统，这种生产模式以移动装配线为典型代表。这就是卓别林在《摩登时代》中批评的无灵魂的大规模生产——这是卓别林最后一次扮演流浪汉角色的电影（也是最后几部重要的默片之一）。当流浪汉在装配线上工作时，他因单调乏味的工作而感到痛苦，最终崩溃，造成了工厂的混乱。

卓别林的传记作家杰弗里·万斯声称，《摩登时代》在当下的意义也许比其首映以来的任何时候都更深刻。他指出："这部电影的20世纪主题在当时就具有前瞻性——在现代机械化世界中，争取避免异化并保持人性——深刻反映了21世纪面临的问题。《摩登时代》中流浪汉的艰辛以及随之而来的喜剧性混乱，应该为所有感到自己是无助的齿轮的人们提供力量和慰藉，这些人生活在一个被掌控的世界中。"[8]这正是无老板公司的倡导者承诺将我们从中拯救出来的世界。

这个承诺的问题在于，大多数现代科层制企业并不是泰勒制

---

* 这是电视剧《霹雳娇娃》（*Charlie's Angels*）开场旁白中的一句，完整的旁白为："从前，有三个小女孩去上了警察学院，她们各自被分配了非常危险的任务。但我把她们从这些任务中解救出来，现在她们为我工作。我的名字叫查理。"这句话意味着在科层制度下，老板——查理的存在降低了雇员所面临的风险。

的。实际上，虽然《摩登时代》确实传达了一个普遍的信息，但它最直接批判的制度在万斯于2003年撰写传记时已经在世界大部分地区被取代。原因之一是，生产活动相对而言从制造业转向了服务业。个人教练、律师、理发师、顾问、护士和教师在经济中的重要性显著增加，无论是从绝对意义上讲还是从相对意义上讲。

在服务业中，服务提供者直接与顾客联系。你的个人教练会直接与你互动，通过展示各种锻炼方法来指导你，以提高肌肉质量、降低体重指数、改善整体健康状况，或实现训练课程的其他特定目标。通常，一个教练监督你的整个锻炼过程比让你每次锻炼或例行训练时都换教练要更合理。这在服务业中更普遍：管理者往往是通才而非专家。正如亨利·明茨伯格所证明的，管理者做很多不同的事情，但因为这些事情是紧密相关并相互依赖的，每个管理者都提供一些指导、任务监督、纠纷解决和文件审查是合理的。[9] 因为任务之间的依赖性很高，所以管理是一种通才技能。

二十多年前，美国国家研究委员会记录了管理职位角色随时间的变化。[10] 虽然老式的泰勒制的监督并没有完全消失，但管理者对它的关注减少了。他们仍然做许多其他事情，比前几代管理者更多地参与顾客互动、团队建设和指导。这一趋势在21世纪有增无减。

工作如何演变

如果我们现代的服务型和知识型经济需要减少涉及常规、重复性任务的工作，而需要增加涉及多任务处理、决策和运用正规教育的工作，那么那些枯燥的工作会怎样呢？即使一些常规任务现在由机器人执行（例如汽车装配中的大型工业机器人或亚马逊仓库中的自主移动式运输车和装卸车），我们仍然需要装配线工人。建筑业仍然需要大量单调的现场劳动，即使其子部件可以在工厂外制造。快餐店的厨房工人、纺织厂工人或钢铁厂工人可能会想象弗雷德里克·泰勒正在凝视他们的工作。

但许多工作和任务已被技术淘汰；新的智能机器已取代了从事简单重复操作的工人。[11]尽管像流水线工人和装配工这样的职业仍然存在（除了电梯操作员等少数例外），自动化已经取代了许多工作，并重塑了剩余的工作。这不仅仅是工厂的工作；常规的办公室任务和中介服务，如预订、订票、安排会议、转录等，也由软件或直接由顾客完成，无须人工协助。这种硬件和软件的自动化是导致涉及常规任务的职业在总就业份额中下降的主要原因。然而，涉及非常规任务并需要社交和认知技能的职业，如管理，其份额已显著增长。但有趣的是，这种趋势在职业内部也是如此。并非只有管理工作变得更加关系导向和依赖多任务处理。

最新一项有趣的研究展示了1950年至2000年美国工作任务的演变。[12]由于缺乏全面的数据，难以记录例如银行职员的任务在这些年间是如何变化的。然而，研究人员想出了一个好主意：为什么不使用招聘广告呢？毕竟，广告至少在某种程度上指明了工作内容。所以，他们从这段时间内《波士顿环球报》《纽约时报》和《华尔街日报》刊登的780万条招聘广告中构建了一个数据集。他们将任务描述分为"常规"任务和"非常规"任务，并将广告中的职位标题与标准职业分类（Standard Occupational

Classification）代码匹配在一起，所有这些工作都借助了人工智能或"机器学习"算法。

结果显示，自1950年以来，与非常规任务相关的词汇变得更加频繁，而与常规任务相关的词汇则相反，特别是常规人工作业。换句话说，常规职业变得更加常规，而非常规职业则变得更加非常规！

超级竞争

俗话说，"生活瞬息万变"，尤其是在现代全球化、网络化和高科技经济中。战略大师理查德·达维尼创造了"超级竞争"（hypercompetition）这个术语，用来描述那些变化频繁且难以预测的市场和行业，在这些市场和行业中，不断出现产品、流程和商业模式的创新、客户需求的变化以及新的竞争者。[13]达维尼认为，任何行业都会迎来超级竞争，任何企业都不能指望自己的优势能持续多久。[14]在这种情况下，将决策权下放给现场人员往往是有道理的。事实上，一些研究表明，在更加动态的环境中，公司会有更多的去中心化和授权。[15]当事情发展迅速时，必须快速做出决策。

特斯拉的CEO埃隆·马斯克发给公司雇员的一封邮件很好地总结了应对这些情况的两种基本方法：

关于信息应该如何流动，主要有两种观点。迄今为止最常见的方法是遵循指挥链，也就是说，你总是通过你的管理者来传递信息。这种方法的问题在于，它虽然增强了管理者的权力，却没有真正为公司服务。

> 为了迅速解决问题，不同部门的两个人应该直接交流并做出正确的决策。然而，人们却不得不与自己的管理者沟通，管理者再与其管理者沟通，然后再与另一部门的管理者沟通，最后再与另一团队成员沟通。之后，信息还需要以同样的方式反向传递。这简直是愚蠢至极。不要说支持，但凡允许这种情况发生的管理者，便请即刻另谋高就，这不是在开玩笑。
>
> 在特斯拉，任何人都可以并且应该根据他们认为能够最快解决问题的方式向其他任何人发送电子邮件或直接交谈，以造福整个公司。
>
> 你可以在未经你管理者许可的情况下与他人的管理者交谈，可以直接与另一个部门的副总裁交谈，可以与我交谈，可以在不经任何人许可的情况下与其他任何人交谈。此外，你应当认为自己有义务这样做，直到做出正确的决策。重点是确保我们执行得又快又好。[16]

在科层制度中上下传递信息会减慢决策速度，并且在其他方面也会带来成本，例如需要建立和维护与专业中层管理者的沟通渠道。当情况变化迅速时，公司可以通过将决策权下放给现场人员来快速做出决策。

现场人员知道该怎么做，这一点有两个论据支持。首先是哈耶克的观点，即做出正确决策所需的知识通常分散在整个经济体或组织中。情况过于复杂，CEO（或在经济中的政府中央计划者）无法掌握所有相关信息——特别是哈耶克所说的"特定时间和地点的知识"——因此,决策应该尽可能分散。[17]

第二个论据是,平均来看,今天的雇员比泰勒制工厂中的工人受过更高的正规教育。[18] 当然,人们对现代教育系统存在很多抱怨,质疑其是否提供了职场成功所需的技能。尽管如此,受过教育的雇员拥有一种早期工业时代的工厂工人所缺乏的价值感,甚至是权利意识。许多人也是专业人士,这要归功于他们的教育或工作经验,或者两者兼有,这使得他们不太愿意接受没有专业知识的上司的指令。

此外,许多现代雇员都是行业内紧缺的专家。这使他们在公司和职场中拥有一定的权力,他们可以利用这种权力在职场中获得更多的影响力和自由。毫无疑问,管理这些雇员是一项挑战。

以银行业和信贷员的角色为例。在20世纪50年代和60年代,商业贷款较为简单且标准化。然而,随着时间的推移,贷款变得越来越复杂、越来越定制化。提供定制化贷款需要对客户有深入的了解。因此,"控制客户名单"变得至关重要,有价值的雇员就是那些掌握客户重要知识的人。如今的信贷员知识更加渊博,并有效地控制着一个重要的资产,从而拥有了相当大的议价权。银行也因此试图建立知识共享系统,基本上就是共享客户名单。信贷员自然不太愿意参与这一系统。[19] 结果是这些雇员实际上拥有了很大的实质性权力。更普遍地说,当雇员知道最佳的决策是什么时,为何不将做出决策的权利委托给他们呢?

简而言之,确实有充分的理由促使我们在现代知识经济中期待更多的授权。我们将在本书的其余部分多次回到这一主题。但需要注意的是:更多的授权并不一定意味着更少的科层制度;决策权可能只是在科层制度中向下转移。尽管我们经常认为更多的授权意味着更少的科层制度，但实际情况往往并非如此。仍然存在一个科层制度中的上级可以检查决策，并在必要时收回授权给下属的决策权。

当然，当决策权下移时，更多的授权会导致科层制度的扁平化，从而减少对管理者的需求。实际上，有一些基于大规模数据集和严格统计分析的确凿证据表明，科层制度确实正在扁平化。例如，一项对三百家大型美国公司的管理职位描述、汇报关系和薪酬结构的研究发现，直接向CEO汇报的职位数量随着时间的推移增加了——也就是说，特定管理者的"控制范围"增加了。同时，从部门负责人到CEO之间的层级数则减少了。科层制度正在去层级化，公司结构变得更加扁平化。此外，更多的管理者直接向CEO汇报，这些接近CEO的管理者薪资也更高，表明这些组织变化并不只是装点门面，而是有深层的原因。

这些发现与美国公司的授权增加是一致的。但更多的授权并不一定意味着更多的去中心化；从某种程度上看，随着向CEO直接汇报的人员的增加，并且由于层级减少，CEO更接近实际操作，他们的权力也变得更大！

一项后续研究发现，大型企业在面对激烈竞争时会扁平化其科层制度。[20]可能的解释就是我们在前文给出的：竞争加剧使得企业更频繁地进行调整，比如调整价格、尝试新的销售计划、推出新产品以及引进新生产技术以降低成本，而所有这些行动都需要快速决策。授权可以加快这些决策的速度。

但高管可能仍希望密切关注下级的工作情况。一种方法是减少公司层级。这在威尔乌及其他无老板公司的典型案例中部分得到了体现：作为老板与雇员之间的缓冲层的中层管理者减少，老板的权力反而增强。[21]雇员对此并不满意，尤其是在他们一直被灌输赋权的语言和文化的情况下！[22]我们现在可以看到，**增加老板的权力并不是某种与无老板公司叙事相矛盾的怪异现象，而恰恰是扁平化导致的预期结果。**

因此，从某种意义上说，典型科层制度中的中层管理者和中间程序往往不仅仅是执行者，而且是坚持己见的老板的意愿与雇员的日常活动之间的中介。中层管理者塑造信息流，解读行动和行为，帮助建立组织文化。他们远非无用！没有这些缓冲层，那些处于科层制度顶部的人就可以直接行使他们的意志，因为他们与单个雇员之间的距离变得很短。这是不是一个好主意？一方面，扁平化结构可以使公司更加敏捷，因为高管的意愿可以更快地得到实施。另一方面，雇员往往希望有一个中层管理者"站在他们这边"，代表他们的利益，并将"现场"的知识传达给可能与日常活动过于隔绝的总部高管。正如商学院教授及评论家安德烈·斯派塞所说："没有规则、没有老板和没有科层的幻想很诱人。科层制度可能很压抑，规则可能很荒谬，老板可能很恶毒。但没有这些东西可能会更糟糕。"[23]

第二部分

为什么科层制度行之有效?

即使在以知识型劳动者、赋权和快速技术变革为特征的新经济中,管理科层制度也是有用的。管理者在组织内部执行协调和合作的基本任务。科层制度甚至可以促进创新和企业家精神。对科层制度的许多批评,无论是历史上的还是当代的,都是错误的。

第八章

管理不会消失

无老板公司叙事有许多反例。最成功公司的经营者往往都强大而固执己见。在苹果公司，CEO史蒂夫·乔布斯多年来做出关键决策的方式只能用独裁来描述。根据作家亚当·拉辛斯基的说法，在乔布斯的管理下，"只有一位高管［为损益表］'负全责'，那就是首席财务官。"[1] 其他一切都属于乔布斯。埃隆·马斯克等魅力人物占据了商业媒体的头条，尽管他们往往以富有远见的领导力而非管理效率而闻名。据说，亚马逊创始人兼前CEO杰夫·贝佐斯对数据和测量非常痴迷，他把他所称的亚马逊"指标文化"吹捧为其快速增长的关键——这种"指标文化"拥有至少五百个可衡量的绩效结果，CEO可以轻松获取它们。[2] 这些例子反倒表明，我们的许多居于领先地位的公司有着高度集中的权力和权威。

我们看到，奥迪康和美捷步等公司往往拥有强势甚至专制的核心领导者。不管备受瞩目的名人CEO是怎样告诉记者的，他们都不太可能采取放任不管的管理风格。

不仅中心化管理权力将继续存在，而且管理权威也变得比以前更加重要。知识型、网络化经济的特点是技术变化快，不确定性和复杂性高。公司亟需应对潜在的巨大"尾部风险"——用前国防部长唐纳德·拉姆斯菲尔德的话来说，就是"未知的未知"（unknown unknowns）。小变化可以进行局部处理，即使它们是意料之外的。当发生可能扰乱整个行业或经济的不可预见事件时，很少能通过局部处理解决。正如我们在这一部分所展示的，可能需要中心化甚至专制的决策。

许多在重大技术冲击、监管和全球竞争中幸存的公司，其领导者都强大而魅力非凡，有着极具权威的风格。史蒂夫·乔布斯在面临重大重组的情况下，顶着巨大阻力做出了艰难的决定（砍掉牛顿项目、与微软建立合作伙伴关系），以此拯救了苹果公司，这可以说是有史以来最伟大的企业复兴。许多最著名的成功企业转型都归功于个人，这并非巧合，例如苹果公司的乔布斯、IBM公司的路易斯·郭士纳和后来的塞缪尔·帕米萨诺、惠普公司的卡莉·菲奥里纳、星巴克公司的霍华德·舒尔茨、日产公司的卡洛斯·戈恩以及漫威公司的彼得·库尼奥。可以从中获得的教训是，中心化的决策权威通常可以减少因采用更具协作性和共识驱动的方法而导致的延误。

此外，有证据表明，尽管企业确实在削减科层制度，但目的往往不是去中心化，而是恰恰相反。例如，丹麦玩具公司乐高在过去15年中一直在通过重组来降低内部的复杂性。这一尝试减少了中层管理者的数量。但与此同时，随着公司引进职能专家，并将高级管理者调到更接近运营的位置，高层管理团队的规模也随之扩大。乐高的举措可能是一个更广泛的趋势的一部分。一项研究考察了300家财富500强企业14年内的管理科层制度和薪酬

（稍后会详细介绍该研究），研究人员发现，虽然公司在削减层级，但高管团队的规模（定义为直接向CEO汇报的职位数量）从平均5人增加了一倍，达到10人。此外，高管们更频繁地干预运营决策。[3]结果与直觉相反：**扁平的管理结构比垂直科层制度更容易催生微观管理。**

即使是在创意组织中也是如此。听听"大老板"（布鲁斯·斯普林斯汀）自己的话："乐队中的民主……往往是一颗定时炸弹。如果我要承担工作量和责任，我也该掌握权力。我一直认为E街乐队（E Street Band）[*]继续存在的部分原因是其成员之间几乎没有角色混淆。"也就是说，每个人都明白大老板在掌控一切。

当然，明确的领导地位并不是独裁！创意产业中富有魅力的领导者不仅控制成员资格和资源，而且还能进行激励、塑造、鞭策和哄骗。一个强大的老板知道如何让每个团队成员发挥出最好的一面，并能说服固执的个人放下自我进行团队协作。伟大的交响乐指挥家、电影导演和体育教练都是如此。或者以烹饪界的一个例子为例，请考虑已故的安东尼·波登的这些话：

> 在厨房里，你拥有极大的个人自由。但这里也要权衡。当你走进厨房时，你会放弃其他自由，因为你正在成为一个非常古老、僵化、传统的社会的一部分……绝对规则支配着你工作的方方面面：服从、专注、维护工作区域的方

---

[*] 一支入选了摇滚名人堂的美国摇滚乐队。

式、等级制度、出品一致性、到达时间。[4]

创意产业中的许多领导者都是独裁者。赫伯特·冯·卡拉扬在1955年至1989年担任柏林爱乐乐团指挥，晚年时他变得无比专制。伟大的奥地利指挥家卡尔·伯姆以演奏莫扎特、瓦格纳和施特劳斯的作品而闻名，他是一个更严厉的独裁者。在爵士乐中，"有史以来最伟大的鼓手"巴迪·里奇是一个可怕的暴君。乐队成员们在受他严厉批评时录下了他的"巴士录音带"，这些录音带在YouTube上获得了数十万次观看。[5]

哥本哈根的诺玛餐厅（Restaurant Noma）以重新诠释北欧美食闻名，曾多次被《餐厅》杂志评为全球最佳餐厅（现排名第二）。诺玛由魅力十足的主厨勒内·雷哲皮经营和共同拥有。丹麦电视台播出的一档节目显示，雷哲皮在厨房里对年轻厨师大喊大叫。当一位厨师切错羊腿时，雷哲皮喊道："我要把这一天记下来。今天星期几？这是诺玛历史上最糟糕的一天。"前一年，演员克里斯蒂安·贝尔在拍摄《终结者2018》的一个场景时崩溃了，对着摄影指导肖恩·赫尔伯特大喊脏话，因为后者不小心走进了贝尔的视线。"我正试图在这里［脏话］*拍摄一个场景，然后我就说，'为什么［脏话］肖恩会走进来？他在那儿干什么？'如果你这样做，我就会从场景上分神，你明白吗？"[6]

对于像里奇、雷哲皮和贝尔这样的创造性天才来说，完美才是王道。团队中的每位成员都必须表现出与领导者一样高的水

---

* "［脏话］"用来替代原话中的粗俗或冒犯性语言的委婉表达方式。

平。当然，这也是史蒂夫·乔布斯的模式。

许多这样的伟大独裁领导人并不享受自己制造的闹剧。他们的反应体现了他们的激情和实现最佳的愿望。如果你听巴士录音带里的里奇就会明白这一点：他大喊，他一直在和最好的人一起表演，观众只配得上最好的表演，但"你［脏话］没有能力做到"。在某种程度上，所有的喊叫甚至羞辱都奏效了。当然，在这种情况下取得成功并不能证明更温和的方法不会产生效果。例如，甘地和林肯都以默默行动而不是装腔作势的举止而闻名。

无论如何，伯姆、里奇或雷哲皮式领导风格的时代已经一去不复返。雇员和公众都不再接受这种风格。但我们仍然有指挥家、乐队指挥和大厨。他们的角色和职能可能正在发生变化——但他们仍然存在。

与以往一样

领导地位、权威和科层制度发挥着有益作用，这一洞见在今天和在马克斯·韦伯、切斯特·巴纳德、罗纳德·科斯、小阿尔弗雷德·钱德勒、赫伯特·西蒙和奥利弗·威廉姆森等重要组织和管理思想家的时代一样正确。这些思想家都是20世纪最著名的社会科学家（本书后面将更详细地讨论他们的工作），其中有三位因其在管理和组织方面的工作而获得了诺贝尔奖。他们都认为管理科层制度是公司不可或缺的一部分——事实上，是公司的决定性特征。对他们来说，公司代表着一种通过科层制度和权威来完成工作的方式。

尽管我们同意这些伟大思想家的观点,但需要重新阐述他们的基本主题,这不仅仅是因为它遭到了(尤其是无老板公司叙事支持者的)严重的误解和歪曲。令人惊讶以及也许违反直觉的是,管理权威在我们以知识为基础的网络经济中比以往任何时候都更加重要,即使它以不同的方式发挥作用。这些思想家的思想和我们自己的研究都表明,管理(以及行政权威)在两种条件下必不可少,这两种条件是我们现代经济的标志:强调知识是关键的竞争资源,以及基于创新的竞争。在这些条件下,公司寻求通过向客户提供更先进的技术来击败竞争对手。

创新很难预测。事后看来,配备 Wi-Fi、大型彩色触摸屏、强大处理器和第三方应用生态系统的手持设备显然比传统手机或寻呼机更具吸引力;我们称后者为"非智能手机"是事出有因的。但在苹果雄心勃勃地推出 iPhone 时(当时人们认为这是一次冒险且代价高昂的赌注),主导移动电话市场的动态研究公司(黑莓)和诺基亚的高管们却没有意识到这一点。要将这样的设备推向市场——最终颠覆整个行业并创造一个新行业——需要远见和精心规划。当然,管理者经常会犯错;只要问问黑莓的创造者和前动态研究公司联席 CEO 迈克·拉扎里迪斯和吉姆·巴尔西利就知道了。但这种突破不会自发发生;虽然很多协调是通过市场和行业、平台或生态系统的参与者进行的,但领导公司内部团队的管理者才是推动力。

在网络经济中,管理也至关重要,因为经济某一部分的微小变化可能会对另一部分产生意想不到的重大后果。智能手机的推出和最终的主导地位不仅对软件和硬件的开发和生产产生了连锁反应,而且对音乐(其中下载和流媒体取代了实体媒介的销售)、金融服务(移动应用在很大程度上取代了银行柜员和信贷员,移动支付正在取代现金、支票甚至信用卡)、出租车、电视和电影、旅游等也产生了连锁反应。在每个受影响的行业中,管理层都需要进行应对、采用、塑造、重组并产生互补的创新。

换句话说,我们的经济是一个充满意外因素的经济,企业必须迅速应对可能造成破坏的重大变化。因此,各级管理层做出的决策都具有时效性——管理者必须在现在而不是明天做出反应。通常,必要的变化不仅涉及一项任务、惯例或行为,还涉及许多紧密协调的工作。而且,关于应该做什么以及何时做的知识通常集中在管理团队中。

正是由于这些条件以及由此产生的时间敏感性、对专家决策的需求以及对内部协调的关注,我们看到尽管公司一直在削减层级,但高层管理团队仍在不断扩大。随着高层管理团队离执行越来越近,他们已经成长为包含更多职能专家和通才的团队。与此同时,他们正在大力投资新的数字工具(包括大数据、人工智能和机器学习),以收集和分析客户、雇员和竞争对手的数据。这些变化可能使高层管理者比以往任何时候都更有效、更有权力。在我们看来,这不像是无老板!

最重要的是,尽管过去十年来管理的形式和外观一直在发生变化,但它并没有消失。它执行着基本功能。它是公司固有的一部分,是公司性质和运作的核心。在本书的其余部分,我们将向你展示原因。

第九章

公司到底是什么？

每个人都知道什么是公司，对吧？公司是作为法人实体而成立的商业企业，旨在为利益相关者创造价值并赚取利润。非营利组织、教育协会和投资集团也可以是公司。公司可以像其他组织一样发展和收缩，它们与其他公司互动，并且具有签订合同、起诉或被起诉的法律地位。这就是商业报刊、大学教科书、媒体和商人自己谈论公司的方式。

但这种理解是最近才形成的。根据《在线词源词典》，上述"公司"的现代定义起源于1553年，而缩写"co."则起源于1769年。公司法也在不断演变，尤其是关于这一理念，即公司不完全属于其所有者，而必须考虑广大利益相关者的利益。公司的界限也可能有点模糊；优步表示，它只是一个匹配司机和乘客的软件平台，而一些国家和美国各州则声称该公司是整个优步网络，而司机们是其雇员——优步强烈反对这一说法。

正如我们在本章中所展示的，随着社会、规范和文化的变化，公司及其科层制结构在很多方面也发生了变化。无老板公司叙事不仅"精挑细选"了其案例，还错误地描述了更为传统的科层制企业，而事实上，自20世纪50年代以来，科层制企业在某些方面已经发生了根本性的变化。现在是时候摆脱这种夸张的描述了。

现代公司是如何产生的？

现代公司（包括其所有者、高管、中层管理者和雇员）是奥利弗·威廉姆森所说的"资本主义经济制度"中最为突出的部分。[1] 威廉姆森因毕生致力于研究商业企业的本质而获得诺贝尔奖。当经济学家试图理解商业企业这样的持久性制度时，他们通常会问：它在市场经济中扮演什么角色？它的存在对某些人有什么好处？那么，如果正如威廉姆森喜欢说的那样，"一开始就存在市场"，那么为什么会存在公司？答案显而易见——为了赚钱！但赚钱的方式有很多种。

例如，以下是19世纪英国一位枪支制造企业家的赚钱方式：

> 整枪制造商——企业家——很少拥有工厂或车间……通常他只在枪支区*拥有一个仓库，他的职责是采购半成品零件并将其交给专业工匠，由他们进行枪支的组装和精加工。他从枪管制造商、枪栓制造商、瞄准器冲压商、扳机制造商、推弹杆锻造商、枪体制造商那里购买材料，如果他生产的是军用枪支，还要从刺刀锻造商那里购买。所有这些都是独立的制造商，执行几位整枪制造商的订单……

---

* 枪支区（gunquarter）是英国伯明翰市中心北部的一个工业区，多年来一直是世界枪械制造业的中心，专门生产军用枪支和运动枪支。

从所谓的"材料制造商"那里购买零件后,下一个任务就是将它们交给一长串的"装配工",每个装配工都负责与枪支的组装和精加工有关的特定操作。仅举几个例子,有人准备枪管的前瞄准器和凸块末端;有装配工负责处理枪尾端;有枪托工负责安装枪管和枪栓并让枪托成型;有枪管拆卸工,负责为枪支装膛线和检验;有硬化工、抛光工、钻孔和膛线工、雕刻工、上色工,最后是开栓工,负责调整工作部件。[2]

如果这个过程听起来耳熟,那是因为它就是我们今天所说的"外包"——以迈克尔·戴尔的电脑公司的方式生产枪支。然而,这并不是枪支生产的当前常态。以史密斯威森公司(Smith & Wesson)为例,该公司于2014年以1.305亿美元收购了巴顿菲尔德技术(Battenfeld Technologies),并以2280万美元收购了三镇精密塑料(Tri Town Precision Plastics)。19世纪"整枪制造商"的现代美国版采用的是"垂直整合"业务模式,即企业要么收购其主要供应商,要么在内部开发其能力,将交易保持在内部进行,而不是将生产外包。

即使在19世纪英国的"枪支区",生产也是在企业内部进行的,尽管其中一些企业规模很小(有些只是一人商店)。我们所说的"市场"由相互竞争或合作的企业组成,这些企业是竞争对手、供应商或下游客户。其中一些企业将变得规模庞大且具有影响力。它们的创始人将雇用雇员,获取、组合和整合资源,以提供种类繁多的产品和服务。随着这些公司的成长,它们将在管理科层制度的密切监督下成长，管理科层制度本身则向代表投资者的董事会汇报。

这是如今成功公司的正常成长路径，它始于19世纪的商业转型。

小阿尔弗雷德·钱德勒的管理科层制度研究具有里程碑意义，其著作《战略与结构》（1962年）和普利策奖获奖作品《看得见的手》（1977年）展示了拥有层层管理科层制度的大型企业如何凭借卓越的效率和生产力取代规模较小的竞争对手。钱德勒并没有说大公司总是会取代规模较小的竞争对手，就像自然法则一样（尽管卡尔·马克思相信这一点，而且这种观点仍然很强大，主要在政治光谱的左侧）。大公司当然会变得了无生气，用创新学者克莱顿·克里斯坦森的名言来说，为通常规模较小、更敏捷的竞争对手"颠覆"它们铺平道路。但大企业及其管理科层制度并不是那么容易退场的；即使是那些在竞争中胜过庞大机构的新公司本身也是以科层制度组织的。

企业通过做更多的事情来成长。它们可能会做更多它们已经在做的事情，也可能做更多它们以前没有做过的新事情。钱德勒将美国传统工业企业的出现描述为最初在一条产品线内扩张，这得益于19世纪的技术创新，主要是电报和铁路。随着杜邦等公司的不断发展，它们的管理者积累了处理增长过程的经验。操作程序得以建立，生产、物流、销售，甚至营销和研发都越来越常规化，从管理团队中释放出了多余的资源。然后，这些资源可用于"多样化"的目的，即生产新产品和服务。钱德勒的主要贡献之一是解释了从生产少量产品到生产大量产品的转变如何改变了大型工业公司构建其科层制度的方式。但正如钱德勒所强调的，科层制度一直是这一过程的一部分。因此，科层制度似乎是理解公司是什么和做什么的核心以及经济运作的核心。

公司为何行之有效？

有趣的是，尽管传统组织的企业至少自20世纪50年代以来就一直受到攻击，但大多数学者、记者、政策制定者和商人直到最近都将其视为活力、财富创造和增长的重要源泉。公司有助于地区发展。它把人们从美国南部低薪、低生产力的农业岗位带到了北部高薪、高生产力的工厂岗位。它创造了大量的中产阶级，使蓝领工作不仅成为一种职能，也成为一种身份。在此过程中，美国文化受到了决定性的影响。例如，电子布鲁斯（众多当代流行音乐的源头）就是为满足芝加哥和其他工业大城市中产业工人的娱乐需求而出现的。

即使是像约翰·肯尼斯·加尔布雷斯和拉尔夫·纳德这样的公司批评者——他们希望对公司进行严格监管，以阻止其胡作非为——也无法想象一个不存在大公司的工业经济。发展中国家和农村地区招募工厂、配送中心和其他大企业来创造就业机会并启动其经济。

苏格兰经济学家和哲学家亚当·斯密在其开创性的论著《国富论》中，使用了一家别针制造厂的比喻来强调劳动分工的优势。在这家工厂（后来发现是一家虚构的工厂）里：

一人抽出铁丝，另一人把它拉直，第三人把它切断，第四人把它削尖，第五人把它的顶端磨平，以便安装针头；制作针头需要两到三个不同的操作；安装针头是一项特殊的工作，漂白针头是另一项……而制作一枚别针的重要工作，以这种方式，可以分为大约十八个不同的操作，在某些工厂中，这些操作都是由不同的人完成的，而在另一些工厂中，同一个人有时会执行其中的两到三个操作。[3]

相反，如果让同样的18名工人各自完成制作别针的每道工序，他们的总生产力就会低得多——根据一些计算，会低至原来的1/240！斯密的观点不是关于别针，而是关于专业化和劳动分工的普遍好处，即它极大地提高了生产力。斯密认为市场和贸易是利用劳动分工的最佳方式。

但随着工业化进程和大公司的出现，亚当·斯密的劳动分工逐渐从市场被带入现代工业企业。个人和团队继续专业化和贸易，但大部分此类活动发生在公司内部，经理指挥雇员完成各种任务，并监督、联系和协调他们的活动过程。诺贝尔奖获得者罗纳德·科斯认为，劳动分工通常在公司内部得到最佳利用，因为管理协调可以降低将所有这些部分组合在一起的"交易成本"（即，抽出的铁丝必须以适当的数量、适当的时间、适当的速度交给拉直它的工人，然后交给切断它的人，等等）。

换句话说，在公司内部进行分工往往可以降低成本，减少公司向市场提供的商品和服务质量的差异，保证相对稳定的就业，可能为当地社区作出贡献，并且带来稳定的薪水！这就是公司长盛不衰的原因。

以传统科层制组织起来的公司确实具有非凡的持久力。彻底去中心化的、无老板的结构有时被视为世界面临快速技术变革、世界贸易持续自由化和职场新态度的自然结果。但以科层制组织起来的公司，实际上出现于世界历史上一个以技术彻底变革、全球贸易全面扩张和公共教育增加而闻名的时期——即从19世纪中叶到第一次世界大战的时期。以科层制组织起来的公司在两次世界大战之间和"二战"后继续传播，首先在美国，然后在欧洲和世界其他地区。这是一个工业和技术大规模中断的时期，政治、贸易和文化也发生了巨大的动荡和变化。如果你认为传统的管理科层制度只在稳定、可预测的条件下发挥作用，那你就错了！

用演化生物学的术语来说，传统公司代表着对快速变化和不可预测的生态环境的成功适应。沃顿商学院的演化经济学家西德尼·温特曾将公司称为"充满希望的怪物"，暗指生物演化中由于宏观突变而发生的大规模快速转变。扩展一下这个比喻，传统公司建立的主要、长寿和成功的血统应该谨慎修改！

对公司态度的转变

有些人看到了传统公司在社会上和政治上的阴暗面。正如第三章指出的，这种观点并不新鲜：社会批评家早已将公司视为资本主义市场体系的核心角色。资本主义本身再次受到审视，而公司无疑是资本主义的中心。请看一下不列颠哥伦比亚大学法学教授乔尔·巴坎最近的著作（和电影）《大企业：对利润和权力的病态追求》。⁴ 巴坎分析公司的方式，就如同精神病医生分析病人一样。他与公司的对话揭示了以下性格特征：极端自私、欺骗、不愿承认有罪、不关心他人的感受，以及其他我们通常认为是精神病患者的特点。谁想在这样的组织工作？

巴坎是更广泛的反公司运动的一分子，该运动的支持者认为公司已经取代了教会、君主制或政党曾经占据的位置。然而，整个政治领域都对公司持怀疑态度。它被视为一种不负责任的权力集中，许多人认为这一点几乎是不言而喻的：这种权力必须受到遏制。一种有影响力的说法认为，人类正在走向一场由消费引发的生态灾难——而公司（尤其是跨国公司）把我们带到了那里。因此，我们听到了三重底线*、可持续性、环境、社会和公司治理（ESG）投资、限制高管薪酬和福利、将"生态灭绝"定为犯罪、地球宪章以及其他多少有些奇特的限制公司权力的方式的呼吁。⁵

对股份制大公司（更广泛地说，对任何公司）的不信任由来已久。你可能知道由休伯特·帕里作曲和爱德华·埃尔加编曲的颂歌《耶路撒冷》。它的歌词来自英国人威廉·布莱克1808年的一首诗。它的灵感来自耶稣小时候访问英国的伪经故事。布莱克设想耶稣重返英国，创造"第二个耶路撒冷"，即在地球上创造天堂，与工业革命时期的"黑暗撒旦工厂"形成鲜明对比。

当然，布莱克所采用的叙述方式在工业革命期间已经逐渐流

---

* 三重底线（triple bottom lines）是一种会计框架，用于衡量公司在社会、环境和经济三个维度上的表现。它也被称为3P：人（people）、地球（planet）和利润（profits）。三重底线由商业作家约翰·埃尔金顿（John Elkington）于1994年提出，已成为企业、非营利组织和政府评估其可持续性的一种方式。

行起来：那些为利用蒸汽机带来的新进步而建立的公司正在摧毁英国社会的结构。这些"黑暗的撒旦工厂"的原型似乎是南华克（现为伦敦的一部分）的阿尔比恩磨坊，这是英国第一家大型工厂，每周可生产六千蒲式耳面粉。它可能会导致伦敦的独立磨坊主破产，但它在1791年被大火烧毁，可能是人为纵火造成的。

马克思把资本主义描绘成一种高度理性、创造性、无情和剥削性的力量。工厂是剥削的具体发生地，也是资本家从工人创造的"剩余价值"中抽取利润的地方。这一过程的一个步骤是"降低工人的技能"。与前资本主义工匠相比，产业工人没有特殊技能，因此是可以替代的：一个工人能做的事情，另一个工人也能做得一样好（如果受到严格监督）。因此，一种说法流行了起来，即工业化恶化了普通人的生活条件。大多数严肃的工业史学家都拒绝接受这种观点。

有学者还认为，随着企业之间的相互厮杀，资本主义不可避免地会伴随着权力的日益集中。在美国政治中，19世纪末针对大企业采取的民粹主义行动也是基于类似的想法。在最早的一部关于今天所谓的"公司治理"的著作《现代公司与私有财产》中，阿道夫·伯利和加德纳·米恩斯认为，美国经济基本上由大约200家公司控制。[6]此外，他们还声称，尽管股东拥有正式所有权，但管理者行使着这种控制权。

这些想法仍然非常流行。大公司遭到怀疑，因为人们认为它有可能利用其"市场权力"和整体主导地位，以及有可能给工人支付过低的工资、利用小供应商、抬高消费者价格、损害环境，等等。其实马克思对资本主义的批判是针对工厂制度，而不是大公司本身，但一些学者接受了这一论点，并将其应用于现代商业。

南加州大学著名管理学教授、管理学会（世界领先的管理学者协会）前任主席保罗·阿德勒把他2019年出版的著作命名为《99%经济：民主社会主义如何克服资本主义危机》。阿德勒指责资本主义造成或加剧了不平等、金融危机、环境不可持续性、社会解体以及政治和国际冲突，并认为资本主义对他所称的"职场去权"（workplace disempowerment）负有责任：

> 管理太重要了，不能只留给管理者。为了克服职场去权的危机，我们需要使企业管理民主化。我们需要将这些企业置于代表工人、客户和更广泛社区的董事会的控制之下，并用全方位参与式管理取代自上而下的专制控制。[7]

即使是那些支持资本主义制度的人，也对大公司（尤其是科技领域的大公司）的社会和经济权力持谨慎态度。2020年10月，国会对脸书、谷歌、亚马逊和苹果的调查得出结论："这些公司权力过大，必须加以控制，并接受适当的监督和执法。我们的经济和民主岌岌可危。"[8] 采取反垄断和其他监管措施来监管甚至拆分大型科技公司越来越受到立法者和公众的欢迎。

更普遍地说，近年来，无论是烟囱工业的衰落和随后社区的变化，还是科技巨头的崛起，公司都是政治动荡中的重要角色。作为社会的核心角色，公司一直备受争议；最近对科层制度和管理权威的批评只是关于商业公司角色的长期争论中的又一轮。

第十章

科层制度是最不坏的组织形式：支持科层制度的理由

整合复杂活动并让具有不同动机和利益的人合作是困难的，管理、行政权威和科层制度是应对这些困境和挑战的理性反应。然而，越来越多的人认为，科层制度束手束脚、守旧且与时代脱节，不过是一种命令和控制结构，不适合知识经济，因为知识经济中的工人受过教育且得到授权，技术和环境也发生了快速变化，这种观点可能会让管理者误入歧途。最好与时俱进，采用威尔乌和美捷步等公司的扁平管理结构——尤其是现在，许多人似乎相信"疫情改变了一切"，正如我们在第一章中指出的那样。

如果科层制度不过是命令和控制，那我们同意！没有人想回到《广告狂人》式的办公室文化——角色和职责僵化、自发性和创造力缺失、雇员们无聊并缺乏灵感。这几乎不是一个值得效仿的模式。20世纪初由弗雷德里克·泰勒推广的工厂模式也不值得效仿，在这种模式中，工人被视为工程问题中的"给定条件"（data）——由此产生了"泰勒制"一词，用来描述僵化的科层制度职场。

从劳伦斯·彼得的"彼得原理"——科层制度中的人会晋升

到使其不称职的水平——到近期大师、顾问和记者们对科层制度的批评，所描述的往往是功能失调的科层制度。我们被斯科特·亚当斯的精彩漫画系列《呆伯特》逗笑，因为我们认同呆伯特这个同名角色：一位聪明但受人欺负的工程师，要应付懒惰的同事、一无所知的实习生、邪恶而狡猾的人力资源总监和一个无能的（事实上，头发尖尖的*）老板。1999年迈克·乔吉的喜剧《上班一条虫》，以及《办公室》和《公园与游憩》等电视剧嘲笑了格子间文化的麻木与乏味。然而，我们往往忽视了科层制度（及其惯例、指挥链和职位描述）仍然非常有用，实际上常常行之有效。

　　精心设计的科层制度有助于协调人员和任务。它使左右手能够合作。它制定惯例、政策和程序（游戏规则），将人们聚集在一起，交换信息并解决争端。它提供结构但不会过度限制。它灵活且可以适应；它可以弯曲但不会断裂。它是人类自由、创造力和责任的补充，而不是替代。正是这种科层制度推动了伟大的文明，催生了伟大的公司、行业和技术，并使健康、财富和幸福成为可能——我们很容易认为它们是理所当然的。当然，与任何社会制度一样，即使是精心设计的科层制度也并不完美。

　　德国学者马克斯·韦伯（现代社会学之父，因将新教的兴起与资本主义的出现联系起来而闻名）、美国商人兼作家切斯特·巴纳德、伟大的商业历史学家小阿尔弗雷德·钱德勒以及诺贝尔经济学奖得主罗纳德·科斯、赫伯特·西蒙和奥利弗·威廉

---

* 在《呆伯特》里，老板的发型确实是两个尖，同时"pointy-haired"一词也可译为"见识短浅的"。

姆森等思想家都不认为科层制度是完美的。他们都意识到管理者会犯错误，会追求私利，有时甚至会管理不善。然而，借用关于民主的一句老话，科层制度是最不坏的组织形式。即使在知识经济中也是如此——也许比以往任何时候都更是如此。

支持科层制度的核心论点

科层制度代表着一种努力，旨在解决任何社会群体都面临的普遍双重问题协调与合作。各个家庭必须应对这些问题，各个乡村俱乐部、邻里协会以及任何建立合同关系的各方也一样。政党、工会或雇主协会、非政府组织、群众运动，甚至北约或欧盟等国家或国际合作体系也必须应对这些问题。

各种社会群体会以不同的方式来处理协调与合作问题。家庭通常通过共识、惯性或对权威人物的尊重来解决这些问题，没有任何正式的谈判或协议，也没有任何书面规定。美国陆军或高盛则不是这样。这理所当然。不同的问题需要不同的解决方案。这也适用于公司及其科层制度。

协调意味着确定应该做什么、由谁做、何时做、如何做以及做多少。我们可以将协调视为一份或详尽或粗略的计划。一份好的计划清楚地描述了人们的责任以及他们的角色和任务如何与其他人的角色和任务相关联。协调不会自动发生；它需要深思熟虑、激励、检查和修改。在一个协调良好的项目或组织中，计划的每个部分都会结合在一起。

协调是要弄清楚人们应该做什么，而合作是要让他们去做，即使这样做并不符合每个人的自身利益。合作通常需要激励，因为对我们每个人来说有益的事情可能对整个团队来说并不是最好的。我可能更喜欢在工作时浪费时间看猫咪视频，但当我这样做时，我就没有在工作。我稍微偷懒对公司来说可能不是那么糟糕（当然，如果每个人都偷懒，我们就有问题了）。我的老板甚至可能允许我花一段时间休息、吃些茶点或娱乐，以此来让我开心并提高我的工作效率。但是，办公室里的人如何度过他们的时间、如何使用公司的设备、选择从事哪些任务以及如何与他人互动等矛盾必须得到解决，而科层制度提供了一种一目了然的解决方式。

　　协调与合作问题并不是商业社会、资本主义社会、西方社会或现代社会所特有的问题；它们是任何人类活动系统的共同问题。有时我们会在自己人之间解决这些问题——用当代的术语来说，就是点对点解决。邻居们通常通过谈论、遵循当地习俗或向可信赖的朋友寻求建议来解决产权界限、噪声、流浪宠物等方面的纠纷。较大的群体有时会通过商定共同的规则或标准来解决这些问题，然后让各方在遵守这些规则的情况下做自己想做的事情。一个常见的例子是我们的交流电源适配器、USB线、耳机插孔和其他电子连接器的形状。任何美式电源插头都可以插入任何标准墙壁插孔。任何USB记忆棒都可以插入任何计算机USB插槽。3.5毫米耳机插头可以插入任何标准设备的耳机孔。当然，这些标准是部分的和地方的：电源适配器的插头形状、孔和电压水平因国家而异；有常规USB和USB-C标准；而且蓝牙设备通常没有耳机插头。关键在于这些标准是开放的，这意味着任何人都可以获得技术规格,并使产品与使用相同规格的其他产品兼容。

市场体系本身(价格由供需决定)是一种协调与合作机制。新冠疫情导致个人护理产品需求下降。零售商们发现发胶、口红和除臭剂等商品滞销,于是纷纷降价;发现隔离措施导致客户难以获得,于是减少了库存和付给供应商的金额。本质上,价格下跌意味着生产商应该将资源投入其他地方。

正如F. A. 哈耶克在1945年的一篇著名文章中所指出的,价格有助于协调资源的最佳利用。[1] 价格的缺乏是整个经济的中央计划必然失败的原因。哈耶克的老师路德维希·冯·米塞斯这样说道:"对于资本主义社会的企业家来说,生产要素通过其价格发出警告:别碰我,我是为了满足另一个更紧迫的需求而准备的。但在社会主义制度*下,这些生产要素是沉默的。"[2]

价格也有助于解决合作问题。如果作为零售商,你能以优惠的价格买到产品(比如口红),你就有很大机会通过将产品卖给消费者或客户而获利。当然,利润的诱惑会促使你购买产品并努力销售。当你支付的价格与你正确判断的销售价格之间存在对你有利的差额时,利润就会出现。同样,价格提供了动力,让人们(口红生产商、你、你的客户)合作创造价值。

然而,协调与合作并非总能通过企业之间以及企业与客户之间的公平互动实现;有时企业家可以通过将活动引入企业内部来提高协调与合作的水平。要了解原因,让我们进一步研究历史学

---

* 此处米塞斯指的社会主义制度是一种缺乏价格机制(没有市场)、纯靠中央计划的制度,并非指我国的社会主义制度。该引文所属著作也早在1944年就出版了。

家小阿尔弗雷德·钱德勒与经济学家罗纳德·科斯和奥利弗·威廉姆森的作品。

小阿尔弗雷德·钱德勒：看得见的手

小阿尔弗雷德·钱德勒自1970年起担任哈佛商学院教授，直至2007年去世，是研究公司历史的领军人物。他名副其实的声誉源于他精心撰写的巨著，它们详尽阐述了美国大型工业企业如何兴起、整合和变革，以及科层制度在这些变革中发挥的重要作用。

钱德勒的第一部主要著作是《战略与结构：美国工商企业成长的若干篇章》，出版于1962年。[3] 通过讲述杜邦（钱德勒本人是杜邦家族的一员）、新泽西标准石油（Standard Oil of New Jersey）、通用汽车和西尔斯罗巴克（Sears Roebuck）的历史，钱德勒证明了结构遵循战略。这些公司一开始的产品组合比较狭窄，管理科层制度简单，按照职能线（换言之，包括生产、财务、销售和营销等主要子部门）进行组织。然而，随着这些公司开始多元化，它们采用了产品线部门结构，每个产品线部门下设自己的职能子部门——即第六章中提到的"M型"结构。M型结构对于多元化公司更有意义，因为它赋予子部门更多自主权，使它们直接负责且易于监控（因为它们有自己的部门损益表），并允许公司高管专注于长期战略问题。

钱德勒后来的著作表明，管理科层制度本身对于大公司的出现至关重要。[4] 政治理论家詹姆斯·伯纳姆所称的"管理革命"通过说服雇员相互合作、与管理层合作以及紧密协调生产活动，实现了大规模生产和大众繁荣。正如约翰·肯尼斯·加尔布雷斯等批评家所承认的,经典的公司是一种高效的机器,是"二战"后经济增长奇迹的重要组成部分。

钱德勒带给我们的重大启示是,在以最低成本协调一系列活动时,科层制度是一台无敌的机器。科层制度是提高效率的工具,而不是相反。请注意,钱德勒通过详细描述采用M型结构的公司的历史来证明这一点,在这样做时,他并没有像无老板公司拥趸们那样"精挑细选"一些极端的例子。相反,他观察到了一种普遍的、整体经济范围内的趋势,并用几家妥善选择的公司的历史来说明这一趋势,每家公司都强调了M型结构的不同版本。

科斯和威廉姆森:交易成本与科层制度

企业家和管理者如何实现这些效率?换句话说,为什么钱德勒所研究的大型企业内部由管理者组织的合作与协调不能在企业外部进行——比如,在个人或小企业之间的合作关系或现货市场交易中?我们为什么首先需要创建公司?

一位名叫罗纳德·科斯的年轻英国经济学家在1937年提出了这个基本问题——企业为什么存在?在21岁那年,科斯撰写了一篇文章,它后来成为经济学界最著名的论文之一。科斯问道,在亚当·斯密和F. A. 哈耶克等思想家提供的优雅的市场经济模型中,看不见的手(匿名价格变化和小企业家的自由互动)驱动着协调与合作,那么,我们为什么一开始要组织企业呢?如果我们认真对待这种市场模型,那么为什么我们会看到有着多层级科层制度的大企业出现?匿名价格本身在什么情况下无法胜任这项工作?如果企业有时比市场更好,那么为什么它们不是一直都更好呢？为什么所有的生产不是在一个大企业里进行的呢？

科斯的答案始于承认看不见的手并非无成本地完成其工作。交易可能很困难。你需要了解产品。你必须与供应商或企业家讨价还价。必须签订并执行合同。纠纷随之而来。很难知道许多产品和服务的质量。还记得"柠檬车"（lemon）吗？这个词现在已经有些过时，指的是质量低劣的汽车。没有人希望买到一辆这样的汽车，但对于无法确定汽车质量的潜在买家来说，这可能很难避免。寻找好的维修工或承包商，甚至选择一家餐厅吃饭，也是如此。如果不能充分了解可用的选项，并且不能确保你总是得到你认为你付了钱的东西，你可能会不满意地回家。

这些挑战就是科斯所说的"使用价格机制的成本"，或者我们现在所说的"交易成本"的例子。现代社会科学的一项关键突破是认识到这些成本几乎无处不在，它们影响着我们安排和组织事物的方式。事实上，如果没有这些成本，有些职业就不会存在。以律师为例。他们之所以从事商业活动，主要是因为人们并不总是遵守协议。如果交易成本真的为零，就不会有任何协议冲突。（也许区块链技术可以实现这一点！）或者考虑房地产经纪人。如果人们总是知道有哪些房产可供选择，那么房地产经纪人这样的中介机构就没有必要了。科斯的一大洞见是，如果没有交易成本，也不会有企业。

事实上，理解互联网的革命性力量的一种方式，便是它大幅降低了科斯所描述的许多交易成本。我们可以通过Carfax之类的在线服务查看我们感兴趣的汽车的保养和维修历史，从而避免买到柠檬车。我们甚至不必讨价还价——我们可以通过众多汽车购买网站，在众多卖家中搜索我们想要的品牌和型号，这些网站大多宣传"不能砍"的价格。我们不再需要经纪人或代理人来买卖股票或预订机票（尽管我们仍然需要他们来进行房地产和其他一些交易）。餐厅评论随处可见，让我们在选择就餐地点时不再需要猜测。

与此同时，其他类型的交易成本——弄清楚谁拥有什么、起草和执行合同、谈判交易、将新商品和服务推向市场以及解决其他类型的纠纷——几乎没有消失。在我们这个时代，律师似乎并没有损害商业！科斯的论点不是关于可以通过技术降低的特定类型的交易成本，而是交易活动中更普遍的挑战。

那么，企业的作用是什么呢？想象一下，一家只有一位老板和一位雇员的简单企业。科斯认为，原则上，老板和雇员可以就老板希望雇员做的每件事进行谈判并签订合同。但这也存在实际挑战。首先，为雇员应该做的每项新任务或活动签订新合同既昂贵又烦人。其次，雇主在某种程度上几乎将雇员视为"储备"：我们不知道未来会发生什么，所以我们保留雇员，以便随时应对新情况。如果你愿意的话，可以认为雇员具有"期权价值"。

因此，典型的雇佣合同是开放式的，包括一般的工作描述，但不会列出雇员可能需要执行的所有任务。这让老板可以灵活地指示雇员在未来做现在无法预料的事情。因此，公司降低了交易成本并保持灵活。然而，管理者能做的有限，所以这个论点的适用性并不是无限的。公司降低交易成本的属性存在"收益递减"。

奥利弗·威廉姆森是一位经济学家，他和科斯一样，因提出有关企业和管理者的理论而获得诺贝尔奖,他以科斯的思想为基础,发展出所谓的"交易成本经济学"。威廉姆森指出,法律在选择市场和企业来组织交易方面起着巨大的作用。有一套法律,主要是劳动法,与科层制度"内部"的交易有关。还有不同的法律来规范科层制度之间或科层制度与消费者之间的交易。

最近关于优步和来福车司机身份的争议就是一个鲜明的例子。从法律上讲,这些司机是独立承包商。他们拥有自己的汽车,并使用拼车服务的应用程序安排预订。乘客通过应用程序付款,应用程序会提取一定比例的车费。从优步和来福车的角度来看,它们是物流公司,生产允许司机和乘客联系的应用程序。在这个行业中,公司的"边界"包括运行系统所需的硬件和软件,以及编写和维护代码的雇员。司机和乘客一样,都超出了这个边界,公司对他们的法律责任不超出对供应商或客户的范畴。

当然,这种安排不同于传统出租车和豪华轿车行业的组织方式,在这种方式里,司机是雇员,受劳动法(例如规定最低工资、最高工时以及健康和退休福利的法律)保护。2019年,加州通过了一项有争议的法律,要求优步和来福车司机以及其他"零工经济"工作者在劳动法中被归类为雇员,即使他们可以选择工作多少时间,并且可以同时使用多种服务。优步和来福车迅速威胁要退出该州,该法律于次年进行了修订(在选民请愿成功后),免除了拼车和外卖服务的就业要求。(该法律似乎禁止记者以自由职业者的身份工作——尽管自由职业记者曾是该法律最坚定的支持者!)

如果没有技术创新(智能手机、GPS、广泛的互联网接入),

共享车平台、外卖服务和其他按需服务无法生产并实现商业可行性,所有这些操作员都将成为公司的雇员,其角色和职责定义不明确(例如,在上午8:00至下午5:00之间接乘客并将他们送至目的地)。司机、乘客和出租车公司不可能为每一次可能的乘车协商路线、票价、工资等——交易成本将高得令人望而却步。但随着共享乘车应用程序的出现,交易成本大幅下降,以至于这些即时谈判在某种意义上确实发生了(通过应用程序)。因此,技术和法律决定了交易成本,从而决定了公司内部和外部的情况。

威廉姆森为如何看待法律的作用增加了一个深刻的维度。他认为,科层制度基于"忍耐"建立了自己的内部法律体系。这些体系是必要的,因为大多数企业都缺乏夸张描述中那种自上而下的专制科层制度。公司内部的冲突通常通过谈判、惯例("企业文化")来解决,有时甚至参考正式的书面协议。法院很少干预这些内部协议的解释或执行,而是让公司内部的各方自己解决。

换句话说,企业和市场之间的一个巨大差异是,企业与外部各方(客户、供应商、竞争对手、社区成员)之间的冲突通常由法院解决,而企业内部的冲突则由企业自己解决,董事会或高管充当某种最高法院的角色。如果企业的内部争议解决系统比外部法律系统更有效(例如,内部争议解决系统更快、更高效或更准确),那么与市场相比,企业将拥有额外的优势。我们在新兴市场中看到了这种动态,那里的正规机构(法院、警察、监管机构等)表现不佳,造成了哈佛经济学家塔伦·卡纳和克里希纳·帕莱普所说的"制度空白",这使得做生意变得困难。[5]作为回应,企业变得更大、更多样化,以至于企业内部的交易多于企业之间的交易；企业的管理者通过提供合同、谈判和争议解决服务来填补空白，而这些服务原本会在市场上进行。

管理者做什么

因此，根据科斯和威廉姆森的观点，在特定条件下，科层制度在经济上是合理的，主要是因为它可以最大限度地利用人的努力（包括认知努力），而且在必要时可以让人们付出比他们"自然"倾向更多的努力。这种理解引出了管理者作为**监控者**（monitor）的概念——确保在正确的时间付出正确的努力，遵守时间表，工作按规则进行。实际上，大多数人将这个角色与"管理"联系在一起，因此管理受到批评也就不足为奇了：很少有人喜欢被监控、控制和制裁。事实上，我们认为，过于关注管理角色的这一方面可能促成了无老板公司叙事的流行。关注管理者的监控作用似乎假设了弗雷德里克·温斯洛·泰勒是唯一值得注意的管理思想家。然而，泰勒的思想在美国商界产生影响后不久，一种不同的管理思维方式也变得有影响力，这种方式在某些方面"更温和"或更"人性化"。

切斯特·巴纳德是一位商人，曾在哈佛大学学习经济学，卖过钢琴，还领导过一支舞蹈乐团，是关于公司的早期重要思想家。他曾担任新泽西贝尔电话公司（New Jersey Bell Telephone Company）总裁，参加过第一次世界大战，后来担任洛克菲勒基金会负责人。

巴纳德1938年出版的关于CEO的本职工作的经典著作《经理人员的职能》根植于这一深刻理解：公司是面临协调与合作双重问题的社会系统。在此背景下，执行官确定公司的宗旨和目标，让每个人有方向感，让工作更有意义。但努力也需要协调，因此建立和维护公司的沟通系统是一项关键的执行任务。一旦通过确定目标和确保信息流解决了协调问题，剩下的合作问题就可以通过管理雇员来处理，让他们以正确的方式开展工作。

一些人认为所有传统科层制度都是自上而下的粗暴控制，对他们来说，巴纳德的这本书令人大开眼界。他强调良好的沟通至关重要，他认为这不仅意味着要有明确的沟通渠道，还意味着要确保每位雇员都知道并能使用这些渠道。此外，沟通渠道应该简短直接，每次沟通都必须经过验证。类似的想法早在玛丽·帕克·福莱特的开创性思想中就已传播开来。巴纳德和福莱特都认为，权威部分取决于沟通和下属的"认同"。要获得这种认同，管理者需要尊重雇员。

当巴纳德讨论如何让雇员为职场作出贡献时，这个主题再次浮现。他认识到有形奖励（薪水）在激励雇员方面的作用，但他也理解说服力的重要性以及管理者工作的修辞方面。一位管理者必须让雇员相信他们所做的事情是有意义的和受到赞赏的。

请记住，这是20世纪20年代和30年代对公司的思考，与现代看法——当时的公司是没有灵魂的、非人性的、独裁的机器——相去甚远。

切斯特·巴纳德给管理者们带来了许多"重大启示"。其中最重要的是将权威视为**一种交换关系**。雇员贡献时间和才智来帮助公司创造价值，因此必须获得一些激励才能做出这些努力。但这些激励可以远超金钱奖励。巴纳德是第一批在管理科层制度里的奖励体系中强调"柔性"一面的思想家之一，他预见了雇员与管理者之间隐性或非书面合同的概念。

　　管理学的主要思想家们一直都知道，管理不仅仅涉及控制、监督和处罚雇员，随着经济的增长和复杂性的增加，这些角色的作用往往会减弱。对于管理者来说，他们作为**协调者**的角色越来越重要。

　　协调者负责设计规则、程序和计划。有时这涉及详细的、具有前瞻性的应急计划，但有时也包括**适应**——建立允许公司根据意外变化改变其做法的制度。不言而喻，当事态发展迅速时，这种协调尤其重要。对如何最佳地应对变化（监管、竞争、技术、客户偏好等方面的变化）有独到见解的人应该被赋予决定权。最高层的人通常最清楚应该做什么，但我们不应假设他们总是知道这一点或只有他们知道这一点。当事态快速发展时，必须**迅速做出决策**，而当没有时间充分解释做某事的原因时，通常最好的办法是让具有相关见解的人决定行动方案。

　　科层制度只是一种安排，在这种安排中，某些人出于本文所述的原因拥有高于其他人的权威。当然，科层制度绝不是解决组织面临的所有问题的灵丹妙药。但它的存在是有原因的：它有助于协调活动和促进人们合作。

管理至关重要

　　如果管理者的科层制度有助于完成任务，那么数字上应该会体现出来。毕竟，我们希望CEO能够做出决定公司命运的重大投资决策，而这些决策很难被逆转。因此，科层制度的基本目的就是扩大和执行这些决策，确保事情以符合公司持续经营的方式进行，即创造足够的价值并拥有足够的资源继续运营。由于领导人员似乎是公司成功和生存的重要因素，我们倾向于将过去和现在成功的大公司与其最著名的领导者联系起来：通用电气的杰克·韦尔奇、沃尔玛的山姆·沃尔顿、苹果的史蒂夫·乔布斯、亚马逊的杰夫·贝佐斯、特斯拉和SpaceX的埃隆·马斯克。

然而，要从数据中准确指出CEO的重要性却并非易事。原因之一是运气。在我们的执行官课程中，我们能说出的最有争议的话题是，企业业绩很大一部分是由运气决定的。执行官们自然（并且可以理解地）不愿接受这一论断。当受到质疑时（为了讨论的目的），更有思想的执行官会指出（少数）持续成功的CEO和总裁。想想重返苹果后的乔布斯，想想韦尔奇在通用电气的大部分时间里，或者对于那些有历史倾向的人来说，想想阿尔弗雷德·P. 斯隆或亨利·福特。这些领导者肯定不是年复一年地靠运气！

当然，从理论上讲，高绩效者可能一直很幸运：即使绩效100%是由运气决定的（例如抛硬币），仍然会有一些持续成功（即非常幸运）的绩效者。[6]股票价格的"随机游走"理论认为，没有投资者（没有内幕信息）可以系统地击败市场，这表明沃伦·巴菲特在预测未来市场状况方面并不比你我更熟练——只是运气更好！

虽然把公司业绩的所有差异都归咎于运气肯定是错误的，但很难否认运气确实发挥了一定作用。高层管理者必须在高度不确定的条件下做出决策。有时很难通过仔细、理性的分析来选择

"最佳"行动,这时本能、直觉或感觉(gut feeling)就会发挥作用。当事情进展顺利时,看起来是管理者做出了出色的判断。但有时你只能掷骰子! 1996年底,在苹果经历了有史以来最糟糕的财务季度后,苹果董事会决定让史蒂夫·乔布斯重返苹果担任CEO,现在看来这是一个天才之举。但这在当时是一个有争议的举动;毕竟,乔布斯在1985年与约翰·斯卡利的权力斗争中失败后离开了苹果,然后他创立了NeXT,一家似乎前途光明的公司。对许多人来说,乔布斯以临时CEO(iCEO!)的身份重返库比蒂诺[*]是一个巨大的惊喜。乔布斯有空并且愿意回归,然后继续彻底地重启公司,苹果公司是否只是运气好?乔布斯认为未来在于与专有应用程序和媒体生态系统相连的移动设备(首先是iPod,然后是革命性的iPhone),这是一个绝妙的洞见还是一个幸运的猜测?有时很难区分才华和运气。

CEO的角色

那么,我们如何证明老板是至关重要的这一论点的最突出的一点——CEO很重要呢?仅仅看财务业绩是错误的,这不仅是因为有些公司尽管CEO水平一般(但很幸运),但业绩仍然很好,而且业绩优异的公司可能会吸引优秀的CEO,在这种情况下,CEO并不是公司业绩优异的原因。[7]抛开运气不谈,优异的财务业绩也可能由公司特定的行业或市场推动。也许该行业正在经历特别高的增长,客户喜欢这些产品,价格高,成本可控。事实上,研究公司业绩的最著名模型之一,哈佛商学院教授迈克

---

[*] 库比蒂诺(Cupertino)为苹果公司的总部所在地,位于美国旧金山。

尔·波特的"五力"框架，主要研究的是行业，而不是公司。（由于进入壁垒、客户和供应商的议价能力以及激烈的竞争是行业内所有公司的共同点，因此战略研究人员会寻找其他因素，例如公司独特的"能力"或"资源"，来解释行业内公司*之间*的业绩差异。）

为了弄清CEO和公司业绩之间的因果关系，研究人员研究了CEO因不可控原因（例如意外死亡）而更换的案例，并发现CEO非常重要。在一项研究中，一位CEO的意外去世导致资产营运回报率下降了近一个百分点——当涉及数百万美元的回报时，这是一个显著的差异。[8] 另一项研究将20世纪50年代和60年代公司业绩差异的13%归因于CEO的素质，而20世纪90年代和21世纪这一数字上升到25%。[9]

被误解的中层管理者

显然，处于科层制度顶端的人非常重要——在今天比在过去几十年更加重要。那么科层制度中其他层级的人呢？毕竟，完全扁平的科层制度仍然是科层制度，只是老板和雇员之间没有中层管理者而已。中层管理者是做什么的？他们真的有必要存在吗？

中层管理者名声不佳。他们常常被视为完成工作的障碍，如前面引用马斯克的电子邮件中提到的，每位雇员都必须能够通过一封电子邮件或一个电话联系到他们的上级。不过，正如第七章指出的，中层管理者发挥着重要的缓冲作用。让我们更详细地阐述这一论点。

传统上，中层管理者只承担运营责任，而不承担战略责任。他们让列车准时运行，但不能决定路线。中层管理者的职责是将

"上级制定的战略转化为运营层面的行动",包括"(1)制定战术和制定实现战略的预算;(2)监督个人和下属单元的绩效;(3)在行为超出预期时采取纠正措施。"[10] 在传统的管理科层制度中,决策权从上而下,每一层都忠实地执行上级的命令。当公司科层制度中较低层级的人员发起变革时,通常是为了更有效地执行高层管理团队的一般指令。

尽管如此,中层管理者仍可以通过多种方式影响高层决策者,即使在更中心化的组织结构中也是如此。一种方式是让高管们注意到他们原本可能不会考虑的新想法、新项目或新战略。另一种方式是塑造高层管理者对如何制定选择方案或如何呈现和解释信息的看法。[11]

这些必不可少的中层管理职能被称为**经纪职能**和**桥梁职能**。经纪职能是"做交易"的艺术——通过上下传递信息和谈判,让组织中高层和低层的人进行合作。桥梁职能是利用一个人的网络将人们联系在一起。在这两种情况下,中层管理者都在帮助制定公司战略并执行它。当高层管理者对特定问题感到不确定、准备不足或无法处理时,这一角色尤为重要;让中层管理者带头也会让高层管理者有理由推卸责任![12] 例如,高层管理者基本上将多元化、公平和包容性培训——一个高层管理者几乎不具备专业知识的敏感话题——委托给人力资源部门,由人力资源部门代表公司组织、推动和实施这些项目。

简而言之,中层管理绝非无用,而是运作良好的管理科层制度的重要组成部分。然而,特别是在监管严格的行业或受到巨大社会压力的行业中,许多中层管理者主要从事监管合规、公共事务和其他形式的利益相关者参与，他们可能不会直接为创造价值作出贡献。这是詹姆斯·伯纳姆、约瑟夫·熊彼特和路德维希·冯·米塞斯对官僚体制经典批评的主要观点。而对社会正义、企业社会责任和利益相关者资本主义的日益重视，可能会增加致力于维护特定企业形象的中层管理者的数量。

"我与权威斗争，权威总会获胜"

服从来自任何层级的权威都是令人不快的，但这似乎不可避免。正如流行歌手约翰·库格·梅伦坎普在他的《权威之歌》中所唱，当你与权威斗争，权威总会获胜。但我们在职场中必须服从权威吗？管理、行政权威和科层制度是组织工作的永恒特征，但对于许多日常商业活动而言，雇员不再需要老板来指导他们完成任务或监督他们的进度。这种参与可能会让雇员失去动力。在一个以知识分散在高素质专家的头脑中为特征的网络经济中，领导者应该放弃"良好的管理意味着一切都应该从高层管理"的观念。对管理者而言，确定他们希望人们应用的原则或他们希望人们实现的目标通常会更好，而不是告诉人们该做什么。换句话说，他们可以设计游戏规则而不指定玩家的操作。

为了了解如何做到这一点，让我们来认识一下管理界的另一位伟大的思想家——赫伯特·西蒙。

西蒙：科层制度无处不在

赫伯特·西蒙是一位杰出的人物，他的工作包括对人工智能、数学、统计学、经济学、系统理论、政治科学和组织理论的开创性贡献。他对科层制度和权威的看法与科斯相似。两者都将权威正式定义为从另一人的可能行动集里为该人选择行动的权利。简单地说，当我们说老板对雇员有权威时，我们的意思是老板可以告诉雇员在该雇员之前同意做的事情中该做什么。

和科斯一样，西蒙也认为权威的作用是降低交易成本。雇佣关系是灵活的，部分是开放的。提前弄清楚雇员每天需要做什么成本太高，因此老板和雇员只需提前就一系列可能的活动、任务或项目达成一致，然后老板根据需要指示雇员在某一天做具体的事情。[13]

西蒙对"科层制度"本质的根本思考使他认为科层制度无处不在，而不仅仅是人类组织的特征。我们在复杂系统的每个地方都能看到科层制度，无论是人类系统（如组织的官僚机构）还是我们在自然界中观察到的科层制度（例如基本粒子、原子、分子等）。[14]

西蒙认为，科层制度是稳固的，这是其长盛不衰的原因。它们受到演化过程的青睐。[15]鉴于越来越多的大公司被市场力量所瓦解，这种做法可能与我们的直觉背道而驰（下一章将进一步解释）。柯达、施乐、百视达、诺基亚、赛格威、杰西潘尼等许多公司的命运仍历历在目。但特定公司的兴衰并不能否定科层制形式的强大持久力。此外，过去的大公司，就像今天的一样，在很长一段时间内为数亿利益相关者创造了巨大的价值。

模块化和适应性

在了解科层制度如何帮助公司适应不断变化的环境时，请回忆一下我们之前对"模块化"——使用标准化部件制造可由许多供应商生产的产品——的讨论。模块化系统比非模块化系统更能抵御外界干扰。而科层制度擅长建立和维护模块化。

西蒙讲述了一个两位虚构的钟表匠（霍拉和坦帕斯）的故事。他们的钟表制作技术完全相同，但只有一个人成功了。这两位钟表匠的区别在于他们设计钟表的方式。每只钟表都有一千个零件。坦帕斯每次组装一个零件，西蒙认为这是一种非科层制的方法。霍拉将十个基本零件组合成小组件，然后将十个组件组合成更大的组件，最后组装成完整的钟表。西蒙认为这是一种生产钟表的科层制方式。该类比很清楚：实际上，每个组件都由不同的组织单元处理。

西蒙随后引入了干扰，想象霍拉和坦普斯经常被顾客的电话打断。在西蒙的寓言里，在制表过程中，大量微小部件必须保持微妙的平衡，因此，每当坦普斯放下一块半成品手表接电话时，手表就会散架，他就必须在打完电话后重新开始。然而，当霍拉接电话时，他只会失去他正在制作的组件；未完成手表的其余部分没有受到干扰。因此，尽管两位制表师的技术相当，但霍拉可以每天生产出更多的手表，因为他的"科层制"装配方法在处理中断时更加强大。

不难看出，西蒙的寓言使用了模块化的概念。模块是大型系统中较小的部分，可以以不同的方式组合。在建筑行业中，模块是具有不同功能的项目组件；在安装前大量生产，可以根据标准进行混合和匹配。在制造业中，汽车行业在使用可交换零件或模块化组件的设计和制造方面完善了模块化设计。在工业设计中，模块化工程技术用于从较小的子系统开始构建大型系统，就像孩子用乐高积木搭建的一样。在这样的模型中，模块化通过共享组件（也许同一台机器可用于生产不同的组件，或者关于条款和条件的相同法律语言可以一遍又一遍地重复）和定义模块及其之间的关系（"接口标准"）来支持。例如，乐高积木基于特定标准，而USB线、计算机电路板、螺丝和螺丝刀、铁轨、手机和手机信号塔也是如此。

模块化降低了成本，实现了灵活性，并通过使组件、服务和创意更容易组合来鼓励创新。模块化系统中的组件可以分离、组合和重新组合。想想我们可以在手机上添加的众多应用程序，通常只需付出很少的努力，而且成本低廉或没有成本。作为消费者，我们很容易看到应用程序的好处，但对于生产者来说，这也是一个巨大的优势，他们可以专注于他们真正擅长的领域，即他们作为更大系统的一部分处理的特定模块（应用程序）。他们可以改进自己的模块，而不必担心其他模块。例如，通过将支付处理外包给贝宝（PayPal）或支付宝，在线商家可以专注于产品设计、营销和采购，而不必担心网站的变化是否需要重新设计结账部分。

从系统的角度来看，模块化还具有以下优势：如果某个局部模块受到干扰（例如，如果霍拉的某个组件出现故障），系统无须进行大的调整。干扰在局部得到处理，经过短暂中断后，系统继续运行。在修复损坏模块的同时，在其他模块上还可以继续工作。

模块化的另一个优势是，它为远程和异步工作提供了巨大的可能性。以GitLab为例，它是世界上最大的远程公司，在69个国家或地区拥有1300多名雇员。[16] GitLab不仅仅是远程的——它是**全**远程的。它没有总部，公司也不在任何地方拥有办公室。它的工作方法不仅基于模块化，而且它使用自己的产品，同时构建软件工具，帮助其他公司实现模块化生产。具体来说，GitLab的主要产品是一个持续集成工具，它允许程序员通过定义模块化软件块来"分解"复杂的开发项目，从而实现持续、并行的开发工作，**并**使所有模块组合成一个连贯的整体成为可能。GitLab使用此工具实现了其高度分布式和异步的方法，对共享代码、文档存储库和通信工具（如Slack）的严重依赖进一步支持了该方法。这个工作流程非常严格，因为它不包括其他修改代码的方法。本质上，它的工作原理是首先对用户可以执行的代码编辑类型进行限制，然后让"维护者"决定是否接受更改。

模块化革命有时被描述为科层制度的逆转，从钱德勒的科层制度的看得见的手转向更灵活、更平等的制度的消失的手，或许可以追溯回亚当·斯密的市场的看不见的手，小型专业生产者通过标准和价格进行互动。[17] 但是，模块化也用于科层制企业；例如，大型汽车生产商以其基于平台的生产方法引领了大部分模块化革命，所有这些都是在公司科层制度的监督下进行的。

此外，模块化系统本身也需要**定义**。GitLab销售用于软件开发项目的软件，可以想象这些工具将扩展到其他类型的开发和生产任务。但在此之前，管理者在定义系统架构方面发挥着重要作用，这意味着首先要设置模块和接口标准。模块化只有在明确的接口标准确保模块适合的情况下才有效，并且必须有人指定这些接口。模块化还需要看门人；低质量的生产商或不靠谱的运营商会给系统带来坏名声，所以必须有人控制会员资格。可能会出现关于分享收入的争议，例如最近苹果和《堡垒之夜》之间的争议，后者拒绝按照苹果应用商店规则与苹果分享游戏内购买的收入。[18]

虽然这些定义、监控和争议解决功能可以共享，但它们通常由少数大型核心公司推动。这些"大玩家"是汽车、飞机发动机控制系统、合同制造计算和移动电话等生态系统的核心。这些生态系统有独立的参与者，因此这里并不是钱德勒所说的有形之手在发挥作用。但它也不是完全去中心化的、纯粹的市场的看不见的手。相反，大型核心公司正在伸出协调之手来服务整个系统。公司生态系统需要一个中央协调中心，因为标准不能解决所有协调问题，就像标准操作程序和惯例不能解决公司内部的所有协调问题一样。

另一方面，自下而上的系统在形势平静且相当可预测的情况下效果最好——技术变化不会太快或太突然，客户和消费者的需求清晰且易于预测。换句话说，在人员、资源和任务之间相互依赖性较低、不确定性较低且有充足的时间做出决策的情况下，科层制度并不那么有价值。为了了解这一点，我们将以番茄生产商晨星为例，这家公司经常被认为是无老板企业的典范。

晨星：点对点生产番茄

位于加利福尼亚州伍德兰的食品加工公司晨星因雇员"被赋予了堪称荒唐的权力"而受到赞誉，但他们也"像精心编排的舞蹈团成员一样"一起工作。[19]该公司由克里斯·鲁弗于1970年创立（他目前仍是唯一的所有者），是一家大公司，年收入总计近10亿美元。有趣的是，如此巨大的收入是由仅600名雇员的劳动力创造的，对于一家商品生产公司来说，这个数字是极小的（不可否认的是，在收获的季节增加了4000名季节性工人，从而增加了收入）。

晨星以激进的雇员自我管理模式著称。从表面看，该公司已经废除了科层制度、管理者和头衔。在科层制度中担任某个职位并不意味着有权命令同事做什么。原则上，所有活动都是雇员之间自愿达成的协议。当然，雇员并非完全自由选择；最笼统地说，他们能做的事情受限于晨星的使命："成为一家提供全方位服务的番茄配料供应商，为专业和地域独特的客户提供无可争议的优质服务和供应链解决方案。"这一使命宣言被分解到部门层面，决定了雇员可以做什么和同意做什么。

据其崇拜者称，晨星的主要创新是通过合同来做所有事情。[20]所有公司都会使用合同，无论是书面的还是暗示的；事实上，如果你是一名雇员，你与公司的关系从根本上就是合同关系。你有一份雇佣协议，上面提供了关于你应该做什么以及你会得到什么的一般信息。有时合同是暗示的和非正式的，而不是详细的书面合同。此外，大多数雇佣协议都是"不完整的"或开放式的：它们没有具体说明你将做什么以及在所有可能的情况下会发生什么。这些协议在设计上就是开放式的，因为雇主无法预测和写下他们希望雇员做的所有具体事情。他们不知道未来会发生什么，所以雇佣合同有很多漏洞。

在传统的科层制度中，这些空白由老板填补；经理在需要时指示雇员完成某些任务，或者雇员遵循一些操作程序，这些程序告诉他们在新情况下该做什么。例如，当销售订单到来时，小公司的老板可能会指示每个人努力完成订单。在一家大公司，定期收到如此多的销售订单，而且这些订单看起来非常相似，因此设计一个处理这些订单的程序是有意义的。如果订单不寻常，雇员就会让老板参与进来。

晨星表面上没有老板。没有人告诉雇员在收到新的番茄酱订单时该做什么。这会导致混乱吗？不会，因为晨星有经理们的替代品。正如克里斯·鲁弗所推断的，这可以通过逆转传统的合同逻辑来实现：让合同更加详细！而且，由于一名雇员的行为会影响其他雇员的活动，因此让**他们之间**签订合同来处理这些相互依赖关系。

合同、合同、更多合同

每一份合同都称为CLOU，即"同事谅解函"（Colleague Letter of Understanding）。英文中的"Clou"意为主要兴趣点。法语中的"*clou*"意为钉子。CLOU确实是晨星组织设计中的主要兴趣点，因为它实际上是将一切联系在一起的钉子。

（数字）CLOU管理雇员之间的关系，但看起来更像是一份工作描述。它包括个人使命宣言、与该使命相关的一组关键活动、绩效指标、时间承诺以及CLOU适用的同事名单（通常为10人），这些同事必须签署合同以表示同意。分拣西红柿的人员的使命宣言可能是："确保我们的客户收到不含异物的完好西红柿产品。"叉车司机的绩效可以用每人每小时运送的产品重量来衡量。[21]

其他公司通常也会使用描述活动和绩效目标的职位描述，大多数职位都有年度评估，包括目标设定、评估以及任务和目标的修订。然而，晨星模式在几个方面有所不同。

首先，雇员与同事协商后，撰写自己的CLOU。我们大多数人通过选择工作来"选择"自己的职位描述。其次，CLOU经常变化：每个（永久）晨星雇员每年都会协商一份新的CLOU，而且如前所述，一些CLOU的修改频率甚至更高。传统公司的职位描述更稳定。大多数人通过换工作来改变自己的职位描述。

其次，CLOU是雇员与受其工作影响最大的同事之间的合同，而不是雇员与公司之间的合同。所有公司都有合同，但通常公司本身是中心，与雇员、供应商、资本提供者、分销商和客户签订合同。雇员不会与每个客户谈判；雇员与公司谈判雇佣合同，公司与客户谈判购买协议。经济学家迈克尔·詹森和威廉·梅克林将公司本身描述为"合同的纽带"。如果起草、谈判和执行合同需要时间和精力，那么让公司充当中心——从而减少生产所需的合同数量——可以节省资金。这是建立公司的根本理由。

晨星完全颠覆了这一逻辑。它确实是一家公司，但这家公司的内部运作方式与市场类似。每位雇员都与其他雇员（或至少与她最密切合作的雇员）签订合同。然而，如果起草、修订和执行这些横向协议的成本很高，那么问题就会出现，正如我们稍后将展示的那样。

第三，CLOU详细规定了可交付成果、目标和绩效指标。传统公司的职位描述通常会包含这些细节，但它们通常不包含在雇佣合同中，雇佣合同通常比较笼统和开放。

激励与协调

这样的系统能行得通吗？晨星模式的一个优点是，它吸引了一类特殊的雇员，即积极进取、独立自主、忠诚敬业的雇员。此外，强调雇员之间的横向关系而不是与公司的纵向关系，可以带来一些心理上的好处：承诺变成了对其他同事的，而不是对公司或一位老板。研究表明，士兵对战友的承诺远远超过对军官、国家或事业的承诺，因此更有动力为他们而战。在这方面，晨星雇员可能与士兵很像。此外，雇员清楚地了解自己的工作，他们知道同事在做什么，他们可以互相监督。有时，冲突的最好处理方式是在雇员之间进行，无须管理层的干预。

与此同时，这种模式也存在很多潜在问题。正如前面提到的，起草和执行如此多合同的成本可能很高。如果工人真的自主，并且可以轻松地相互协商和交易，那么为什么要成立一家公司呢？为什么不通过独立承包商或企业家网络直接生产西红柿或其他任何东西呢？当然，晨星并不是一个真正意义上的独立参与者网络；雇员在法律上是雇员，至少从法律角度来看，他们受（潜在的）管理权威的约束。但在CLOU模式下，他们必须自己解决冲突；没有传统的科层制度，就没有主管介入并帮助解决问题。该公司确实有一个有层级的系统：如果雇员无法解决冲突，他们接下来会求助于内部调解。如果调解无法解决冲突，一个由具有不同观点的雇员组成的内部委员会将提供建议。此时仍未解决的任何冲突都将上诉至内部最高法院——即创始人克里斯·鲁弗。

尽管晨星据称废除了头衔、管理和科层制度，但它并非完全扁平，也肯定不是无老板的。它的雇员被安排在部门中，这是大多数科层制度的基石，而且它确实有头衔和经理。虽然晨星给予雇员相当大的自由，但这种自由受到公司使命以及各个部门所获得的使命和CLOU的限制。

晨星模型适合你吗？

晨星似乎是无老板的，而且它确实取消了我们通常在一家600人公司中看到的许多中层管理职能。但这是因为该公司通过CLOU系统巧妙地将管理任务委托给雇员自己。实际上，委托给了那些由于最接近执行从而管理得最好的人，由他们负责管理。管理任务不会因为公司决定搞"无老板的"而消失。

是什么让晨星能够将管理任务委托给他人？答案很简单：该公司在传统行业中运营，从事传统业务，不涉及流程和技术的大量变革。生产活动可以被高度划分，并且可以被详细描述。其中许多活动可以实现自动化。虽然存在相互依赖性，但种植和加工西红柿是一个基本线性的过程，整个生产过程的各个阶段之间几乎没有反馈。可能会有季节变化（尽管这是加利福尼亚！），也可能会遇到新的环境需求和企业社会责任问题。然而，归根结底，晨星的事情是直接且可预测的。

总而言之，像晨星这样的公司能够通过非常扁平的结构取得成功，这种结构涉及大量授权和很少的老板干预，这并不奇怪。晨星在特定或特殊的条件下运营：它生产一种简单的产品（基本上是一种商品），使用简单的生产流程，并且受益于处于一个相对稳定的行业。在这些条件下，很容易展望未来。起草那些

CLOU并不难。

我们不想贬低晨星的做法。毕竟，该公司相当成功，雇员忠诚度很高。CLOU的理念可能是正确的。但大多数公司的经营环境截然不同。

如果你在更动态的环境中经营一家更复杂的公司，环境变化莫测，那么CLOU系统和晨星组织的其他方面就不太可能发挥作用。CLOU合同中没有任何内容会告诉你接下来发生什么。你的生产活动可能不是线性和可预测的，而是相互交织且高度可变的，需要迭代和反馈循环，就像开发工作一样。随着新原型、测试版等的组装、生产人员的评估以及焦点小组或测试人员的测试，你不可避免地会进行修订。或者想想涉及顾问团队、工程咨询公司的工程师团队或建筑公司的建筑师团队的活动。由于此类环境中事件的不可预测性和复杂性，制定CLOU毫无意义，因为只有非常一般的互动方面能被有意义地规定。

归根结底，尽管晨星是一家高度去中心化的公司，其特点是通过横向合同而不是管理干预进行协调，但它仍然是一家有老板的公司。这种组织方式在番茄生产和加工行业似乎运作良好，因为该行业的技术为人所熟知，需要解决的纠纷很少，签订和执行合同的成本不太高，而且情况不会发生太大变化，不需要中心协调。然而，在大多数其他情况下，这种模式几乎肯定会失败。

科层制度与动荡的环境

大多数公司都不是在"稳定"的环境中运营的。技术在变化，客户决定他们想要不同的东西，供应商破产，社交媒体活动震撼行业，政府改变规则，新的竞争对手总是潜伏在地平线上。然后是内部挑战：业务部门争夺公司资源，雇员表现出色，关键人员离开去寻找更好的工作，等等。并不是说经理应该抱怨；处理这些频繁、不可预测的问题就是工作职责！

如果内部挑战只是让公司的一部分感到不安，那也没关系。微软永远无法打入手机市场，最终关闭其Windows Phone部门，而不会影响其（至今仍在蓬勃发展的）桌面操作系统或生产力软件业务的盈利能力。也许你的公司失去了一个关键客户，但你有足够的未开发需求，你仍然可以发展业务。一台铣床在生产过程中意外发生故障，但工程师们很快就修好了，没有打乱你的生产计划。恭喜你！你有一个具有模块化属性的系统。

如果问题影响到整个公司会怎样？例如，假设该公司被指控违反道德规范。20世纪90年代，雀巢被指控在发展中经济体大力推广婴儿配方奶粉，尽管该公司知道母亲经常将配方奶粉与受污染的水混合，使孩子处于危险之中。仅靠一个业务部门或一个大客户经理无法处理这样的指控，因为与一种产品相关的问题会蔓延到其他产品，导致公司层面的危机。或者想象一下，铣床为公司的其他部门提供了重要的投入，但一切都陷入停顿，直到它被修好为止。如果机器不易更换或需要很长时间才能修复，会发生什么情况？公司面临严重问题。

换句话说，当生产涉及相互依赖关系，即人员、事物和业务部门之间的密切联系时，层级结构尤其有用。正如我们已经看到的，当活动高度模块化（或简单且易于理解）时，像合弄制这样的扁平组织模式可以发挥作用，但当出现相互依赖关系时，它们往往会崩溃，尤其是在公司发展壮大时。当活动相互依赖时，某项调整可能引发连锁反应，因此需要进行一些中央协调以确保整个系统继续顺利运行。科层制度的一个关键功能是制定描述如何处理相互依赖关系的程序。当事情以这些程序未预料到的方式发生变化时，就需要管理者来处理相互依赖关系。否则，事情可能会变得非常糟糕。

记得第六章中的意面式组织吗？奥迪康的拉尔斯·科林德的才华不仅在于他对彻底去中心化组织的大胆设想，还在于他明白过度去中心化可能会让一切分崩离析。由于大多数中层管理者被裁退，奥迪康的结构需要其他东西来维持秩序。新文化、新奖励制度和详细的绩效管理制度与去中心化结构协同工作，处理相互依赖关系；公司组织设计的所有要素都是整体的一部分，旨在相互支持和加强——或"互补"。正如我们将在第十二章中看到的，未能纳入互补系统的所有要素可能会导致彻底去中心化组织误入歧途。

科林德显然意识到了设计激励机制的重要性——激励雇员的正式（或"刚性"）和非正式（或"柔性"）要素，需要以协同的方式进行设计。例如，鼓励雇员合作的"柔性"文化可能很难与强大的绩效激励相一致。找到正确的组合至关重要。灵活性可能会受到文化的限制。当人们说"文化会吞噬战略"时，他们的意思是，与公司文化背道而驰的战略不会奏效。激励机制也是如此。因此，至少在短期内，奖励需要与文化相协调。与长期视角相适应的奖励可以更加灵活，因为公司文化可以随着时间而改变。

在快速发展的经济中，随着工作和组织结构的变化以及持有不同价值观的新雇员的加入，管理者必须经常重新审视公司激励工具的设计。林肯电气依靠其精心设计的绩效激励系统已经八十多年了。分析人士认为，该系统是该公司持续盈利的主要原因。（该公司没有一年出现亏损。）林肯的奖励系统似乎设计得非常好，以至于可以"自行运行"，但实际上它一直在不断调整。[22]

当然，调整是由管理者完成的。但假设团队被允许自行设定奖励。威尔乌的团队对薪酬有一定的自由裁量权。在奥迪康的意面式组织中，有关雇员工资和奖金的决定主要委托给团队老板。这可能很有道理，因为团队成员比外部经理更能观察绩效。然而，不难看出这种制度的危险性。

团队可能会为正常努力设定不同的标准，或者他们可能会以不同的方式奖励个人的额外努力。当团队开展相同的活动时，这就会成为一个问题。然后奖励就不再准确反映生产力。薪酬低下的团队成员可能会离开，加入奖励更丰厚的团队。嫉妒可能会主宰职场并毒害它。

激励设计通常留给管理者是有充分理由的。当奥迪康放弃意面式组织时，谈判工资和奖励奖金的权利再次中心化起来。管理者可以在奖励雇员方面实行统一的原则。因为他们奖励许多雇员、团队和单元，所以他们知道什么有效，什么无效。换句话说，他们在为雇员设计激励措施时熟悉了"学习经济"。将激励设计中心化在少数管理者手中或中心化到中央职能部门，还可以降低安排每个单元（无论是雇员还是团队）奖励的成本，从而在设计和调整激励措施的任务中实现规模经济。

与经营业务相关的其他所有事情一样，公司的结构需要随着时代的变化而变化，同时也需要应对意料之外的冲击。新冠疫情极大地改变了我们的工作方式：由于许多雇员远程办公，老板不得不改变绩效衡量和监控方式；由于供应链中断和分销渠道转向远程交付，生产方法也不得不改变；灵活的工作时间取代了常规工作时间。当公司接受（或拒绝）需要改变组织的新项目，或者当战略、客户群、技术、市场、劳动力构成和其他变化需要调整公司的组织设置时，更平凡的变化甚至更频繁地发生。

最后，请注意，即使是具有最大授权的极度扁平结构，也是某些人决定以这种方式设计公司的产物，就像维基百科一样。扁平的科层制度仍然是科层制度，公司所有者仍然承担最终责任，决定他们自己将决定什么以及将哪些决定委托给他人。

最终结论

从马克斯·韦伯到切斯特·巴纳德、罗纳德·科斯、小阿尔弗雷德·钱德勒、赫伯特·西蒙和奥利弗·威廉姆森，思想家们传递的信息是，科层制度和熟练的管理者协调工作的效果比任何其他方法都要好，包括非结构化、自下而上的自发协调。但这一结论并不意味着需要超级强大的管理者或微观管理。相反，这些经典著作的基本主旨是，所需的管理水平和类型取决于各种突发事件。好管理者和坏管理者的区别在于，能否找出这些突发事件以及如何通过激励和评估雇员、授权（或中心化）决策、让人们很好地合作以及决定是依靠固定程序还是顺其自然来做出最佳反应。

第十一章

科层制度不是一个贬义词

我们主张，科层制度之所以存在，是因为它们在大多数情况下比其他选择都更有效。企业家在创办和发展公司时，几乎本能地建立科层制度。公司重组时，也会想方设法重新安排科层制度，通常不会废除它们。如果将无老板公司叙事从逻辑上推演到极致，它会认为这完全是错误的，认为对科层制度的偏爱是幼稚的，甚至是一种我们从祖先那里继承下来的迷信，而我们不假思索就践行了这种迷信。这些倡导者甚至说，更糟糕的是，当权者建立和维持科层制度以保住权力，甚至不惜以牺牲经济和社会为代价。没有老板，公司乃至整个社会都会变得更好。

在我们的当代文化中，"科层制度"几乎成了一个贬义词，就像"官僚体制"和"权威"一样。（出于某种原因，"领导"一词逃脱了这种命运，尽管正式和非正式的领导地位本身就是科层制度的一个方面。）"官僚体制"一词带有最负面的含义，通常被认为是"过于复杂的决策（或不做决策）管理方法"。历史经验还告诉我们，运作良好的官僚机构可以成为最恶劣暴行的工具。哲学家汉娜·阿伦特在报道1961年阿道夫·艾希曼审判时发现，艾希曼并非一个咆哮的怪物，而是一个普通的小官僚，他犯下这些可怕罪行的主要目的是在纳粹官僚体制中获得晋升。[1]

科层制度也带有负面含义,尽管可能不像官僚体制的负面含义那么强烈,但权威却经常遭到嘲笑。(记住《南方公园》中反派埃里克·卡特曼扮演的警察说的那句话:"你必须尊重我的权威!")尽管人们仍然接受父母、祖父母、宗教领袖以及纳尔逊·曼德拉(在成为南非总统之前)等公众人物所赋予的非正式权威,但官僚体制、科层制度和权威仍然背负污名化标签,为它们辩护似乎是一项艰巨的任务。

但让我们来看看伟大的德国社会学家马克斯·韦伯,他于1920年因当时相当于Covid-19的西班牙流感而去世。韦伯是一位研究官僚体制的学者。他将官僚组织定义为这样一种制度,它有着确定的角色和职责、固定的规则和书面的程序、专业的人员、基于绩效的晋升和明确的权威界限。他认为组织所有人类活动的最佳方式是官僚体制(在韦伯看来,官僚体制就像是他所熟悉的德意志帝国传统、僵化的官僚体制,或者就像是一家运作良好的军事公司、一家泰勒制工厂,甚至在某种程度上像一间挤满了穿灰色法兰绒套装的男人的办公室)。

韦伯的官僚体制理念听起来不错,尤其是对于公共部门而言。谁会想要**没有**"专业领域培训"、职业晋升**不**以任职资格为基础、**缺乏**问责制的公职人员呢?事实上,公共部门可能出现的许多问题都是由于没有遵循韦伯的理想类型。例如,我们难道不希望公立医院符合韦伯理想中的关键要素吗?尽管我们经常钦佩那些"跳出固有思维模式",想出新的、不同的方式为人民办事的政治家和政府官员,但我们也倾向于认为,这些大胆无畏的官员受到一群专业的职业公务员的制约,他们有自己的一套规则和更长远的眼光。

韦伯用官僚统治和控制的"铁笼"比喻,表明他认识到官僚体制会威胁人类的创造力甚至自由。例如,一个运作良好的官僚机构可能会变成一个"贪婪的官僚机构"——主要对发展和保护其影响力和权力感兴趣。

同样的考虑也适用于权威和科层制度。我们通常将权威理解为发号施令和强制服从的权力或权利。我们大多数人不喜欢被命令或被迫服从。事实上,人们选择某些职业的部分原因是为了避免受制于权威——例如,作家或企业家表面上过着自由自在的生活。一些观察家通过"权威危机"的视角来看待最近政治领域发生的许多事情——也就是说,媒体、政党、政府和学术界的权威正受到越来越多的质疑和拒绝。[2]

对权威的不信任可以追溯到更早以前,事实上,在任何重大冲突或权力更迭中都可能出现。不久前,第二次世界大战中对权威的可怕滥用是20世纪60年代"反权威"反主流文化滋生的土壤之一。在艾希曼审判几个月后开始的米尔格拉姆实验,在流行文化中占有一席之地。它们是很好的娱乐节目,在世界各地的多家国家电视节目都被复制。它们的目的是显示人们是多么容易被当局操纵,以至于对无辜的抗议受害者施加致命的电击。事实上,米尔格拉姆实验被误解了;许多参与者实际上知道整个事情都是摆拍的,许多人甚至不听从"老师"的指示。[3]

权威所赋予的权力当然可能会被滥用。但正如我们所见,权威可以相当管用,包括科层制度中的分层权威。我们希望把最有能力的人放在公司的顶层，以放大其决策的效果。这就是一个运作良好的科层制度所能做到的。权威的层级可以成为瑞典经济学家马格努斯·亨雷克森所说的"良性权力"的工具——将权威赋予那些最能为群体（包括公司）的成功作出贡献的人。[4] 我们可能愿意将权力交给我们认为更有能力的人，并认为她行使权威是合法的。我们承认权威的意愿可能不仅扩展到特定的人，也扩展到科层制度中权威的化身。

在本章中，我们进一步论证了科层制度的合理性：科层制度已经存在了很长时间，它适应了不断变化的环境，并且对各种挑战的反应是强有力的。简而言之，科层制度具有很高的生存价值。与此同时，许多针对科层制度的批评——认为它过于僵化和束缚，扼杀创造力和创新，以及从根本上来说不公平公正——都是基于误解。

科层制度是真正天然的

科层制度与人类历史一样古老。出于显而易见的原因，我们只能推测几千年前在非洲大草原上游荡的小型猎人群体中科层制度的形式。但自从我们有了某种记载的历史以来，科层制度就一直存在。

"科层制度"一词源于古希腊语 *hierarkhia*，意为"大祭司统治"，这是一种古老的治理形式，存在于我们所知最早的社会中，例如乌尔（Ur）和其他近六千年前建立的苏美尔城邦。根据这些宗教起源，该术语于1881年首次出现在英语中，当时

"科层制度"被用来"指代亚略巴古的伪狄奥尼修斯（5至6世纪）所描述的三个天使的三个等级"。（原本的狄奥尼修斯显然是一位基督教新柏拉图主义者，写作时间约为5世纪末[*]。）

然而，伪狄奥尼修斯也用这个词来指天主教会的结构。教会是科层制度的传统例子，这应该让我们停下来思考：世界上现存最古老的组织（因此在长寿方面非常成功）也是非常科层制的。顺便说一句，新教改革期间发出的呼吁，即一个更少科层制——更像最初几个世纪的教会——的组织，和马丁·路德的"基督教自由原则"（"基督徒是完全自由的主人，不受任何人的支配"）听起来很"无老板"。当然，宗教改革很快就与王公贵族们的科层制度纠缠在一起，而天主教会尽管最近遭受了几次非常沉重的打击，但仍然存在。正如赫伯特·西蒙所说，科层制度可能具有生存价值。

字典告诉我们，科层制度是"这样一个系统，其中一个组织或社会的各位成员会根据相对地位或权威得到排序"。我们可能确实会把"科层制度"一词和天主教会、军队、路易十四的宫廷的科层制度、日本17和18世纪江户时代的科层制结构的社会或者我们工作的公司的科层制度直接联系起来。但科层制度无处不在，科层制度甚至可能是人类学的常量——它几乎无处不在，以这样或那样的形式存在。自从有了人类，它就一直以这样或那样的形式存在。

---

[*] 这里应该是一处笔误。亚略巴古的伪狄奥尼修斯（Pseudo-Dionysius the Areopagite）是5世纪晚期至6世纪早期的一位基督教神学家和哲学家，自称"亚略巴古的狄奥尼修斯"（一位1世纪的雅典人），但后来被发现与原本的狄奥尼修斯来自不同时代，因此被后人称为亚略巴古的伪狄奥尼修斯。

人类天生就具有科层制度吗？

人类学家的基本观点是，早期人类生活在小型、平等的狩猎采集群体中，直到约12500年前的新石器时代，随着农业的发展，才发展出更复杂、等级森严的社会。[5] 从让-雅克·卢梭到弗朗西斯·福山和贾雷德·戴蒙德，哲学家和社会评论家都接受了这一观点。福山在他的著作《政治秩序的起源：从前人类时代到法国大革命》中写道：

> 在早期阶段，人类的政治组织类似于在黑猩猩等高等灵长类动物中观察到的族团层次（band-level）的社会。这可以被视为一种默认的社会组织形式。偏爱家人和朋友的倾向可以被新规则和激励措施所推翻，例如，这些规则和激励措施规定，雇用合格的个人而不是家庭成员。但更高层次的直觉在某种意义上是非常不自然的。
>
> 族团层次的社会高度平等。主要的社会区别基于年龄和性别；在狩猎采集社会中，男性狩猎，女性采集，在生育问题上有自然的分工。但在部落内部，家庭之间的区别较小，没有永久的领导地位，也没有科层制度。领导地位根据力量、智慧和可信度等品质赋予个人，但领导地位往往会从一个人转移到另一个人。[6]

相反，部落一旦定居下来，就会开始与其他部落争夺稀缺资源，尤其是土地。随着人口的增长和冲突的日益频繁，酋长、总督，最终是国王，以及国家的其他象征物纷纷出现。正如贾雷德·戴蒙德所说："如果没有领导者做出决定、行政人员贯彻决定以及官僚执行决定和法律，庞大的人口就无法正常运转。"[7]

就像无老板公司叙事的支持者一样，我们可能倾向于得出这样的结论：科层制度是人类历史上一种相当新的创新——为了容纳更多的定居人口（这些人口希望拥有财产权、技术和现代生产方式，即使这些对于人类来说是"非自然的"）所需的一种社会结构。这种观点几乎是错误的。我们实际上对史前社会知之甚少，但考古证据表明，它们以显著的不平等为特征，拥有富裕的政治阶层或祭司阶层，并建造了有着需要事先规划和分工才能创造的设计复杂的大型建筑和纪念碑。正如人类学家大卫·格雷伯和考古学家大卫·温格罗所说，这些早期人类社群"与那些仍然被想象成我们的远古祖先的幸福简单、平等的狩猎采集族团没有任何共同之处"。[8]这些史前社会有时以复杂的科层制度组织起来，这表明现代社会组织形式并没有什么"非自然的"。

格雷伯和温格罗认为，这些史前社群与后世文明之间的最大区别在于季节性：

> 到目前为止讨论的大多数旧石器时代遗址都与每年或每两年一次的聚集期有关，这与猎物群的迁徙……以及周期性的鱼类洄游和坚果收获有关。在一年中不那么好的季节，毫无疑问，我们冰河时代的祖先中至少有一些人确实是以小群体的形式生活和觅食。但有大量证据表明，在其他时候，他们聚集在布尔诺南部摩拉维亚盆地下维斯特尼采（Dolní Věstonice）发现的那种"微型城市"中，享用着

极其丰富的野生资源，参与复杂的仪式、雄心勃勃的艺术事业，并在很远的距离内交易矿物、海洋贝壳和动物毛皮。

换句话说，根据这一分析，我们的远古祖先"在不同的社会安排之间来回转换，允许权威结构在一年中的某些时间崛起，但前提是它们无法持续；基于这样的理解，即没有特定的社会秩序是固定不变的。在同一个种群中，人们有时可能生活在一个从远处看像一个族团的地方，有时是一个部落，有时是一个具有我们现在所认定的国家特征的社会"。[9]

此外，科层制度倾向可能更深植于人的本性。一些研究使用磁共振成像来研究人的大脑如何对有关社会科层制度的不同线索作出反应。它们表明，大脑会对我们在科层制度中的位置做出反应——我们更关注那些我们认为"高于"我们的人，而不是那些我们认为"低于"我们的人。[10]我们的大脑也更容易感知和记住科层制的社会关系，而不是不那么科层制的社会关系。[11]实验室实验还发现，当一个人被指定为"老板"并被赋予指挥其他人的权力时，一群人会更有效地解决涉及相互依赖的问题。一项这样的实验测量了睾丸激素水平（男性和女性都有），睾丸激素通常用于衡量攻击性和支配意志。一些成员睾丸激素水平高、一些成员睾丸激素水平低的群体表现优于所有成员睾丸激素水平都高（教练太多，球员不够）或所有成员睾丸激素水平都低（没有人愿意负责）的群体。[12]

科层制度也可能作为行使权力的工具出现在群体中。"权力意志"——哲学家弗里德里希·尼采认为它是其思想的核心——

也可能源于权力带来的好处：地位、认可、物质财富、更丰富的性资源，以及对某些人来说，决定他人结果所带来的快乐。最近的一项实验发现，相当一部分人愿意接受较低的收入来换取凌驾于他人之上的权力。[13]也就是说，他们实际上愿意为行使控制权的机会付钱。那些寻求政治职位或努力跻身公司科层制度顶端的人，可能受这些"偏好"的驱使和受渴望经济回报的驱使一样多。

所有这些实验、理论和故事都解释了科层制度和领导如何在群体中自然产生。"天然的领导者"也在一开始帮助了群体的创建。正如本书所讨论的，科层制度是解决协调与合作问题的一种手段。但哪些协调与合作问题值得解决呢？如果社区中的每个人都拥有平等的社会地位或声望，那么每个人都必须与每个人交谈，以说服人们组成团体（团队、企业或公司）。领导地位通过创建一种市场来缓解这个问题，在这个市场中，领导提出只能在团体中解决的问题或任务，追随者决定他们想加入哪些团体。因此，科层制度解决了"与他人协调要协调什么"的"元协调"问题。[14]

此类发现表明，人类社会和社区中的科层制度不仅仅是文化或环境的产物——它不是一种"社会建构"——而是根植于我们的生物学。当然，世界各大宗教的创世纪中没有一个以平等的原始状态为特征。亚当是《圣经》伊甸园的原始居民，夏娃是作为他的伴侣和帮手而被创造的；孩子们也随之而来。希伯来和基督教记载中的第一个人类社会是一个核心家庭，而不是一个嬉皮公社*。《古兰经》也有类似的亚当和夏娃的记载,而大多数印度教的创世故事也包括了一男一女。

演化人类学提供了证据表明科层制度非常有用,具有基本的生存价值。许多关于人类演化的研究都认为,人类大脑的演化是为了帮助人类在非洲大草原游牧狩猎小队中进行合作。从某种意义上说,大脑只是一个演化出来的器官,可以帮助我们解决某些问题。我们人类识别需要联合、协调的努力和特定合作方式的活动的能力是由这些早期环境塑造的。

早期环境也塑造了科层制度和领导地位。当然,许多其他动物也有科层制度,即支配科层制度,将冲突保持在最低水平。任何养狗的人都知道这一点:较弱的动物会很快屈服,避免较强的动物施暴。但人的科层制度不同。因为合作对我们来说非常重要,过于公开的支配行为通常会适得其反!即使在史前的狩猎群体中,成为领导的也可能不是体格最强健的人,而是最善于团结族团并且可能拥有其他知识优势的人(例如,知道猎物最可能的位置)。事实上,来自所谓原始文化的证据似乎表明,同意是事实上的领导地位的重要基础。人们会同意由他们尊敬的人领导。这解释了为什么科层制排序和地位之间往往存在密切的相关性,以及为什么我们再次看到生物学的影响:经理(当然是高层经理)通常是男性,而且他们的平均身高也比下属高。[15]

---

* 20世纪60年代和70年代出现的一种社区形式,由一群嬉皮士组成,通常追求和平、爱与自由的生活方式。

科层制度有不光彩的过去吗?

有些事物可能已经存在了很长时间,但这并不是接受它的理由。奴隶制在人类历史的大部分时间里都存在,但现在它备受谴责,让我们深恶痛绝。从历史上看,科层制度有时是统治和压迫的工具。如果你是路易十四时代法国的农民——毕竟,当时大多数法国人都是农民——你可能会勉强接受你所在的地位,因为你被告知这是一个自然的、上帝赋予的科层制度。但你也可能认为这对你来说没什么好处,你可能不会庆祝你的地位。

同样,虽然公司对大多数人来说都是(政府官僚体制之外)获得稳定收入和成功事业的最佳机会,但批评者们,如劳工组织者,并不难驳斥科层制公司体系的可取性和必然性。更普遍地说,这一观点(即科层制度不仅有利于那些处于科层制度顶层的人,也有利于那些处于底层的人)并不总是被普遍接受,即使在研究公司的学者中也是如此。

正如第七章提到的,20世纪60年代末,一些"激进"历史学家和经济学家认为,科层制度的目的是创造一种没有灵魂的机器来进行资本主义剥削。根据这种理解,公司的科层制度通过使工人高度专业化来协助资本主义剥削。一个只重复做一件事的工人几乎不需要培训,也不需要太多技能。事实上,这些历史学家和经济学家挑衅性地指出,企业科层制度故意"降低"工人的技能。没有技能的人可能缺乏自尊和身份认同。他们会发现,集体抵制他们所遭受的剥削更加困难。他们也是完全可以被替代的。

这种理论带有阴谋论的味道（那些资本主义肥猪*到底是如何协调技能降低的？），而且与历史证据不符。事实上，企业和"资本家"投资培训是因为这是提高工人生产力的重要途径，而更高的生产力符合资本家-所有者和工人自身的利益。

近期对商业科层制度的批评来自一场被称为"资本主义新史"的学术运动。这场批评的核心主题是，现代商业实践，如会计技术、量化绩效衡量方案、基于群体的结果评估和随着时间的推移而不断提高的标准，都起源于强制性的、基于权力的关系——尤其是美国南部内战前奴隶制时期的关系。

历史学家爱德华·巴普蒂斯特在其影响深远的著作《被掩盖的原罪：奴隶制与美国资本主义的崛起》中声称，19世纪上半叶美国棉花行业的生产力增长了四倍，并不是因为种植者使用了改良的棉花品种（这是经济史学家普遍接受的解释），而是因为奴隶制度的残酷性不断创新。[16]巴普蒂斯特声称，奴隶主开发了一种个人配额制度，他称之为"推高"（pushing-up）制度。"如果奴隶未能完成每日配额，就会受到鞭打；如果他超过了配额，当天的产量将成为第二天的配额。通过这种方式，预期绩效只会越来越高。"[17]

巴普蒂斯特认为，现代公司使用的生产或销售配额就是这些做法的产物："我们大多数人的管理方式都是奴役者首先发明的——例如，如今无处不在的职场监控或计算机生成的人们日常产出的测量数据。当今的工作管理直接源于奴役者为管理和胁迫

---

* 在政治漫画中，常用资本主义肥猪（capitalist pigs）的形象来表示贪婪的商人，他们长着猪头，穿着西装，戴着高顶帽子。

人而开发的方法和技能。"[18]

对于现代管理来说幸运的是,巴普蒂斯特关于"推高"制度的描述原来是虚构的。[19]尽管棉花产量的提高可能与管理实践有关,例如更好的记录保存、资本设备(工具、更高效的农场动物)的改进和使用更具生产性的投入(种子、肥料),但并不存在他所描述的个人配额制度的历史记录。

"推高"制度——管理学者所说的"棘轮效应"(ratchet effect)——其实是众所周知的,自20世纪30年代以来就一直有人研究,当时,人们观察到,计件工资生产计划(这种计划将报酬与生产的"件"数,即产量,挂钩起来)中的工人经常限制他们的生产,即便生产更多可以产生更高的报酬。这些工人认为,生产力的爆发可能会带来短期收益,但从长远来看会造成损害,因为这会提高上司的预期,导致他们在未来无法达到目标。棘轮效应还会导致工人错误地报告他们的绩效:想象一下,一个销售人员今年的表现达到了预期,但在12月底获得了一笔大销售额;他可能会选择在1月份报告这笔销售额,这样,今年就不会显得太成功,也不会为明年设定不切实际的目标。我们可以把它称之为"'你最近为我做了什么'效应"。成功的运动员和教练有时会担心他们的粉丝每年都期待冠军,却因为仅仅是"非常好"的表现而感到失望![20]

社会学家马修·德斯蒙德附和了巴普蒂斯特的语言和形象,认为现代管理和会计实践直接源自内战前美国奴隶种植园管理技术的发展。

也许你正在工作中阅读这篇文章，也许你正在一家跨国公司中阅读这篇文章，这家公司运转得像一台轻柔的发动机。你向某人汇报，某人向你汇报。一切都通过垂直报告系统、复式记录和精确量化进行跟踪、记录和分析。数据似乎控制着每一项操作。感觉就像是一种尖端方法来管理，但我们现在习以为常的许多技术都是由大型种植园开发并为其服务的。

当会计人员为了节省税款而折旧资产，或者当一名中层管理者花一下午的时间填写Excel电子表格中的行和列时，他们正在重复一些业务流程，而这些业务流程的根源可以追溯到奴隶劳工营。[21]

正如许多批评者所指出的，复式簿记法于14世纪在意大利各城邦出现。歌德称其为"人类头脑最伟大的发明之一"。[22]折旧法是由铁路行业在19世纪30年代和40年代开发的，用于处理长期实物资产。可以肯定的是，正如凯特琳·罗森塔尔在其著作《奴隶制会计》中指出的，奴隶主和种植园管理者采用了当时其他行业所使用的管理和会计技术来管理棉花生产，包括指导奴隶劳动和估算奴隶（作为耐用资产）的价值。[23]但这一观察结果仅仅表明，棉花和其他奴隶密集型行业是行业，就像其他行业一样，它们的管理目的是为所有者带来财务回报。没有证据表明奴隶种植园发明了专门用于管理奴隶的新技术，并以某种方式延续到现代的管理层级中。正如罗森塔尔所指出的，她的书"不是起源故事。我没有发现一条简单途径可以让奴隶主的纸质表格演变成微软 Excel"。[24]

科层制度是非正义的吗？

过去几年，哲学家、历史学家、社会学家和其他批评资本主义、科层制度和权威本身的人士纷纷发表了一系列著作。哲学家伊丽莎白·安德森于2017年出版了《私人政府：雇主如何统治我们的生活（以及我们为什么不谈论它）》一书，书中指出，老板对劳动者的权威本身就是不公正和不公平的——类似于政府对公民的权力，但没有民主问责制。[25]不幸的是，她混淆了政府（国家及其对暴力和胁迫的合法垄断）和**治理**，后者是一套协调私人组织中行为的规则、政策和程序。公司本身不能强迫你做任何事情。当然，老板可以"强迫"你做你不想做的工作，商店也可以"强迫"顾客支付高于他们愿意支付的价格。但这种压力不像政府强迫你纳税或遵守某些规则的权力。雇员可以辞职去别人那里工作，也可以创办自己的公司（或与其他工人合作创办工人所有的合作社）。顾客可以在其他地方购物或寻找替代产品。相反，纳税人或公民则不能不选择和国家做生意。

当然，你的雇主无疑可以对你的生活产生重大**影响**。一份工作可以薪水更高或更低，更令人愉快或更不愉快，提供多年稳定的就业机会或频繁雇用和解雇雇员，提供或不提供重要的附加福利（如医疗保险或儿童保育），提供或不提供晋升机会，并且通常更受欢迎或更不受欢迎。但这与拥有强制权力不同。

在1972年的一篇著名文章中，加州大学洛杉矶分校经济学家阿门·阿尔钦和哈罗德·德姆塞茨反对使用"雇用"(hiring)和"解雇"(firing)这两个词,因为它们让这些交易听起来是一边倒的,就好像公司单方面决定谁同意提供劳动力(或提供其他投入,或购买该企业的产品)一样。

企业并不拥有它的所有投入。它并不拥有不同于任意两个人之间的普通市场合同的任何法定权力、任何权威、任何纪律处分。我只能通过停止未来的业务或向法院寻求对任何未能遵守我们的交易协议的纠正来"惩罚"你。这正是任何雇主所能做的一切。他可以解雇或起诉,就像我可以通过停止从杂货商那里购买商品来解雇他或者起诉他提供有缺陷的产品一样。[26]

这已成为组织学文献中的一段著名论述,部分原因在于其震撼力。但阿尔钦和德姆塞茨并非只是在玩文字游戏——他们提出了一个重要的哲学观点。雇主对雇员没有**强制**或**胁迫**的权力,而只能说服雇员接受工作而不要离职。雇主不能对雇员征税、监禁、征召雇员参加军事冲突或处决雇员,而政府可以对公民这样做!安德森似乎只是掩盖了这些相当基本的事实。当然,雇员并不总是"自由"地接受或拒绝任何提供的工作;在劳动力市场紧张的情况下,人们可能会觉得他们必须接受任何可以找到的工作。但这种"强制"不同于国家(甚至是民主国家)所实施的不折不扣的强制。

至于公司没有民主问责制的说法,确实,管理者不直接对雇员负责。但管理者要对其他各方负责。首先，用耶鲁大学法学院教授亨利·汉斯曼的话来说，公司是一个"资本家合作社"。[27]它由投资资本的人共同拥有，并对他们（有时还对其他利益相关者）负有信托责任。这不是一人一票意义上的民主，但公司与民主类似，因为它通常对许多个人和法人负责。

记者萨拉·贾菲对企业科层制度提出了另一种批评：它假装让我们快乐！她于2021年出版的《工作不会回报你的爱：对工作的热爱如何让我们被剥削、精疲力竭和孤独》一书提供了一系列关于人们在工作中遇到的挑战的生动描述，用权力、压迫甚至"暴力"的语言来描述它们。[28]她特别厌恶雇主使用积极的语言来激励雇员（例如，将职场描述为"像一个家庭"），她认为，这只是对强制制度的粉饰。

当然，贾菲说得对，职场不是一个真正的家庭（就像私营公司不是具有强制权力的政府一样）。愉快的工作环境、更大的工作自主权和更高的工资当然是受欢迎的，但那些拥有这些福利的人仍然在工作——也就是说，他们仍然处于一种合同关系中，他们提供服务以换取报酬。正如阿尔钦和德姆塞茨指出的那样，我们已经拥有贾菲所说的权力，因为我们可以选择工作和雇主。当然，我们不可能都从事自己梦想中的工作，就像我们不可能都拥有梦想中的房子或梦想中的汽车一样。但这就是生活。

科层制度从未实现过完全的自上而下

另一个经不起推敲的对科层制度的常见误解是，只有那些处于最高层的人才能实施判断、发挥创造力并拥有自主权；我们其他人只是跑腿的，按照吩咐做事。科层制度要求由单个老板自上而下地做出权威决策，这种想法在很大程度上是一种虚构。历史现实更加微妙。追随者的同意发挥着重要作用——因此历史上多次提到某种契约。一个明显的例子是国王在加冕时必须做出的封建誓言，承诺保护和供养他们的封臣，以换取封臣们的税收和兵役。

在商业领域，更微妙、更契约化、基于同意的科层制度是什么样的？与传统的科层制度没有太大区别。例如，第一张正式的组织结构图——1854年为纽约和伊利铁路设计——反映了高度去中心化的结构，运营决策集中在地方层面。凯特琳·罗森塔尔将其描述为应对"大数据"的早期尝试，大数据是当今的另一个流行词。[29]

和所有组织结构图一样，铁路公司的组织结构图虽然不太具体，但描述了角色和职责、汇报线和决策的基本结构。最适合在地方一级做出的决策在当地做出，而需要跨地方协调的决策则在下一个最高级别做出。该设计是纽约和伊利铁路公司总经理兼管理理论先驱丹尼尔·麦卡勒姆（Daniel McCallum）的创意。正如罗森塔尔所解释的：

> 在制定组织计划时，麦卡勒姆试图改进铁路使用信息的方式。从21世纪的角度来看，这张图表既古老又出奇地现代。与今天我们与此类图表联系在一起的静态、科层制的金字塔不同，他的图表以树为模型。麦卡勒姆将董事会

画为树根，将他自己和他的首席官员们画为树干，将铁路部门和分公司画为树枝。

至关重要的是，麦卡勒姆通过放弃控制权、将权威授权给能够实时使用信息的管理者而获得了控制权。他将我们所谓的组织C级人员*放在基层，为铁路提供支持，而不是指挥其运营。遵循麦卡勒姆的一项关键原则——"适当划分职责"，日常调度的权力落到了下级部门主管手中。[30]

这证明了我们在前几章中提出的基本主张，即当低级管理者或雇员拥有做出正确决策所需的具体知识时，授权责任是完全合理的。然而，授权既有好处也有坏处：协调的缺失、行为的随意性、决策缓慢，等等。事实上，麦卡勒姆的设计不仅强调授权，还强调部门主管向董事会报告，董事会密切监控这些被赋权决策者的表现。

麦卡勒姆是发展几乎实时地汇报重要指标（我们现在称之为"关键绩效指标"或KPI）的一位先驱，比如每吨英里的成本和每辆车的平均载重量。换句话说，这种模式的目标不是授权或劳动者赋权本身，而是分离（由当地运营者承担的）日常运营责任和（由董事会承担的）绩效监控、战略、长期规划。麦卡勒姆的图是试图提高董事会的工作效率——而不是完全取消董事会。

换句话说，一个设计良好的科层制度是中心化和去中心化的结合：它将活动委托给那些"实地"人员，他们拥有相关的本地

---

* 即CEO、CFO、COO、CMO等企业最高管理层。

知识,能最出色地完成这些活动,同时期望更高级别的管理者进行协调、评估和战略规划。

科层制度有多种形式,管理权威在各种组织类型中得以行使。中心化和去中心化之间的确切结合会随着时间和情况而变化。管理者应努力平衡每种方法的优缺点,找到最适合其情况的中心化和去中心化的结合。

如果无法实现这种结合,会发生什么?学术文献和大众文献充斥着对过度集中化的警告,它会导致雇员士气低落、创造力受抑制、倦怠,并使公司无法适应变化。但如果一家公司不够中心化会发生什么?极度扁平的组织会有什么问题?下一章将探讨扁平化的一些弊端,它们在对组织的讨论中——尤其是在无老板公司叙事中——几乎全部被忽视。

第十二章

为什么你（可能）需要更多的科层制度？

基地组织在2001年9月11日对美国发动的袭击是美国历史上最致命的恐怖行动。近3000人丧生，受伤人数几乎是死亡人数的十倍，基础设施和财产损失超过100亿美元。恐怖分子发动的一系列袭击包括2009年圣诞节"鞋子炸弹手"理查德·里德在从阿姆斯特丹飞往底特律的航班上试图引爆炸弹，以及一名双重间谍在阿富汗的中央情报局基地发动的自杀式爆炸。

一直以来都难以找出这些袭击事件的起因以及当局未能阻止这些袭击的原因。每起案件都有所不同。在"911"袭击事件中，明显的直接原因是奥萨马·本·拉登的策划和驾驶飞机撞向双子塔和五角大楼的恐怖分子。但间接原因是缺乏侦查和阻止此类袭击的情报能力，尽管美国和其他地方的大型情报和安全行动旨在做到这一点。情报界是否因缺乏科层制度而受到阻碍？

2002年的《9/11委员会报告》指出，"'911'袭击暴露了四种失败：想象力、政策、能力和管理。"[1] 他们本可以使用"组织"一词来代替"管理"，至少经济学家路易斯·加里卡诺和法学家理查德·波斯纳是这么认为的：

美国的国家情报机构……由16个不同的正式机构组成，非正式的超过了20个。每个机构都受到强大的政治机构和官僚机构的支持。

9/11委员会的报告指出，情报失误导致"911"袭击者完全出其不意，五年半之后，报告所强调的问题仍然存在：我们了解到，存在着多份不同且互不共享的恐怖分子名单；多个无法汇总收到的情报的机构（国务院、中央情报局和国家反恐中心）；……从美国监狱释放出来的恐怖分子成为海外基地组织的领导人。人们感觉没有人在负责。[2]

"人们感觉没有人在负责"是一个严厉的指控。对于情报和国防机构等庞大的官僚机构来说，缺乏协调是一个大问题。当不同的机构被赋予不同的任务时，去中心化的情报收集可能是有效的。例如，许多国家都有一个专门负责内部情报的部门和一个专门负责外部（外国）情报的部门，例如英国的军情五处和军情六处（詹姆斯·邦德的所在地）。这些任务非常不同，因此将它们分开是合理的。有时情报信息可以被"人群"提取和共享，例如匿名的自下而上的文件报告和传播网站，如维基解密。经济学家阿门·阿尔钦于1954年通过观察开采和销售各种稀有金属的公司的股价，发现美国正在使用锂作为氢弹的裂变材料。[3]

但总体而言，从市场人群中获取有用信息并非易事。十多个部分重叠且相互竞争的机构可能会妨害情报工作。这将导致工作重复、地盘之争和角色冲突。最重要的是，必须汇编、评估和综合共同收集的信息，如果各机构不合作，这项工作将非常困难。

为了改善各部门之间的协调，布什政府成立了新的内阁级国土安全部。它包括已合并为美国公民及移民服务局（USCIS）的前海关、归化和移民局、新成立的运输安全管理局、联邦紧急事务管理局、美国海岸警卫队、特勤局以及十五个其他局或部门。奥利弗·威廉姆森在2009年诺贝尔经济学奖获奖感言中回顾了导致"911"袭击的协调失败以及随后重组美国情报和安全部门的尝试，他说："美国有一个经济顾问委员会；我期待有一天也有一个组织顾问委员会。"也许这样的委员会可以预见到国家安全委员会（它本身是经济顾问委员会的灵感来源）所忽视的潜在问题。

叛乱分子有目标，但没有领袖

还记得在2019年和2020年引起很大轰动的环保团体"反抗灭绝"（XR）吗？这个英国团体组织了一系列游行，封锁了伦敦的主要街道和主干道。尽管XR充满战斗精神，但它还是得到了公众的广泛支持。它的滑稽举动甚至促使英国议会宣布"气候紧急状态"。XR随后遭遇了两起事件。第一起是新冠疫情，这让公众抗议变得更加困难。第二起则是内战。[4]

XR采用了"无老板"——合弄制的流动方法，即个人自发组织成临时团队来完成特定任务。因此，XR摒弃了传统的科层制度，转而采用自组织、部分重叠的"圈子"。这种方法对于参与本地小规模抗议的组织来说很有意义：每个圈子或本地团队都可以独立于组织的其他部分协调自己的行动。

这是众所周知的半自治"细胞"结构，革命运动经常使用这种结构，特别是在为某种大规模革命做准备以推翻既定秩序时。但细胞结构及其现代对应结构（如合弄制）使得协调更大规模的事情并就战略的重大变化达成一致变得困难。

当这种需求出现时，"隐形"或潜在的科层制度通常会变得非常明显，真正的权力持有者会走到聚光灯下。"反抗灭绝"也不例外。导火索是一场关于策略的辩论：XR应该继续其激进的做法，还是应该软化语气并与政客谈判？XR的创始人盖尔·布拉德布鲁克和罗杰·哈勒姆代表了激进的做法，而领导XR政治团队的法哈纳·亚明则呼吁采取更务实的做法。最终，这两个立场之间的根本分歧是无法跨越的：

> 亚明女士的派系被谴责为叛徒。他们被置于"冲突与解决圈"的制裁之下，一位内部人士说，"这基本上是嬉皮士说'滚开'的方式。"这让哈勒姆的组织获得了更多权力，他们认为更冒险的行动会激起政府的严厉回应，从而赢得公众的同情。该组织中头脑冷静的人说，他们花了2019年夏天的大部分时间与疯狂的想法作斗争。一位内部人士称，其中一个想法是在高峰时段将数千名青少年粘在伦敦地铁车厢上。一个更为克制的版本导致两名活动人士被愤怒的乘客从火车车顶上拉下来。关于是否以希思罗机场为目标的争论变得特别混乱。[5]

部分问题在于，从一开始，XR就是一些截然不同的群体的集合体，他们有着不同的目标，对正确策略有着不同的看法。它没有一种有效的方法来做出集体决策，当最初的创始人试图维护他们的权威时，事情就偏离了轨道。《经济学人》简洁地指出："XR已经成立了一个行动委员会，它将裁决内部斗争。它只是还没有开会。"[6]

总之，过于扁平的组织结构让XR无力行动，由于没有很好的办法处理合作问题，问题升级为冲突，而冲突导致成员失去动力和协调行动的能力。

我们在革命运动中一次又一次地看到这种模式，特别是那些缺乏领导力、明确目标和协调手段以实现长期目标的运动。当然，革命是复杂的，革命者的组织结构只是影响结果的一个因素。但革命并不是缺乏领导地位和中央协调的唯一例子。2021年初，一群红迪网（Reddit）用户合力推高游戏驿站（GameStop）、AMC、诺基亚和黑莓的股价，以惩罚大量做空这些股票的华尔街对冲基金。"红迪网轧空"让大基金损失了120多亿美元，引发了大量诉讼和监管审查，但并未导致交易系统的根本变化。[7]

同样，黑命贵（Black Lives Matter）运动在2013年乔治·齐默尔曼在特雷沃恩·马丁案中被判无罪后兴起，并在2020年乔治·弗洛伊德在明尼阿波利斯被警方拘留期间死亡后在全国范围内爆发，该运动一直受到内部冲突的困扰，部分原因是缺乏正式的结构。黑命贵是一个松散组织的地方团体网络，由联合创始人艾丽西亚·加尔扎、帕特里塞·卡勒斯和奥珀尔·托梅蒂领导，他们领导着黑命贵全球网络基金会，该基金会是一家合法注册的501（c）3非营利组织，与潮汐基金会（Tides Foundation）有关联，并与黑命贵政治行动委员会和地方组织网络黑命贵草根（BLM Grassroots）有关联。2021年，卡勒斯因有关她个人财富的新闻报道辞去了基金会执行董事一职；她在更广泛的黑命贵运动中的角色尚不清楚。根据2020年12月的《政治家》报道：

> 从一开始，"黑命贵"运动就是一项草根运动，诞生于街头，没有中央科层制度。其理念是：将权力中心化在其成员即人民的手中。
>
> 这种情况正在改变。经过一个夏天的抗议活动，黑命贵运动成为家喻户晓的话题，运动的高层正在采取一系列行动来改变其权力结构：组织政治行动委员会，建立企业合作伙伴关系，增加第三个组织机构并要求会见当选总统乔·拜登。
>
> 这些举动引发了队伍的叛乱。十个地方分会正在切断与"黑命贵全球网络"（即全国领导层）的联系。他们对其剩下的联合创始人帕特里塞·卡勒斯担任该组织的执行董事并在没有他们参与的情况下做出这些决定感到愤怒。对某些人来说，这一举动表明了对其"领导型"结构的谴责，这种结构让每个成员都有平等的发言权，并阻止任何人（包括创始人）越权。[8]

显然，黑命贵内部存在着矛盾，一方希望它成为一个无老板的组织，另一方认为需要更多的结构，但从前者过渡到后者并非易事。社会学家法比奥·罗贾斯展示了20世纪60年代的"黑人权力"运动是如何在大学创建黑人研究系的过程中制度化和正规化的。[9]黑命贵能否走上类似的道路并对公共政策产生持久影响还有待观察。

公司内部过于去中心化

这些案例表明，政治和社会运动中可能会出现过度的去中心化。当然，在结构崩溃之前，什么程度才是"过度"并不总是显而易见的。美国情报机构组织中的弱点只有在大规模袭击之后才会显现出来，而要防止大规模袭击需要多个机构之间持续的协调努力。XR的弱点只有在去中心化导致组织内部出现严重裂痕并引发内部冲突时才会显现出来。黑命贵的挑战在它成为家喻户晓的名字并且预算猛增后才显现出来。

在这方面，公司也一样：它们也可能过于去中心化。奥迪康和美捷步尝试过彻底地去中心化，但走得太远了。更普遍的是，管理学文献中充满了对"孤岛"（silos）的担忧，即公司中一群人变得孤立，与组织的其他部分脱节。当然，运营单元有一定的独立性可能是件好事，尤其是像伯克希尔·哈撒韦这样组织松散、由独立业务组成的公司。但大多数公司需要整个组织内一定程度的协调。

看看西尔斯在2013年面临的问题。西尔斯采用了去中心化的结构，希望加强雇员的积极性。但这导致个人和团体主要关注

自己的利益:

> 正如一些雇员所担心的那样,各个业务部门开始只关注自己的盈利能力,不再关心整个公司的福利。据几位前高管称,服装部门削减了劳动力以节省资金,因为他们知道其他部门的地推销售员必然会弥补这一不足。店内陈列品引发了地盘之争。没有人愿意牺牲定价来增加店内客流量。[10]

或者以戴姆勒-克莱斯勒为例,这是有史以来最大的工业合并案。合并后公司的CEO尤尔根·施伦普未能在克莱斯勒和戴姆勒两家公司之间实施统一标准。合并的全部理由是实现规模经济。但只有两家公司采用统一标准,实现通用平台制造,才能实现规模经济,这种模式允许不同车型共享许多基本部件。当然,平台方法可能非常有利,但它需要大量的协调。由于合并后的公司缺乏中心化和协调性,它未能实现承诺的规模经济。

XR、西尔斯、戴姆勒-克莱斯勒和类似组织都遭遇了"协调失败"——如果他们能说服更多个人和团体合作,他们本可以创造更多价值。"协调"此处指的是弄清楚应该做什么、由谁做、何时做、如何做以及做多少才能创造价值。生产规划和物流就是关于这种协调的。但公司内部和公司之间发生的许多其他事情也是如此——或者在家庭、家人和朋友之间也是如此。

问题在于,协调的方式并不总是显而易见的。回溯到四五十年前。当时的抗议活动组织起来要困难得多,因为人们无法使用如今的数字技术，而如今的数字技术可以快速而廉价地协调甚至是现场的大规模集会，就像十年前的快闪族现象一样。与20世纪50年代相比，XR和类似运动组织封锁伦敦主要干道等活动要容易得多。技术使去中心化的团体能够组织起来，运用经济学家约翰·肯尼斯·加尔布雷斯所说的针对大型、强大企业的"制衡力量"。[11]

事实上，无老板企业的大部分情况是，没有老板的组织成本大幅下降。如果我们都可以通过手机和类似设备实时协调，为什么还需要老板告诉我们做什么、什么时候做、在什么层面做？好吧，尽管可以轻松获得最先进的数字技术，但美国情报机构和XR似乎仍然难以协调。奥迪康和美捷步也是如此。即使实时协调的成本可能已经下降，但它们肯定仍然存在。实时协调价值链或大规模软件开发工作可能比协调为了一个目标或一份事业而联合起来的同龄人（例如其他年轻人或学生）之间的快闪活动或抗议活动复杂得多。

还有一个因素使得协调问题并不简单，而且尽管有了数字技术仍可能持续存在，那就是人的心理！生产部的一位经理正在等待IT部的同事来重新编程两个无法正确执行操作的机器人。IT部告诉这位经理，由于时间安排冲突，他们被推迟了。生产经理可能会生气，随着压力的增加，他变得越来越烦躁。当IT人员终于到达时，他对他们大喊大叫，指责他们迟到。协调问题导致了冲突。

或者想象一下，一家公司的各个职能部门（例如销售、运营、后台、物流和现场工程）密切合作，使购买、交付和安装一种新的优质光纤产品成为一种无缝的客户体验。该公司很快就因为出色的处理流程而声名鹊起，新产品的销量也一路飙升。管理层非常高兴，并希望以巨额奖金奖励相关职能部门（分配给雇员）。为了公平地分配奖励，管理层要求各职能部门报告他们在成功流程中的作用。作为回应，所有职能部门都夸大了自己的努力，这并不是因为他们不诚实，而是因为人的心理：我们倾向于系统地夸大对共同努力的贡献。很容易看出这如何产生冲突：虽然我可能无意中夸大了我的努力，但其他人可能对我的贡献有一个客观的评估。如果他们告诉我（或者我发现他们告诉经理）我的贡献比我想象的要少，我会很不高兴。

因此，即使是完全诚实、毫无欺骗意图的个人和公司，也可能最终产生严重分歧并陷入冲突。此外，冲突往往会升级。管理者的一个重要职责是确保流程协调一致，避免冲突。如果确实出现冲突，减少冲突是另一项关键的管理任务。

相比之下，一旦发生冲突，合作的独立公司可能很难减少冲突。将案件诉诸法庭往往会使情况变得更糟。近期的商业历史充斥着诸如2011年大众-铃木联盟协议破裂之类的事件，该协议旨在允许铃木使用大众的大部分电动和混合动力汽车技术，而铃木将向大众提供自己的技术以及进入印度市场的机会。

可悲的是，这种合作关系很快就因分歧和文化差异而破裂。2011年10月，铃木声称大众违反了合同，特别是未能移交混合动力技术。一个月后，两家公司终止了合作协议。当铃木要求大众归还其近20%的股份时，这家德国公司拒绝了。争端最终诉诸国际仲裁法庭。

大众-铃木合同中的分歧可能反映了文化差异和误解，并最终升级为全面冲突。这表明协调往往与合作混为一谈。然而，管理者的一项关键任务是通过规划、定义操作程序和惯例以及沟通来降低此类情况下的冲突可能性。

过度去中心化也可能损害合作

协调问题是指让雇员以公司的最佳利益行事，即使做些稍有不同的事情会给个人带来更多利益。例如，老板希望我与销售团队的另一名成员分享客户信息，但我想成为本月的销售冠军，所以我会保留一些信息。为了缓解这个问题，老板可能会尝试更直接地监视我，将个人销售奖金改为集体销售奖金，或者完全取消奖金制度。但这些补救措施会导致其他问题。在这种情况下，通常没有完美的解决方案，只有权衡。

公司越去中心化，出现此类协调问题的可能性就越大。雇员自主权和对自组织团队的依赖可以极大地激励雇员，并充分利用雇员的专业知识，但结果可能是个人和团体无法很好地与其他个人和团体合作。他们可能说的不是同一种语言：有个老笑话说，"PC"对研发人员来说是"安慰剂对照"（placebo control），对与监管机构打交道的部门来说是"临床前"（preclinical），对IT部门来说是"个人电脑"（personal computer），对HR来说是"政治正确"（political correctness）。当然，公司不同领域的雇员和团队有不同的教育和社会背景。但这些差异也是社会化的结果——即逐渐采用与我们经常互动的人的思维方式。这种"框架"上的差异可能是雇员之间和部门之间摩擦的根源。

有时简单的规则就能使协调发挥作用。在大多数国家，人们在道路右侧行驶。在英国和一些前英国殖民地或英国以前实行殖民统治的地区，人们靠左侧行驶。这两种制度本身没有优劣之分，但最好在同一条道路上每个人都遵守相同的习俗！其他易于陈述、传达和理解的社会习俗也是如此。红色表示"停止"，绿色表示"前进"。说话时要让别人能听到，但要保持个人空间。使用英语（法语、普通话或斯瓦希里语）。

在其他情况下，要么需要更复杂、更灵活、更微妙的规则或规范，要么管理者需要权威来推动自上而下的协调。正如我们将在第十四章看到的，成功的管理者知道何时平衡基于规则、不干涉的协调方法和自由裁量权方法。但是，随着公司面临的突发事件的变化，中心化行使权力和授权的组合也会随着时间的推移而变化。因此，正如危机时期往往会发生的那样，2020年，许多CEO以各种方式重新掌控局面。杰夫·贝佐斯于2021年转任亚马逊董事会主席，从而"重新掌权"，马克·扎克伯格在脸书（现为Meta）也做了同样的事情。[12] 正如一位评论员所观察到的："CEO，尤其是亚马逊、迪士尼和脸书等大型公司的CEO，通常会将大部分任务委托给他们的直接下属、团队、参谋长，就像政府行政人员一样。但当事情变得艰难时，高管们往往会收回他们放弃的控制权，并亲自处理问题。"[13] 因此，在危机中，中心化显然会压倒去中心化，组织会变得更加科层制，决策权会更多地集中在高层。这是为什么呢？

当协调和合作问题激增时，扁平和无结构的组织就会陷入困境。要么是没有人负责控制这些问题，要么是少数负责控制这些问题的经理要照顾的事情太多了。错误不断发生，意想不到的瓶颈出现，到处都有时间安排的冲突。资源被浪费，互相指责开始了。雇员开始不信任其他部门（或他们自己的部门）的雇员和他们的经理。他们感到没有动力，于是偷懒了。生产力停滞不前。病假邮件变得越来越频繁。此外，正如我们在下一章中讨论的那样，企业家活动和创新活动可能会受到影响，尽管这似乎是违反直觉的。事实上，通过支持、推动和培育新产品和服务、新生产方法以及进入新市场，科层制度可以有利于创新。

第十三章

科层制度促进创新和企业家精神

克莱顿·克里斯坦森20世纪70年代初在杨百翰大学主修经济学,当时他按照摩门教徒的习俗休假两年,去执行任务。克里斯坦森被派往韩国,在那里他学会了一口流利的韩语。他以罗德(Rhodes)学者的身份进入牛津大学,之后在波士顿咨询集团工作,并在获得哈佛大学MBA学位后进入里根政府任职。在领导他联合创始的一家科技公司之后,克里斯坦森进入哈佛商学院攻读博士课程,并撰写了一篇关于磁盘驱动器行业的博士论文。

克里斯坦森注意到,磁盘驱动器的每一次创新(伴随着磁盘上可存储数据量的急剧增加)都不是来自大型老牌公司,而是来自规模较小、较新的公司。克里斯坦森将这种现象称为"创新者的窘境",并认为在位企业(incumbent firms)错失了创新机会,因为它们专注于最优质的客户,即那些要求最高性能的客户,而没有注意到更简单、更便宜的技术可以带来更高的性价比。克里斯坦森加入哈佛大学教职雇员队伍后,将他的想法推广到各个行业,并于1997年将其出版为《创新者的窘境:领先企业如何被新兴企业颠覆?》,这本书成为过去25年来最著名的商业书籍之一。[1]

克里斯坦森的书推广了"颠覆性"创新的概念,即一种新技术或生产方法,它不仅将新产品推向市场,还扰乱了行业结构,使占主导地位的公司被新进入者取代。(颠覆性创新不同于"持续性创新",后者保持了现有的市场结构不变。)其基本观点是显而易见的,也是最近备受争议的主题:大型老牌公司专注于为特定客户——即要求最高的客户——改进其产品,这些客户的业务对公司的盈利能力至关重要。[2] 因此,这些公司忽视了细分市场,在这些市场中,客户重视价格、易用性或简单性而不是性能。这些细分市场可能是小型进入者的目标,它们以较低的价格提供足够的功能。老牌企业往往会忽视这些进入者,直到后者进入高端市场并开始在不同细分市场中展现竞争力,甚至可能迫使在位企业采用进入者的产品。这就是颠覆。正如克里斯坦森所说:

> 一般来说,颠覆性创新在技术上是直截了当的,由现成的组件组成,这些组件组装成的产品架构通常比以前的方法更简单。它们较少提供成熟市场客户需要的东西,因此很少能在那里得到最初使用。它们提供了不同的属性包,这些属性只在远离主流、对主流来说不重要的新兴市场中受到重视。[3]

想想福特T型车,它比1908年市场上的其他汽车更便宜、更容易维护;它填补了一个空白,取得了巨大的成功,尽管客户可以选择任何颜色——只要是黑色。台式电脑的功能要弱得多，执行的任务也比20世纪70年代末和80年代初主宰商业世界的大型机和小型机少得多，但它易于使用、价格便宜得多，足以执行日常办公任务——这让微软、英特尔、戴尔、康柏和其他电脑硬件和软件提供商大获全胜，而DEC、通用数据（Data General）、王安和霍尼韦尔则惨遭淘汰。第一款数字音乐播放器及其MP3文件在重现声音方面比黑胶唱片差很多，但你可以在口袋里装上一千首歌曲，这有助于iPod（以及它更具变革性的继任者iPhone）和数字音乐平台最终彻底改变音乐产业。

大企业能够创新吗？

克里斯坦森展示了在位企业如何因为专注于目前最赚钱的客户而经常错失投资新技术、新市场和新行业的机会。但他并没有说在位企业无法创新，也没有说所有行业都适合颠覆，而是认为颠覆只有在满足某些条件时才会发生。然而，在我们为高管开设的课程中，我们看到克里斯坦森的理论被广泛误解为一种关于老牌企业如何无法应对创新带来的竞争威胁的一般理论。这并不奇怪，因为这个更普遍的故事是管理学民间传说的一部分。它在商业杂志、大师和顾问中被一遍又一遍地复述。故事大致如下。

老牌科层制企业过于沉迷于过去的成功，以至于忽视了新的、有利可图的商业理念。他们拥有一批中层管理者，他们的主要工作似乎是抑制新理念，也许通过"杀手并购"来阻止目标公司推出可能威胁老牌企业的创新。⁴ 职位描述很狭窄，以至于雇员们将专注于简单的职能和小的目标。老牌公司缺乏监控内部和外部环境的系统，缺乏吸收可能成为成功创新的好想法的系统。

根据这个故事，大公司要么生产平庸的创新产品，要么根本不创新。想想内置MP3播放器的Oakley Thump太阳镜：易碎、丑陋、音质差，这款产品在2004年推出时售价为400美元。或者2002年史密夫韦森试图生产……自行车。还记得造型奇特的庞蒂亚克·阿兹泰克（Pontiac Aztec）吗？雷热（Razor）的爆炸式气垫滑板？巴诺（Barnes & Noble）旨在与亚马逊的Kindle竞争的Nook？或者微软试图击败iPod的Zune？每个人都知道柯达未能占领数码相机市场的故事，这是所有MBA战略或创新课程中都会讲到的警世故事。

总体而言，僵化的程序、令人窒息的官僚体制、爱管闲事的中层管理者和缺乏远见的高管会扼杀创造力、知识共享、自由和自发性，从而扼杀企业创新，为小型、灵活的公司打开了大门，这些公司通常是扁平科层制度的初创公司。或者至少他们是这么说的。

我们都听过很多次的这种信息，是围绕一些"精挑细选的"、引人注目的例子构建叙事的另一例证。它是无老板公司叙事支持者的口头禅，他们抨击公司科层制度，称其对企业家精神和创新具有敌意。

让我们考虑一下"单元X"，它是一家大公司的一部分，致力于通过发明激进的新技术来解决人类面临的重大问题，并做出"登月"式的尝试。单元X的管理原则是自下而上的，组织方式与威尔乌等无老板公司非常相似。它是自由自在和无政府主义的。一位经理的头衔是"准备与现实世界接触的登月计划负责人"。

单元X参与的项目（通常处于初始阶段）包括将电能储存在熔盐中、为糖尿病患者制造可跟踪血糖水平的隐形眼镜以及生产送货无人机。单元X还考虑在北极周围建造一个巨大的铜环，以便利用磁场发电。虽然这个想法被放弃了，但你可能每天都会使用其他单元X产品。你是否在互联网上搜索过某些东西？你是否需要翻译某些东西？那么你正在使用源自单元X的技术。

你可能已经猜到了，单元X是真实存在的：单元X是谷歌的"X"部门，专门进行激进创新。它代表了对"大公司不能创新"这一说法的重要反驳。此外，世界上许多最大的公司（不仅仅是科技大公司）也具有高度的创新能力。回溯到一个世纪前的1924年，当时美国电话电报（AT&T）和西部电气（Western Electric）成立了贝尔实验室（Bell Labs），这是他们的电信研发工厂，开发了第一批晶体管、激光器和光伏电池。贝尔实验室拥有一万七千多项专利，其科学家因在那里所做的工作获得了九项诺贝尔奖。正如乔恩·格特纳在其2012年出版的《贝尔实验室与美国革新大时代》一书中所说："在20世纪很长一段时间里，贝尔实验室是世界上最具创新性的科学组织。它可以说是世界上最重要的商业组织之一，无数企业家基于实验室的基础创新建立了自己的企业。"[5]

顶尖科技公司都设有企业研究实验室，谷歌就有很多，包括谷歌人工智能（以前为谷歌研究）、谷歌机器人技术以及先进技术和项目。[6]

因此,科层制度可以成为创新的朋友,而不是敌人。最近的一个例子是制药业两大巨头辉瑞和强生以及新晋公司莫德纳(Moderna)迅速研发新冠疫苗。这些疫苗利用了公共资助的研究,当然,这些公司和世界各地的许多其他公司都是由政府直接出资研发疫苗的。然而,如果没有大公司运转良好的创新机器,疫苗的实际开发、生产和分发可能会慢得多。

但是,如果科层制大公司仅仅通过收购结构更扁平的小公司就能实现创新,情况会怎样呢?毕竟,企业历史上有很多传统公司收购行业中更精简、更具创新力的新兴公司的例子。当生物技术在20世纪70年代中期开始取得真正的进步,生物技术制造药品的前景成为可能时,大型制药公司就产生了兴趣。

收购或股权投资可能看起来是创新的另一种选择。如果公司可以等一家小企业开发自己的生物技术研究能力,然后收购它,为什么还要自己来做呢?例如,1990年,霍夫曼-拉罗氏公司(现为罗氏公司)收购了基因泰克(Genentech)的多数股权,基因泰克是风险投资家罗伯特·斯旺森和生物化学家赫伯特·博耶于1976年创立的先驱公司。如果你仔细观察,就会发现这种收购的目的不仅仅是控制产品或技术或消灭竞争对手,而是获取目标公司的知识和能力。

2012年,脸书CEO马克·扎克伯格在致首席财务官戴维·埃伯斯曼的电子邮件中(该邮件于反垄断听证会披露),解释了他收购Instagram(后来成为脸书的子公司)等较新、较小的公司的战略:

我并不是说我们收购它们是为了防止它们以任何方式与我们竞争。收购它们将给我们带来人力和时间,将他们的创新融入我们的核心产品,这就是我们进行整合的方式——并非真的在合并产品。我最兴奋的是,如果我们努力将他们的发明融入更多人的体验,这些公司可以一起做些什么。[7]

换句话说,即使一家规模较小的公司因其创新产品或技术而被收购,并作为独立业务部门运营("绿地"运营),收购方仍可以整合其知识和能力。这是科层制度的好处之一:可以授权并赋予下属部门(有限的)自主权,同时保留全公司协调与合作的责任。设立具有独特职责的特殊子单元是科层制度的一个特点,而不是一个漏洞。

科层制度如何激发创造力、敢于冒险和创新?让我们仔细看看。

小就美吗?大就丑吗?

杰出的经济学家和社会评论家约瑟夫·熊彼特认为,只有成功的大企业才能负担得起将新商品和新服务推向市场所需的研发费用。无老板公司叙事的主张恰恰相反——管理科层制度阻碍了创新。更便宜、更模块化、更灵活的创新战略本来就不需要科层制度;正如我们所指出的,克莱顿·克里斯坦森的"创新者窘境"被广泛解读为一种一般性的解释：大型、占主导地位的在位企业如何系统性地错失属于较小、较新的后起之秀的创新机会。

事实上，大量关于企业家精神、创新和成熟的科层制企业的研究都强调了这些企业在发挥企业家精神中所面临的**困难**。一项研究关注的是奖励。与几十年前相比，现在公司之间和公司内部的薪酬差异要大得多。不过，拥有受薪雇员的大公司可能很难复制初创公司的强大激励机制，因为初创公司的成败取决于创新。

大公司可能会出什么问题？想象一下，你是一家大型制药公司实验室的研究科学家。你有一个好主意，如何使用人工智能筛选大量分子，以找到可以针对特定疾病进行药物开发的分子。

你知道，解决这个问题将带来丰厚的奖金或晋升。随着创新步伐的放缓，人们纷纷谈论药物发现和开发的"危机"。（美国食品和药品管理局药物评估和研究中心批准的"新分子实体"数量在过去几十年中稳步下降，尽管过去几年速度有所加快。[8]）大型制药公司对有前途的新想法非常感兴趣，因此如果你发现有价值的新分子，你可以期待获得丰厚的回报。

但你也知道，突破性药物价值数十亿美元；辉瑞的抗胆固醇药物立普妥（Lipitor）已经赚了大约1500亿美元，关节炎药物修美乐（Humira）为艾伯维（AbbVie）创造了超过1000亿美元的收入，其中仅一年（2019年）就赚了200亿美元。无论你的奖金多么丰厚，都只是你帮助创造的价值的一小部分。这值得付出努力吗？

即使你的主管想要慷慨解囊，管理者也知道，给一些雇员非常高的奖励可能会让其他雇员羡慕不已。科层制度往往会向低绩效者支付过高的薪水和向高绩效者支付过低的薪水（相对于他们的价值），以此来"压缩"工资使每个人都满意，尤其是当工人可以轻易比较他们的工作和薪水时。[9]这种薪酬制度可能会打击雇员的积极性。如果雇员感到自己没有受到重视和奖励不足，他们可能会做出离职的反应——"分拆"创立自己的公司，带走他们的知识（也许还有几个关键的同事）。通过经营自己的公司，他们可以把起初在他们离开的公司探索的想法所产生的利润流据为己有。

其他研究表明，创新能力下降是因为高层管理者的认知盲点，这些盲点使他们忽视了环境中的威胁。加拿大战略学教授丹尼·米勒通过创造"伊卡洛斯悖论"（Icarus Paradox）的概念抓住了这一点。[10]在希腊神话中，伊卡洛斯是代达罗斯的儿子，代达罗斯为克里特岛国王米诺斯建造了迷宫。（它的功能是关押可怕的牛头怪，但这是另一个故事。）为了逃离克里特岛，代达罗斯用羽毛和蜡制作了翅膀。这是一项伟大的创新！但代达罗斯警告伊卡洛斯自满和傲慢的危险。自满会导致他飞得太低，海水的潮湿可能会堵塞翅膀。另一方面，傲慢可能会鼓励伊卡洛斯飞得太高，太靠近太阳，这会融化翅膀上的蜡。伊卡洛斯无视父亲的警告，在傲慢中飞得太靠近太阳了。翅膀上的蜡融化了，伊卡洛斯坠入大海而死。成功的公司同样会**因为**其过去的成功而失败，这导致过度自信，进而产生傲慢和自满。

尽人皆知的特百惠（Tupperware）是一种高品质的塑料食品容器，可用于整理冰箱中的剩菜剩饭（还有其他用途，如用作供小鸟戏水的水盆、急救箱等）。老一辈的人会记得那些淡雅色调的复古广告，上面有这样的口号（又名"特百惠承诺"）："锁住新鲜，你就解放了自己。"特百惠是二战后由厄尔·特百创立的，当时杜邦公司要求他探索塑料在和平时期的用途。大萧条打击了园林绿化业务后，特百在一家塑料厂工作，一直在摆弄塑料成型机并致力于改进塑料容器。第一款具有商业可行性的产品是带有"打嗝密封"的神奇碗（Wonderbowl）（在《宋飞正传》的一集中，它被称为"锁住新鲜"的东西）。

最初，特百惠在商店的销量不佳，因此特百惠设计了另一种营销和销售渠道：特百惠派对。特百惠派对可能看起来像是灰色法兰绒套装时代（早期，特百惠女士的着装要求严格，包括戴白手套）的一部分，但它们在当今非常流行。（在所有地方中）仅在法国每年就有超过50万次这样的派对。[11]

尽管特百惠在全球各地的厨房中都有存在，但数十年来它一直处于困境之中。*全球销售额一直在下降，股价从2013年的90美元跌至2020年的3美元。[12]原因何在？塑料越来越被视为健康风险。一些塑料已被证明具有激素模仿特性，一些塑料与癌症风险有关。特百惠还受到某些女权运动的抨击，她们认为特百惠是一种迎合传统女性刻板印象的性别产品。轻便实用的塑料容器让家务变得更容易，并为许多女性提供了工作（特百惠销售代表），但它们带有一定的耻辱感。特百惠的经理们对这款产品如此着迷，以至于他们没有看到这些威胁：伊卡洛斯悖论在起作用！（特百惠的各种多元化举措——例如进军化妆品领域——似

---

* 特百惠已于当地时间2024年9月17日申请破产保护。

乎并没有成功。）

成功企业试图通过创新保持领先地位，而面临的另一个挑战是，这些企业的经营者是那些专业管理者而不是工程师或发明家（那些拥有深厚知识的人），甚至通常也不是创始人（那些对核心产品和服务有着最大热情和投入的人）。在多元化企业中，高管可能对子公司的日常运营和每个市场的细节知之甚少。他们还受到投资者和股票分析师的左右和季度收益报告的支配。研发是一项巨大的开支，可能会损害短期利润，即使未来有望获得巨大收益。公共资本市场的规律可能会让这些管理者"目光短浅"，因为他们可能只看到短期成本，而忽略了创新的长期潜力。事实上，我们中的一位（克莱因，与罗伯特·韦布克教授合著）提供了一些证据，表明大型多元化企业的研发投入少于规模较小、更专业化，但其他方面相似的竞争对手。[13]

因此，这一点并不令人意外：我们可以称作"小企业效应"的东西会对想象产生巨大影响。这种观点认为，相对来说，小企业（通常是初创企业）比大公司更具企业家精神和创新精神。[14]专家和评论员有时会指出考察企业规模与研发之间联系的研究。经验证据是混合的：在某些情况下，小公司拥有更高的研发销售额平均比率，但这种模式并非始终如一。

许多人认为，传统组织的、垂直整合的、高度多元化的企业，比如通用电气、大型汽车公司、大型烟草公司等，可能曾经发挥过重要作用：它们以低成本为大众市场大规模生产实物商品。但我们现在拥有知识型经济，服务占主导地位，定制和专业化产品是关键。在这样的经济中，保持竞争优势需要不断创新，而传统的科层制度并不擅长这一点。将柯达等未能发现下一个最佳选择的企业纳入这一论点，这个例子似乎很有说服力：科层制度不利于创新。据说，大公司顶多能尽量不扼杀创新，保持不干预的方式，让新想法自下而上涌现，就像奥迪康的意面式组织方式，或者像谷歌的X一样设立一个自主创新部门。不幸的是，根据这一论点，这种方法通常不稳定。最终，高级管理者会过于强烈地想要干预和插手，然后创新就会消亡。

这一叙事的核心事实是，许多重要的近期技术突破都是由局外人（无论是初创公司还是行业新晋企业）取得的。苹果公司在成立后的前二十年是典型的颠覆性初创公司。在创建了第一台主流和流行的个人电脑和第一个商业上成功的图形用户界面后，联合创始人史蒂夫·乔布斯和斯蒂芬·沃兹尼亚克以及少数雇员战胜了大型主机和小型计算机公司。随着iTunes和iPod彻底改变了音乐行业，iPhone彻底改变了移动电话，21世纪的苹果公司成为成功进军远离其核心业务的新行业的典范。

再想想其他一些非常不同但影响巨大的创新：频闪灯、拉链、除颤器、高分辨率数字X光、直升机、安全剃须刀、连续铸造、生物磁成像、液压制动器、预应力混凝土、固体燃料火箭发动机、光学扫描仪和心脏起搏器。所有这些都来自小公司，其中许多是初创公司。所以这个名单就结束争论了，对吧？

不完全是。许多其他重要创新都来自大公司：集装箱运输（海陆运输）、激光打印（施乐）、智能手机（苹果）、多部门公司结构（杜邦）、晶体管（贝尔实验室/美国电话电报）、数码相机（柯达）、蛋白酶抑制剂（默克和雅培实验室）、等离子屏幕

（富士通）、混合动力汽车（丰田）、电吉他（吉布森）、派热克斯（康宁）、语音识别（IBM）、一次性尿布（宝洁）、碱性电池（联合碳化物）、电子助听器（西门子）、圆珠笔（永锋）和喷气发动机（梅塞施密特）。这些改变游戏规则的创新都来自在位企业。它们并不都是独立单元和自下而上流程的成果（由有远见的工程师和科学家开展的众所周知的"臭鼬工厂"）；许多都得到了高层管理者的特别支持。典型的例子是小托马斯·沃森参与IBM对360系统的开发，以及史蒂夫·乔布斯直接参与苹果公司的许多创新计划。

这些只是故事，对吧？我们能说得更系统些吗？我们可以。萨塞克斯大学长期以来一直坚持从事着创新史方面的顶级研究项目。经济学家布鲁斯·泰瑟研究了大学保存的创新数据，以了解哪种公司会产生哪种创新。他发现，虽然小公司的人均创新量比大公司高，但大公司往往会产生更有价值的创新。如果创新项目的目标是质量而不是数量，那么大公司就足以保持自己的地位。[15]另一项研究调查了耐用消费品和办公用品类别中的大量激进创新，发现在美国，这些创新更多地来自大公司，而不是小公司；尽管西欧和日本的情况正好相反，但这项研究总体上对"在位企业诅咒"这一普遍观点提出了质疑。[16]

总而言之，经验证据是微妙的。科层制大企业有时比更小、更扁平的企业更具创新性，但并非总是如此。背景很重要。

科层制度如何应对创新？

如果成功的大公司倾向于安于现状，不愿意改变现有的产品线和收入来源，而且不像那些无所顾忌的新兴挑战者那样"饥饿"，那么它们如何利用创新保持竞争优势呢？

要回答这个问题，让我们系统地思考创新，首先要注意到创新有多种形式。约瑟夫·熊彼特将创新分为五种类型：推出新产品或产品的新品质（例如，iPhone）；推出新的生产方法（亨利·福特的装配线）；开拓新市场（20世纪60年代日本电子产品进入美国和欧洲市场）；建立新的供应源（全球制造业转移到中国）；或重组行业（约翰·D. 洛克菲勒对石油市场的整合或安德鲁·卡内基对钢铁行业的重组）。

熊彼特强调，创新是一种**价值**概念，即它与创造经济价值的产品或流程有关，因此不同于发明，后者是一种产生新装置的工程概念。换句话说，创新只是与产品、流程和组织方式相关的新想法的实际、"切实"实施。当我们用这个词来谈论公司做什么时，我们的意思是实施新产品、新流程或新组织方式的目的是创造（并占有）更多价值。

研究人员在描述不同类型的创新方面取得了重要进展。克莱·克里斯坦森区分了持续性创新和颠覆性创新。我们还可以对比渐进式创新（例如，从iPhone 12到iPhone 13，其处理器略好，屏幕更亮，内存更大）和系统性创新（从翻盖手机和单色黑莓手机到第一款拥有全屏彩色显示屏、触摸界面和应用商店的iPhone）。创新有时会非常迅速地传播，从少数早期采用者开始,然后迅速蔓延,直到整个市场都被渗透。例如,彩色电视于1960年左右在美国推出,到1965年,大约5%的美国家庭拥有彩色电视。到1975年,这一数字已跃升至近70%。微波炉、手机、个人电脑和家庭互联网接入也表现出类似的模式。相比之下,汽车、电话、电力和电动制冷等较早的创新需要更长的时间才能渗透到美国大多数家庭。

但是,我们如何衡量一个行业或社会的创新量?我们如何判断某个公司的创新性?这里引用的这些例子似乎是在挑挑拣拣。更系统地讲,我们可以尝试统计不同类型的企业和不同行业的新产品推出情况,但很难在不同情况下将这些衡量标准标准化。因此,研究人员专注于我们**可以**衡量的事物,例如研发支出(创新的投入)和专利(创新的产出)。不幸的是,这些并不是完美的衡量标准,而且从数据中无法清晰一致地看出是大公司还是小公司、老牌公司还是新公司、科层制公司还是扁平公司在研发方面投入更多,或者专利申请更多更好。与普遍的看法相反,当我们纵观整个公司和行业时,没有明确的证据表明,平均而言,大型公司、更成熟的公司或更科层制的公司比其规模更小、更新、通常无老板的竞争对手创新能力更差。

真正重要的是科层制度的**组织**。正如我们中的一位(克莱因)在与管理学教授马克·帕卡德和凯伦·施纳特利共同撰写的一篇论文中所指出的那样,管理者可以通过**赞助**(为较低层级开发的创新提供资源和"项目牵头人")、**自主权**(给予雇员试验和创新的自由)和**激励**(奖励提出有用创新的雇员)来促进创新。[17]

以戈尔为例，该公司鼓励自下而上的创新，其系统具有强大的激励机制、高度的自主性和非正式的赞助。戈尔通过提供"尝试时间"来鼓励其工程师进行实验——每周有半天时间专门用于追求雇员自己选择的想法。薪酬制度通过股权和创新奖金为创新提供了强大的激励。[18]

相比之下，苹果采用自上而下的系统来产生创新想法并开发新产品和服务，对创新提供的激励很少，自主权很小，并且需要对创新项目进行正式赞助。最高管理层评估所有潜在项目，并拒绝大多数项目。正如史蒂夫·乔布斯曾经解释的，创新"来自对1000件事说不，以确保我们不会走上错误的道路或试图做太多事情"。[19] 苹果试图鼓励一种普遍的创新文化，但没有为雇员创新提供具体的激励措施。尽管存在这种科层制结构，但没有人会指责苹果不是一家创新型公司！

戈尔的自下而上方法和苹果的自上而下方法都非常有效。苹果更依赖中央协调，因为其产品和服务共享通用的硬件和软件组件，是集成"生态系统"的一部分。（例如，iPhone包含专有的苹果硬件，运行苹果的iOS操作系统，连接到苹果的应用商店、Apple Music和Apple TV等。）相比之下，戈尔的项目组合更加模块化、独立。

研究文献中另一个有趣的发现是，大量依赖先进科学的研发往往集中在公司科层制度的顶层（例如公司级研究机构），而更普通领域的研发往往在公司较低层级部门的实验室中进行。[20] 这种"科层制"研发方法往往适用于那些专注于狭窄业务领域的公司，以及那些复杂技术可能需要科层制来跟踪进展的公司。这项研究还发现，更去中心化的公司往往在研发方面投入较少，研发效率也较低。[21]

中心化研发可以更轻松地协调研发工作，从而提高研发回报。此外，如果一家公司的研发人员集中在一个部门，那么它更容易实现专业化。一名研发雇员或一个由此类雇员组成的团队可以专注于探索一种科学或技术，而另一支团队则探索另一条路线。当研发分布在公司多个部门时，这更加困难。

科层制度的一个优点是，它可以根据这些特点适当地构建创新流程。例如，由于公司的研发依赖于先进的科学发现，因此在多大程度上需要高度专业化的研发人员？在某些情况下（例如戈尔公司），高层管理者可以选择不太直接参与——但他们可以做出选择。

管理者的角色

高层管理者对创新和企业家精神有多大影响？这又有多重要？以英特尔为例，这家位于加利福尼亚州圣克拉拉的科技公司由戈登·摩尔（他最著名的主张之一是摩尔定律，即每个芯片上的晶体管数量每年都会翻一番）和罗伯特·诺伊斯（集成电路的共同发明人）于1968年创立。安迪·格鲁夫长期管理该公司，他将英特尔打造成了世界上最大的半导体公司。英特尔的组织结构由高度独立的部门组成，这些部门按产品部门组织。与许多以产品为基础的公司一样，英特尔也使用矩阵模型和跨职能团队。

斯坦福商学院教授罗伯特·伯格曼是全球研究英特尔的顶尖专家之一，也是技术管理和战略方面的权威。伯格曼研究了英特尔各级管理决策与公司总体战略之间的相互作用。[22] 通常，战略制定过程如下：高层管理者在重量级顾问的协助下，与董事会和主要股东代表进行对话，制定公司整体战略。该战略重点突出公司的核心业务领域、公司将如何加强其在核心市场的地位（或者，偶尔，将如何离开其中一些市场），以及公司将在哪些新业务领域发展以及如何发展。然后实施和执行该战略。

当然，我们知道事情并不总是这样。最初规划的战略、随着时间的推移而出现的修订战略与最终实施的战略之间往往存在巨大差距。各种未曾预料到的事情都会发生——不仅仅是纳西姆·塔勒布称之为"黑天鹅"的重大、潜在灾难性事件，还有消费者需求、竞争对手反应和监管方面的普通变化。[23] 20世纪80年代中期，联邦快递希望在其包裹递送的核心业务领域增加新的层次。它开发了ZapMail，这是一种新的内部服务，用于使用传真机在联邦快递内部发送文件。打印出来的文件随后会送到客户手中，大大缩短了交付时间。虽然这个理由很合理，但未能考虑到一个关键的意外情况：越来越多的企业和个人正在购买传真机，这消除了联邦快递想象中的潜在市场。[24]

偏离预期战略的新兴战略也可能带来积极的结果。2010年上映的关于脸书起源的电影《社交网络》表明，扎克伯格最初为脸书（更确切地说是"Facemash"）制定的战略——展示各种哈佛女学生，并允许观众投票评选她们的吸引力——与迅速出现的将该网站发展为开放的全球社交网络的战略截然不同。

不管战略设计得多么精妙，它都是通往我们从未去过的目的地的路线图，我们从未仔细探索过这些领土。此外，伯格曼还教会了我们更重要的一点：战略不一定来自高层。有时，它会自下而上地自然而然地出现。

英特尔早在1971年就已制造出第一款商用微处理器芯片，但当时市场并不大。个人电脑几乎不存在；它们在20世纪70年代中期开始作为爱好者的套件出现，直到20世纪80年代才开始商业化。英特尔在20世纪70年代的主要业务领域是SRAM和DRAM内存芯片。在20世纪90年代，英特尔将其主要业务领域转变为微处理器，此举是为了应对计算机行业（尤其是个人电脑）的迅猛增长。这是因为英特尔的高层管理者观察到内存芯片正在成为商品，而微处理器将成为高增长、高附加值的产品，因此他们做出了将公司资源从内存电路转向微处理器的战略决策吗？

伯格曼认为，事实并非如此。当他研究英特尔在20世纪80年代初期的战略举措细节时，他发现大多数新的战略举措都不是来自高层，而是来自中层管理者。由于高层管理者离实际执行太远，他们仍然认为英特尔是一家内存公司，即使英特尔在内存领域的市场份额急剧下降。然而，英特尔已经培育出了一种强大的、去中心化的创新文化，这种文化授权中层管理人员无须寻求高管的明确同意即可投资创新产品——换句话说，他们遵循了戈尔采用的自下而上的模式，而不是苹果青睐的自上而下的模式。中层管理者观察到内存电路的销量下降，意识到公司在电路设计和工艺技术设计方面的能力可以转移到微处理器上，英特尔已率先进入该市场并且从未完全退出。结果，英特尔于1984年退出了内存业务——当高层管理者意识到发生了什么事情时，这一战略举措几乎成了既定事实!

伯格曼的叙述具有很强的叙事性、令人惊讶的结局、知名人物和弱势群体的胜利。它对我们思考战略和技术如何与管理决策交织在一起产生了极大的影响。与亨利·明茨伯格关于战略流程的许多有影响力的著作一样,伯格曼的分析表明,公司应该授权中层管理者设计和实施创新计划和流程,同时鼓励高层管理者采取不干预的方式。

伯格曼的说法并不完全符合无老板公司叙事;毕竟,有些老板,即中层管理者,在这种说法中是有用的。但伯格曼对高层管理者在创新过程中的作用持怀疑态度,并提出高管层成员缺乏参与创新过程的正确知识,应该置身事外,把创新留给更有能力的雇员。(无老板公司叙事将这种模式推广到公司几乎所有职能部门,而不仅仅是创新部门。)

在与领先的战略思想家杰伊·巴尼和丹麦管理学教授雅各布·林格西进行研究时,我们中的一位(福斯)最近质疑了这种思路。[25] 首先,我们注意到,自下而上的创新优越性的信念在无老板公司叙事中变得多么不可或缺。其次,作为当代商业讨论中普遍强调多样性的一部分,每个人似乎都同意多样性也有利于创新。

以丹麦设施服务管理巨头欧艾斯(ISS)为例。欧艾斯在40多个国家或地区拥有约40万名雇员。雇员背景非常多样化,许多都是移民。最近才担任欧艾斯CEO的马丁·范·恩格兰表示,根据与团队绩效数据相关的欧艾斯雇员调查分析,雇员在年龄、性别和文化背景方面的多样性"有益"。这个想法很熟悉:多元化团队识别和处理问题的能力更强（在一定程度上），这会带来许多创新改进，无论大小。[26]

虽然大部分讨论都集中在种族、性别和文化多样性问题上，但教育也经常被提及，特别是在创新方面。还记得15年前关于"创意阶层"的讨论吗？[27] 城市规划大师兼教授理查德·佛罗里达声称，拥有高水平和多种类型的创意、受过高等教育的专业人士以及"波希米亚人"的充满活力的大城市表现出特别高的创新活力和发展水平。这是一个非常令人高兴的消息，特别是对于任何一位市长、受过良好教育的专业人士或高水平的波希米亚人来说。佛罗里达卖了很多书。

但事情是这样的：我们都曾担任过大学中层管理者，担任过某个部门的负责人，而大学是一类以特定创意阶层（即学者）为基础的组织。我们都从事创新（思想创新）行业。学术界的知识工作者并不是最容易管理的人。自命不凡的现象猖獗，冲突不断爆发（因为，正如伍德罗·威尔逊、亨利·基辛格和华莱士·塞尔等人所说，"学术政治是最恶毒、最激烈的政治形式，因为赌注太低了"）。

大学是（或者有人会说**曾经**是）建立在多元化和高度自治理念之上的。但大学也是混乱的地方。大学的产出通常不在市场上买卖。许多关键雇员都是终身任职。换句话说，要创造创新文化，不仅需要拥有极具创造力的人才，还需要正确的组织结构和有效的管理。

为了找出自下而上的流程和多样性与创新之间的关系，巴尼、福斯和林西的研究包括对丹麦雇员和公司信息大数据集的分析。[28]他们发现，当雇员拥有高度多元化的教育背景时，创新就会得到促进。这是有道理的，因为教育程度的差异很可能导致雇员以不同的方式看待企业及其所做的事情。认知多样性有利于发现和解决问题，并提出创新解决方案。但教育多样性带来的推动作用并不大。自下而上的举措也是如此：赋予基层管理者参与创新活动的权利确实会促进创新。但如果我们还考虑高层管理者对创新过程的影响，就会发生一些事情：在多元化程度高、鼓励基层管理者采取与创新相关的举措的公司中，当高层管理者**也**参与创新过程时，对创新的影响会大得多——例如，当高层管理者提供总体想法并设定方向时。

换句话说，授权、自下而上的主动性和多样性有利于创新和创造力——但它们需要由管理科层制度来塑造、引导和修剪。从一个角度来看，这一发现并不令人惊讶。当人们真的存在差异时——比如在教育方面——他们会发现很难相互沟通和协调他们的努力。同样，如果过分强调自下而上的流程，协调通常会受到影响，正如我们在上一章中所说的那样。因此，创新需要管理和科层制度。但对于为什么当创新过程以自下而上的主动性和多样性为特征时，需要某种更高级别的控制，还有一个更微妙的原因。

奥迪康的意面式组织在创意生成方面取得了巨大的成功——它产生的创意远远多于它能够实施的创意。结果听起来可能令人尴尬，但事实并非如此。具体来说，由于可供选择的创意很多而资源有限，管理层必须选择那些它相信的创意。但是，当雇员（比如研发科学家）确信他们的想法会得到批准和实施时，他们可能会更加努力、更加聪明地工作。假设你被要求开发一种针对公司核心产品的质量或可靠性问题的特定新解决方案。如果没有总体方向，而且你的公司几乎什么都做，你可能会担心你的项目会被管理层拒绝进一步开发，或者公司的优先事项会发生变化，强调规模和折扣而不是质量和可靠性。你可能会花费大量的时间和精力在一个项目上，但这个项目却被搁置或放弃，甚至没有任何解释。这样的结果显然会让人失去动力。

因此，雇员在分配任务时喜欢得到一些总体指导。当然，这正是管理者，尤其是高层管理者所做的。通过制定游戏规则（即使在创新领域），通过描述要追求的特定领域或明确定义创新路径，管理者可以让那些考虑在创新上投入多少时间和精力的人充满信心。

即使是规模较小的创业公司也可以从管理科层制度中受益。最近的研究调查了大量德国科技初创企业，发现拥有中层管理者的公司比结构更扁平的公司更具创新性，尽管前者更"官僚"。[29]原因很简单：通过将日常任务委托给中层管理者，创始人可以专注于创新和长期战略。精心设计的科层制度是一种在团队中分配专业但互补的任务的方式。为什么每个人都要做所有事情？

开发和探索

科层制度还能帮助我们避免过度创新。你会说，什么？一家公司怎么会过度创新？这种情况确实会发生。例如，奥迪康曾一度开展过多的新项目，导致雇员感到沮丧。创新还存在一个更普遍的问题：管理者控制投入，但无法控制产出。

请记住，企业的目的（至少是其商业目的）是创造和获取经济价值。创新是长期创造和获取更多价值的关键，尽管它有时会危及短期盈利能力。但请记住，管理者并不控制创新的**产出**，他们控制创新的**投入**。想象一下，一位面包师傅，她拥有非凡的蛋糕设计技巧，并且对配料和烘焙技术了如指掌。大多数时候，她的甜点都很美味，但偶尔，即使是面包师傅，就像家庭厨师一样，也会制造烹饪灾难。也许是某种配料不好。或者她在测量时出错，或者把蛋糕放在烤箱里烤的时间太长了。也许配方不对。我们很多人喜欢看电视上的烹饪和烘焙竞赛节目，目的只是看看即使是专家也会犯错。

关键在于，管理者必须决定在创新上投资多少、支持哪些创新项目、如何激励研发人员以及如何处理研发项目之间通常出现的相互依赖关系（例如，在项目之间分配研发人员的工作，并分享一个项目的结果，而这个结果可能对另一个项目有用）。尽管管理者尽了最大努力，但他们无法保证一切都会顺利。当然，大多数公司都会投资多元化的创新项目组合来管理这种风险。但他们还必须确保，在追求新的创意产品和商业模式时，不会损害公司已经做得很好的领域。他们必须确保当前的活动不会因追求新奇和酷炫而受到太大干扰；不管林中双鸟有多诱人，手中的那只鸟仍然很重要。

想想声破天，我们在第五章中提到的瑞典流媒体巨头。它善于倾听客户意见并执行运营，不断改进，同时还承担重大创新项目。简而言之，它似乎擅长科技公司所做的**一切**！如果你认为这对大多数公司来说是一种不切实际的模式，我们同意。公司不可能擅长一切，也不应该试图做到。

为了创造价值并超越竞争对手，你需要善于管理当前的流程和资产，例如生产、物流、营销和劳动力。例如，玩具制造商乐高强调需要维护和发展其当前的运营模式，包括改善其价值链组织、响应需求以及与用户社区互动。这项持续的工作对于保持业务蓬勃发展和避免不必要的风险是必不可少的。然而，乐高的高层管理者也着眼于长远发展，包括开发新市场（例如中国市场）和扩展其数字业务。[30]

创新举措需要耐心、新思维和应对更深层次不确定性的意愿，才能成为未来价值创造的源泉。如果一家公司不参与"开发"（与创新相关的平淡而可预测的活动）的基本活动，如果一家公司缺乏"执行"（即执行力）和"探索"（与创造力、构思和创新相关的未知领域的尝试），其未来的生存就岌岌可危。维护库存、记账、监控生产线和管理典型的雇员顾虑都属于开发活动，而研发、新产品和市场开发、重组和长期规划则是探索性活动，它们承诺提供高额回报，但也伴随着巨大的风险。某些形式的创新（比如推出具有更快处理器、更多内存、更大显示屏和更好相机的新版iPhone）属于开发活动。第一代iPhone的推出，以及App Store、与各国运营商达成的独家无线协议以及iOS生态系统的其他元素（或者，用批评者的话来说，是"史蒂夫的围墙花园"）都属于探索活动。

做好开发和探索很难，同时做好两者更是难上加难。它们需要不同的管理方法，建立在不同的能力之上，并使用不同的资源。斯坦福大学教授查尔斯·奥赖利和哈佛商学院的迈克尔·图什曼提出了"双手并用"（ambidexterity）一词来描述同时进行开发和探索；他们认为，成功的双手并用组织将探索活动放在单独的业务部门中，这些部门融入整个公司，但在结构上独立。[31] 奥迪康的意面式组织模式似乎有效，至少在短期内，它使奥迪康成为一家更具创新性的公司。但在追求探索的过程中，CEO 拉尔斯·科林德失去了对开发的关注，正如我们之前所指出的，公司的创新管线（需要进一步开发的新产品和服务的有前途的想法队列）变得如此之长，以至于组织的其他部分无法跟上步伐。

简而言之，需要有人确保公司在探索和开发之间取得适当的**平衡**。自发的、自下而上的流程非常适合产生创意，而且往往会出现伟大的项目。但混乱、无组织的流程并不擅长在创意过程和更平凡的生产、销售活动之间合理分配资源和精力。

为了保持平衡，双手并用的公司会分出一个专门的创新部门，专注于探索，而公司的其他部门则进行日常的开发活动。在规模较小的公司以及创新和日常任务、项目高度相互依赖和互补的公司中，实现这一点更加困难。但即使在这里，精心设计的管理科层制度也可以帮助实现这种平衡。

可以肯定的是，如果企业要创新并保持领先地位，它们就需要有创造力、主动性强、不怕用疯狂的想法"冒险"的雇员。但创新不仅仅是拥有合适的人才的问题。创新者需要资源、资金支持、鼓励和项目负责人。单独的企业家和初创团队会从资助者、顾问和合作伙伴那里获得这种支持。（即使没有专业的天使投资者或风险投资公司，企业家也需要有人，哪怕只是朋友、家人和傻瓜这"三个F"。）

然而，在许多情况下，成功的创新发生在由管理科层制度指导的现有公司。这并不意味着流程从头到尾都是设计好的，也不意味着管理者在告诉研发人员该做什么。与一般的管理一样，正确的科层制度是提供结构、流程和指导方针的层级结构。管理者根据研发设施的物理位置做出组织设计选择；例如，在过去二十年里，大型跨国公司越来越多地将研发资源转移到快速发展的市场和国家，如中国、印度和巴西。与此相关的是，管理者要决定研发的中心化和去中心化：应该在中央实验室和设施中进行多少和进行哪种研发，而不是在业务部门的实验室和设施中进行。这类决定需要管理者做他们擅长的事情——从广阔的企业视角来看待问题。

管理者还必须建立和执行创新的"游戏规则"：如何资助实验和产品开发，如何选择重点项目，如何鼓励和奖励雇员的新颖性和创造力，以及如何管理项目和计划之间的相互依赖关系。

所有这些都与无老板公司叙事相悖，即科层制度会促进对现状的平淡遵循，扼杀创新和创造力，并阻止公司实现突破，从而保持行业领先地位。正如所有此类夸大其词的说法一样，事实更加微妙。正如本书所强调的，所有组织业务的方式都有利弊，不同的模式在特定条件下效果更好或更差。这对于创新和企业家精神以及任何行为或结果都是如此。更新、更小、更扁平的公司有时比更老、更大、更科层制的公司更具创新性。但面对资源限制、规模优势、强大的相互依赖性和类似因素，科层制度可以促进创新和企业家产出。和往常一样，魔鬼就在细节中。

第十四章

21世纪的科层制度

管理权威和科层制度将继续存在。在适当的条件下，它们是解决困扰人类互动的协调与合作问题的最佳方式。价格和市场虽然是做出经济理性决策的基础，但不能单独完成这项工作。公司及其所体现的权威和科层制度是对价格和市场的补充。它们使人的智慧和创造力得以在更大范围内蓬勃发展。科层制度还使专家能够在更大的结构内开展工作，从而赋予他们可预测性和可问责性。

科层制度在所有这些方面都做得很好——实际上做得非常好。无论你如何看待科技巨头，不可否认的是，它们确实在做它们打算做的事情：它们为我们提供新一代的技术硬件和软件；它们让我们以前所未有的方式分享新闻和信息，在家工作，自我娱乐；它们销售大量打折商品，直接送货上门。矛盾的是，正是微软和谷歌等"超级明星"公司的卓越效率让一些经济学家、律师、活动家和政客对它们感到不安。人们认为，这些公司拥有过多的经济甚至社会和文化权力，正是因为它们的足迹随处可见。

想想沃尔玛的220万名雇员，或者亚马逊的110万名雇员。一些大公司本身就是经济体，比一些小国的经济体还要大，而且可能运行得更好。它们能够发展到如此规模并保持领先地位，证明了它们的科层制度在提供市场需要的新商品和服务的同时，能够高效地应对协调与合作的基本挑战。科层制度已经证明了其存在的价值。

然而，我们并不是说科层制度和管理权威不会受到社会变化的影响——远非如此！过去几十年，价值观、人口结构、技术和商业惯例发生了巨大变化。正如本书所指出的，科层制度有不同的形式，可以根据不同情况进行调整。与"新经济"相关的变化——快速的技术进步、即时通信、基于知识而非物质资源的价值创造、全球意识和全球贸易的增强、劳动力受教育程度的提高、政治边界和价值观的变化——以及宗教时而令人惊讶的宗教韧性、种族和地方文化的持续相关性、政治和经济民粹主义的兴起，所有这些都表明，科层制度在应对21世纪的挑战中发挥着不同的作用。

设计和运营层级制度的关键挑战是选择两种对立力量的正确组合。首先是我们所有人都渴望授权和自主，这有助于公司调动雇员的创造力并利用他们独特的知识和能力。另一个事实是，快速变化的环境通常需要大规模行使管理权威，特别是当整个公司的活动相互依赖，雇员无法独自做出必要的调整时。这两股力量往往相互冲突。

新经济还带来了其他越来越重要的挑战。公司需要制定明确、公平执行的政策和程序，以实现协调与合作的同时尊重雇员对授权和相对自主权的渴望。管理者必须弄清楚雇员何时可以自己处理变化和干扰，何时需要管理者干预。洛杉矶孵化器公司贝洛斯集团（Veloz Group）的CEO亚当·门德勒在一次关于领导力的演讲中谈到了这一点：

> 在你的组织内培养适应性文化的一个重要方法是通过去中心化决策。如果只有指挥链最顶端的人被批准和授权做出决策，你的组织将缺乏在不确定时期转向变革潮流的必要灵活性。领导者必须授权给他们领导的人。[1]

这听起来不错——如果"去中心化决策"的替代方案是完全中心化决策！但门德勒鼓舞人心的话避开了棘手的问题。到底哪些决策应该去中心化（或委托）？雇员对委托给他们的决策领域应该有多大的自由裁量权？这些雇员如何受到激励和评估？高管如何确保所有这些去中心化的决策相互协调？组织结构理论和证据的一个重要教训是，**对于组织问题，没有普遍"最佳"的解决方案，只有对公司面临的突发事件的权衡**。识别并根据这些权衡采取行动——而不是去中心化所有事情——是成功领导力的关键。

无老板公司叙事假装这些权衡并不存在。只有完全的去中心化或授权——"让每个人都当老板"的噱头——才能让公司具有创新性和适应性。当然，即使是这种说法的支持者也不太相信这一点。当2020年3月Covid-19疫情暴发、各经济体停摆时，几乎没有领导力大师提出让每个人都当老板就能解决公司突然面临的挑战。相反，管理者必须想办法让公司生存下来，改变商业模式，转向远程工作环境，并适应大规模的需求冲击和供应链中断。当然，雇员和他们的家人也做出了很多调整！事实上，许多行业都需要转向远程工作模式，这就需要委派许多任务和决策能力。关键是这些变化必须协调一致，关键决策由高层做出。

在公司中协调和合作并非易事。将来也不会更容易。因此，让我们研究一下不同形式的科层制度，并展示管理权威如何适应我们时代的独特特征。但首先，我们需要更详细地回顾一下这些变革性的经济和社会力量。

变革性的力量

技术

自20世纪60年代以来，技术一直是生活、工作和社会发生显著变化的驱动力。计算、无线通信、小型化、互联网、机器人、社交媒体、人工智能和廉价交通影响了社会和经济生活的各个领域。近几十年来的这些变化并没有消灭传统公司，就像帆船、工厂系统、蒸汽机、铁路、汽车、收音机或晶体管在更早的时代没有消灭传统公司一样。它们使一些活动分散到更多的人和公司，从而导致能够执行专门任务并与其他公司共享的小型企业数量增加。但是，当这些任务不是模块化的并且相互依赖性很强时，技术进步可能会导致更大的整合，大公司将利用规模经济来扩大其足迹。

随着区块链技术等计算应用越来越复杂，人工智能和机器人技术的使用越来越广泛，连接性越来越强，以及医疗技术的进步，这些变化在未来几年只会变得更加剧烈。其中一些技术允许以新的、越来越普遍的方式处理合作和协调问题。在此过程中，权威和科层制度将发生变化，因为影响公司的基本和始终存在的经济力量将以新的和不同的方式影响公司，并以新技术为媒介。

人工智能不仅在制造和分销领域得到广泛应用，在商业决策领域也是如此，这引起了人们的广泛关注。机器人和其他形式的智能机器（包括软件）的兴起引发了人们对失业、隐私、税基和其他问题的担忧。这些担忧已经延伸到对管理自身未来的担忧。毕竟，人工智能可以处理人力资源管理的大部分工作，从招聘到绩效评估再到实时监控。[2] 技术会让管理过时吗？

完全不会！首先，管理者长期以来一直在使用机器来帮助经营公司。管理者不再像一百年前那样走进工厂车间。许多管理者从未踏足工厂车间，而是待在办公室，跟踪信息并密切关注数据驱动的仪表板。可以肯定的是，基于人工智能的自动化可能比几十年前开始的机器人驱动的自动化阶段更具变革性。毕竟，人工智能正在开始实现管理本身的自动化。我们最终会看到无老板、由人工智能驱动的公司吗？

我们认为不会，尽管机器显然可以做很多人类能做的事情。装配机器人在很大程度上取代了许多制造流程中的流水线工人，智能售货亭正在取代服务员和快餐柜台工作人员，算法则负责我们大部分的比较购物、安排、购买和送货。尽管如此，人的智能在商业公司中仍然发挥着作用。

权威通常表现为将决策权委托给下属的权利和义务。机器人和人工智能可以非常熟练地执行分配给它们的任务。但它们能分配自己的任务吗？智能机器能设计指导它使用的政策和程序吗？

代码能自己编写吗？至少在可预见的未来，关于做什么和怎么做的最终决定将由人类做出。是的，人工智能将导致公司组织发生重大变化。它会使一些科层制度变得更扁平。但它不会让公司无老板。最终的重要决定是责任的终结，而这些决定将由人类来处理。

人的主观判断在商业决策中始终发挥着至关重要的作用——何时创办一家公司、如何改变它、是否要关闭它，以及可以将哪些类型的决策和功能分配给机器。迈克尔·刘易斯的著作《点球成金》引起了轰动，该书赞扬了棒球运动中大数据和预测分析的优点。奥克兰运动家队总经理比利·比恩是第一个应用这些技术的人，他用数据代替直觉"与主观判断作斗争"。但首先必须有人决定使用预测分析！算法没有做到这一点。

"技术"也可以指新的管理方式，有些人称之为"管理创新"。[3] 想想泰勒的科学管理、杜邦的多部门科层制结构、风险投资的科技初创企业或苹果式的生态系统。我们可以将通用汽车的六西格玛、全面质量管理（TQM）运动或丰田的即时库存控制（just-in-time inventory control）等管理风格或方法包括在这里。这些管理创新代表了科层制度组织方式的重要变化，其影响与最受关注的伟大技术创新的影响相同，甚至更大。

我们在本书中讨论了与无老板公司叙事相关的较新的管理创新，例如全员参与制和"敏捷"Scrum。另一个例子是零售巨头Overstock使用内部投票系统来决定公司优先事项。惠普和英特尔等公司尝试使用内部竞标系统来形成销售预测并分配制造能力。这些方法高度结构化和正式化，但确实强调授权、委派和自主权。虽然在无老板公司叙事中经常被归为一类,但它们最好被理解为科层制度内管理活动的新技术。

不确定性

近年来,数字技术的发展带来了翻天覆地的变化,大大增加了企业所面临的不确定性。大多数企业都试图避免不确定性,因为它不仅使企业难以提前规划,而且也阻碍了企业内部以及企业与供应商和客户之间正在进行的活动的协调。[4] 为了减少不确定性,企业与环境中的其他参与者签订合同,制定操作程序,并建立包括管理者在内的科层制度,其主要职责是处理意外干扰。他们还投入大量资金购买数字工具,以收集和汇总有关企业内部运作及其与客户和供应商关系的数据,例如企业资源管理(ERP)和客户关系管理(CRM)系统、预测工具、数字市场和决策支持仪表板。然而,这些数字技术的投资和创新可能会带来**更多的不确定性和复杂性**。

以银行业为例。如果你是一位几十年前的银行业重要高管,你的竞争对手分析会包括其他银行。如今,你还需要考虑电信公司、"金融科技"初创公司、开发和使用区块链技术的公司,甚至超市连锁店。虽然你曾经在利率和费用、分支机构数量以及客户服务方面展开竞争,但现在你还要在移动应用程序的质量和功能、与互补金融产品和其他服务的联系、对社会责任或可持续性的承诺以及银行核心业务之外的其他变量方面展开竞争。

当然,这并不是什么新鲜事。行业新进入者和替代产品总是会威胁到盈利能力。但这些威胁现在来得更加迅速和难以预测。银行业的变化是,更多的参与者已经成为潜在的竞争对手,因为他们和现有参与者一样,可以利用移动钱包。

银行业并非特例。一个又一个行业和一条又一条价值链的市场和行业都被技术重新定义。亚马逊和阿里巴巴等大型零售商已进军物流业,就像沃尔玛几十年前做的那样。反过来,物流公司正在借鉴上游制造技术,如3D打印,这使它们能够将实物库存转化为数字库存。这些技术发展中的大多数对消费者和客户都非常有利,它们可以为能够驾驭数字浪潮的公司带来巨大的胜利。但公司需要能够识别和应对环境变化的管理者,以及管理流程、结构、关键绩效指标(KPI)和奖励,以激励雇员对这些变化做出反应。我们(福斯)的一项研究发现,那些善于将决策权委托给雇员、运行全公司知识管理计划并激励雇员分享知识的公司非常善于从外部环境中吸收知识并有效地将其用于创新工作。[5]

技术并不是造成不确定性的唯一原因。政治、文化、社会和传染病也是不确定性的一部分。世界政治始终充满不确定性;自由化模式的转变、市场准入的变化以及来自原欠发达国家的新参与者的出现——所有这些发展都会对商业产生影响。此外,人口结构的变化,例如人口老龄化(例如欧洲),会影响企业努力满足的消费者偏好以及他们可以雇用的人。最近的疫情和对类似"未知的未知"的恐惧开始让商业媒体中经常听到的说法——企业从未面临过如此多的不确定性——开始变得可信。每一天都像新学年的第一天!

管理者一直都在从事管理不确定性的工作。如果程序可以处理变化,那为什么还要管理者呢?当一些非常规的事情发生时,我们最需要管理者。结构良好的科层制度有助于公司缓冲意外冲击。此外，当管理科层制度自身能够适应变化时，它们才能发挥最佳作用，即根据需要调整角色和职责，并在整个组织架构中灵活调配人员。这很难做到，因为这种变化会破坏先前建立的个人和群体之间的平衡，产生明显的赢家和输家。当公司的关键决策者在很大程度上同意需要做出的改变，并对他们自己在科层制度中的位置感到满意时，组织结构可以根据需要顺利调整。如果存在分歧，并且调整会导致一些个人和群体失去他们在科层制度中的位置，那么这些调整将更加困难，可能需要彻底地重组。一般来说，这种变化只能来自高级管理层并由其组织。

对于进入新业务领域的公司来说，情况尤其如此。例如，面对未来重磅产品机会的减少，许多大型制药公司正试图通过开发强调客户服务的新业务模式来保持竞争力。CEO调查一再表明，CEO们认为商业模式创新是最重要的创新。[6]商业模式创新通常涉及在公司的价值主张、客户群和价值链组织方面同时做出重大选择。底层活动可能高度相互依赖；例如，一些价值主张只适用于某些客户群，只有通过部署特定资源和流程才能实现。这种适应，特别是当公司进入未知领域时，需要密切协调，也更加凸显了高级管理者的直觉和远见的重要性。高层管理者不仅要确定公司的发展方向，还必须参与日常决策，使新的商业模式得以实现。

偏好

适当的权威和科层制度还取决于我们喜欢什么样的老板和工作环境。无老板公司叙事的吸引力很容易理解，因为它直接反映了我们大多数人对自我指导、独立、掌控自己生活、能力感和被他人重视感的潜在偏好。[7]事实上，这些愿望在过去几十年里可能变得更加明显。

很少有人喜欢被微观管理。如果这就是"管理"的全部，谁还需要它？千禧一代和Z世代的雇员尤其希望拥有一种不同于父母和祖父母所经历的职场。职场中的代际差异已经被大肆宣扬，包括声称年轻雇员比前几代人忠诚度更低、被授予更多权利。现实情况更加微妙：千禧一代和Z世代并不比前几代人勤奋，但他们更有可能将职场视为一个跨越正式单元和头衔的复杂网络。[8]例如，千禧一代似乎比前几代人更具流动性，对自己的具体工作地点不那么感性。当然，对于希望增加人才的公司来说，这很好。但现在，管理者在行使权威时必须更加谨慎：如果年轻雇员认为职场僵化且过于限制，他们可能不会待太久。

权威困境

这些变革性力量让管理者陷入了两难境地。一方面，技术和不确定性的力量似乎要求管理者采取更强有力的措施。有人必须综合公司环境变化的信号，考虑这些变化可能如何影响公司，以及公司如何在未来继续创造价值，并发起适当的变革以应对。尽管熟练的管理者肯定会咨询所有利益相关者，但很难想象他们会通过彻底去中心化的决策流程或完全参与的"民主"决策流程来做到这一点。这两种"无老板"方法不太可能考虑到长期、更广泛的图景，而且都可能迟缓而烦琐。听起来，我们需要中心化管理权威来引导组织适应。

但我们也知道，有很多理由支持去中心化和授权。去中心化可以更好地利用本地知识，甚至有益于本地的调整和试验，而且它通常会提高工作积极性。此外，雇员越来越希望将决策权委托给他们，并且越来越有能力满足这一需求。许多雇员获得了更强的议价能力，因为他们有更多的外部选择，而且凭借他们的专业知识，对他们的需求更高，他们对公司价值创造的贡献也更大。这些雇员特性会反对中心化管理权威的使用。

为了打破这种局限，我们需要重新思考管理权威。

重新思考权威

正如我们所见，有充分证据表明，许多企业正在削减层级，并将更多的决策授权给雇员。企业仍是科层制的，但科层制度正在改变其形式。还有证据表明，权威的行使正在发生变化。具体是以什么方式？

想想看，权威具有很多面。权威可能意味着雇用和解雇、指导、监督、干预和制裁的权利——《一袭灰衣万缕情》那种权威。无老板公司叙事通常针对这些管理行为和角色。但行使管理权威也与其他行为有关：领导、创建结构和流程、达成共识、围绕共同目标协调行为以及促进变革。

我们可以分别称它们为"第一类"和"第二类"权威。[9]它们大致对应于"管理"和"领导力"之间的区别。虽然"领导力"也可以指设定目标、展望未来、劝诫和鼓励，但在我们眼里第二类权威的关键是：制定和执行游戏规则、做出重大资源分配和投资决策等更正式的任务。

两种权威都有其作用；虽然许多管理学讨论将它们混为一

谈，但这些作用是截然不同的。显然，同一个管理者可以在不同情况下发挥不同的作用；从这个意义上讲，第一类权威和第二类权威都应该是管理者的必备技能。但了解它们之间的区别至关重要。

首先，我们稍后将详细解释，现代世界需要从第一类权威转向第二类权威。大多数雇员不希望或不需要管理者告诉他们该做什么、什么时候做。但管理者必须设计一个系统，让得到授权的、自主的、受过教育的知识型雇员能够蓬勃发展。其次，以错误的方式使用权威（例如，使用第一类权威来处理需要第二类权威的情况）可能会带来灾难性的后果。在本章中，我们提供了一些指导方针，帮助你了解何时使用每种权威。

权威到底是什么？在最简单的情况下，当A可以在一定范围内指示B做某项工作以换取报酬时，她就对B拥有权威。这种权威的行使显然是有用的，因为它使A和B避免了每次一起工作时的讨论、争论和谈判。

这种传统的权威观基于罗纳德·科斯、奥利弗·威廉姆森和赫伯特·西蒙的观点，在这种观点中，老板会指示劳动者执行一项特定任务。如果该任务在西蒙早期著作中所说的该劳动者的"接受区"内，该劳动者就会接受这一指示。[10]请注意，即使在这种传统观点中，劳动者也并非没有权力，他们可以接受老板的提议或拒绝它而接受另一个提议（或者他们可以成为自己的老板）。然而，一旦接受了提议，雇员就不得不坚持到底。

这种第一类权威观认为，老板能够选择适当的任务，知道完成任务的所有可能方法，并能够观察任务的产出，从而能够适当地实施奖励和惩罚。换句话说，老板不想直接执行任务（可能是因为她忙于其他任务），但她对任务的了解程度与雇员一样多，她可能会也可能不会观察雇员在执行任务时到底在做什么。

然而，在现代知识型网络经济中，老板们似乎不可能了解雇员所知道的一切。一位科技公司的 CEO 可能精通金融和营销，或擅长战略规划和人际关系，但可能不懂编程。甚至一位销售经理也可能了解产品，但不熟悉雇员的具体销售领域。在这些情况下，权威的作用是什么？

西蒙后来描述了权威的第二种概念（这或许反映了人们对在更现代的条件下哪种权威更重要的看法发生了变化）：老板的角色是**决定应该授权哪些决定**。[11] 也就是说，老板选择一个目标结果，决定哪些雇员最适合实现这一目标，选择给予这些雇员多大的自由裁量权，**然后让出空间**。这种意义上的权威不是选择具体任务并确保这些任务得以完成，而是设定目标、撰写职位描述、选拔人才和评估结果。这是我们的第二类权威——不是微观管理，而是宏观管理！

销售岗位通常受第二类权威的支配。销售经理设定目标，然后让销售员自己想办法实现。或者销售员在获得基本工资的基础上再加上销售佣金，这给了他推销产品的强烈动力。在某些界限内，经理可能不关心目标客户是谁、使用什么销售技巧、如何建立客户忠诚度。只要雇员的销售量大，公司就高兴。这里的权威包括雇用（或解雇）雇员、设定销售目标、确定基本工资和奖金率。从表面上看，雇员似乎有很大的自由，因为他决定如何利用自己的时间、白天去哪里以及使用什么方法。但他仍然受制于权威——只是不像一线工人那样有主管监督！

当**知识呈分布式**时，也就是说，当老板知道雇员知道她所不知道的事情时，这些安排很有效。当然，没有一种管理制度是完美的，通过选择授权来行使权威也有缺点。讽刺的是，一些雇员可能更喜欢较少的授权——不是因为他们喜欢被人指使，而是因为他们更愿意避免绩效工资带来的风险（或者他们甚至更喜欢被告知该做什么）。例如，许多作者和记者仍然受雇于报纸和杂志，他们每月领取薪水，以换取编辑指派的故事。他们可以辞职，成为自由职业者，写自己喜欢的东西，并将他们的作品托管在Substack等订阅平台上。然而，大多数人更喜欢定期薪水带来的安全感（和福利），尽管他们的自主权和独立性较低。

另一个缺点与相互依赖性有关。具有大量授权的组织结构比基于简单命令和控制的组织结构更复杂，管理者必须确保雇员以合适的方式行使第二类权威赋予他们的自由裁量权。此外，在第二类权威下，公司决策可能会更慢，尤其是当雇员需要自己寻找解决方案时。因此，虽然第二类权威导致的制度通常比传统形式的权威更有利于知识型雇员，也更有激励作用，但它可能并非在所有情况下都最有效。

委托决策有多种形式。执行团队和自我管理工作组通常依赖对话和共识。对话之后可以进行投票，就像在合作社中一样。或者，可以通过尽可能去中心化决策来做出集体决策。这种方法有其优势。对话和共识可能会让雇员产生一种得到授权和心理上的所有权的感觉。去中心化决策使雇员能够使用自己的专业知识，而不必咨询上级。一些公司采取双重方法：它们为公司中的某些部门或流程实施去中心化结构，同时总体上保持更传统的管理科层制度。

谁拥有权威？为什么？

权威关系是非对称的。项目经理A指导软件工程师B做项目。为什么不反过来呢？为什么不是B指导A？或者为什么他们不轮流当老板？

在科层制度中一种为人们分配角色的方法是使用知识标准。假设A比B更了解如何处理某一类型的问题——例如，处理不满意的客户。A可以试着告诉B她对某个不满意的客户的了解或安装过程、市场条件；她也可以训练B，使其能自己弄清楚这一切，但这可能需要时间和精力。也许B只是不明白，或者不太"听从指导"。在这种情况下，A直接告诉B如何解决问题是合理的。让A给B指明方向，可以代替冗长的解释、教育和B的自我反省。

当然，B可能会觉得这种安排令人沮丧。A可能会高估自己的知识。事实上，有很多情况下雇员比老板知道得更多！想想你雇用的机械师、水管工和木匠。你可能已经能够做他们做的事情，特别是在学习了一些教学视频之后。不过，你雇用他们很可能是因为他们实际上更了解。当然，这也常常是公司雇用某些雇员的原因：他们拥有公司需要的某种专业知识，或者他们很可能在工作期间获得这种知识。在这种情况下，经理可能没有知识优势。那么她为什么要拥有权威呢？

要回答这个问题，首先必须认识到，权威不仅有不同的形式，而且有不同的来源。在许多情况下，权威源自卓越的知识。

想想古希腊哲学的创始人之一苏格拉底。他肯定凭借自己的智慧和洞察力而拥有"权威"——可以称之为"基于知识的权威"。这让他付出了生命的代价，因为他因"腐蚀"雅典青年而被（那些拥有不同类型权威的人）强迫自杀。

快进到2300多年以后。还记得第八章中的鼓手巴迪·里奇吗？他是我们举的独裁领袖的例子之一，他信奉一种完全没有错误的文化，强调完美。尽管里奇以糟糕的行为而闻名，但他的乐队成员仍然对他尊敬不已。他不会因其独裁风格和个性而受到惩罚，因为他是一位伟大的鼓手和乐队领队。虽然他是乐队的正式负责人（可以随意雇用和解雇乐队成员），但他的权威并非由他的职位赋予，而是由他从同行音乐家那里获得的尊重赋予的。

还有马丁·路德·金，美国民权倡导者和浸信会牧师，他以个人魅力和基于基督教信仰而以非暴力方式推进民权而闻名。金也拥有权威，但与苏格拉底和巴迪·里奇的权威不同。金的权威主要是非正式的；他是教堂的牧师和南方基督教领袖会议的主席，但他的权威主要来自他的布道、写作和行动，而不是任何正式的头衔。

还有政客和官僚所拥有的权威，即使他们缺乏知名度、伟岸人格或个人魅力。中央银行家——美联储前主席艾伦·格林斯潘就是典型的例子——可能沉闷、迂腐，甚至难以捉摸，但凭借其职权却拥有巨大的权威。

权威有多种形式，来源也各不相同，这一点是权威问题思想家马克斯·韦伯明确指出的。韦伯区分了三种"合法权威"（即统治者和被统治者都接受的权威）：传统型权威，由现有文化模式合法化而来；魅力型权威，来自激发忠诚和服从的个人魅力；官僚型权威，基于法律规则。就业法支持官僚型权威，因为它允许雇主要求雇员努力工作（例如，可以要求雇员加班，并给予适当的报酬）、高质量工作（例如，糟糕的客户服务不是受法律保护的职场行为），并要求雇员忠诚。它还赋予雇主相当大的自由裁量权（例如，可以在没有确凿证据的情况下解雇涉嫌盗窃的雇员）。当然，韦伯所说的"魅力型权威"可能与我们今天所说的"领导力"最为相关。

好吧，现在事情变得复杂了！权威有两种基本类型：(1) 指导人们采取具体行动；(2) 设计规则、价值观和整体组织设计的框架，以决定公司内部的工作方式。这两种权威有不同的来源。不过，我们认为它们之间存在一些系统性的联系。要获得第一类权威，你不需要金博士所拥有的那种魅力型权威（尽管这可能有帮助）。韦伯所说的"办公室权威"（即职位，而不是人）可能就足够了。然而，如果你真的想用第一类的方式管理你的专家，你最好向他们表明你知道自己在说什么——你还拥有我们所说的基于知识的权威。因此，第一类的有效领导者很可能是公司内部人士，他们也是对行业、技术和产品线领域有深入了解的专家。

为了有效地行使第二类权威——设计和实施公司组织工作的整体框架——管理者通常同时需要基于知识的权威和魅力型权威。例如，第二类权威的一个关键方面是处理冲突和变化，解决下属之间的分歧，并可能在这些分歧变得更加频繁时改变游戏规则。有效执行规则和制定新规则需要哲学家所说的"程序正义"：雇员必须相信规则是透明和公平的，并且在执行过程中没有偏袒。这就需要领导者被视为明智、经验丰富、品格高尚，善于在复杂情况下做出判断。这样的领导者可能是通才，拥有各种各样的经验，其中一些经验可能来自公司所处的主要行业之外。[12]

让我们通过描述不同类型权威的使用条件来进一步阐述这些区别。我们首先讨论常见的权威滥用，并特别关注我们所说的第一类权威。

如何避免使用权威？

我们中的一位（福斯）研究了一家全球大型电信公司（我们将其称为"E公司"）在五年内多个地点实施和使用"敏捷"软件开发实践的情况。[13]正如我们之前对声破天的讨论中所解释的，"敏捷"是一种通用项目管理方法，它有自己的工具或工具标签，例如Scrum板、冲刺、站立会议和速度图表。"敏捷"通常被称赞为一种授权团队和雇员的方法，它被设计用于小型的、基于团队的软件开发项目。

E公司采用"敏捷"方法，在快速变化的市场（尤其是软件开发和专业服务）中更有效地满足客户需求，从而缩短软件开发时间并降低开发成本。高层管理者还将"敏捷"视为一种提高创新能力的方法并支持公司众多业务部门组织学习。E公司的经理们认为"敏捷"可以帮助他们管理"开发-探索"的权衡。他们希望，"敏捷"可以让E公司"灵活应对"，更好地处理日常活动，同时变得更加大胆和创新。

该方法在八个研发部门推广，涉及数千名程序员和软件开发人员。从某些方面来看，"敏捷"转型是成功的：例如，一些研发部门的交付周期缩短了60%，维护成本降低了40%。

然而，与管理者的意图相反，实施"敏捷"计划大大减少了团队、部门和整个公司内部的创新和学习。团队成员报告说，他们用于反思、交流想法和分享知识的时间更少了。以新产品和专利衡量，公司的创新绩效开始下降。

导致下降的原因之一是，这种方法让开发团队和开发人员过于专注于满足"敏捷""冲刺"所暗示的最后期限，以至于他们对学习的关注度急剧下降，他们几乎没有时间和精力记录从项目中学到的新知识。此外，由于"敏捷"赋予一些中层管理者（例如密切跟踪项目绩效的项目负责人）更多权威，该系统让许多团队成员感到被霸道的管理科层制度所压抑，而不是"自我管理"。

如果E公司能够分配不同的角色和职责、采用不同的领导风格或由其他负责人负责，那么他们可能会取得更大的成功。但显然，"敏捷"本身并不是解决公司所认为的过于僵化、科层制或"官僚体制"的组织结构问题的良方。我们在奥迪康意面式组织中也看到了类似的情况。最终，在这个层级高度去中心化的组织中，高层管理者被雇员视为爱管闲事、爱插手事务的人——这是项目与高层管理者之间距离太近的几乎不可避免的结果。

设计好科层制度并不容易，尤其是在雇员得到授权而公司被减少层级的情况下。但这正是管理者日益面临的挑战。

授予权威

管理者行使权威的最重要方式之一就是将其委托给他人。我们称其为向下属"授予权威"。管理者首先需要让雇员相信他们确实拥有决定和行动的自主权,并相信管理者不会收回这一权威。当管理者确实需要推翻雇员的决定时,他们需要谨慎行事,以免破坏这种信任。让雇员处于领导权共享或在团队成员中轮换的环境中,可能是维持这种信任的好方法。培养信任的另一个好方法是制定明确透明的规则和程序,让雇员相信他们的权威是真实的,不会受到投机取巧、微观管理的上司的损害。

建立信任

多年来,诺德斯特龙公司的新雇员都会收到一张五英寸乘八英寸大小的雇员"手册":"规则一:在任何情况下都要运用最佳判断。不会有其他规则。"这种做法传达出这样的信息:公司相信你会做正确的事!研究表明,发出相对模糊但值得信任的信号可以提高雇员的积极性和工作效率。[14] 相反,同样的研究也表明了人们长期以来怀疑的事情:过于具体(即微观管理)会损害雇员的积极性。显然,授权有一个最佳水平。

信任是必要的,因为职场上有很多事情是没有明说的。期望会改变,而且往往没有提前通知。这是因为在开始建立关系时,工作中的许多方面都无法预料。销售员约翰·史密斯究竟应该怎么做才能在两年后实现销售最大化?约翰和他的雇主都不知道在职位录用通知或雇用合同中详细说明这一点,所以有些事情没有明说。

这种模糊性会让约翰感到脆弱。他可能不仅在经济上依赖公司，还在自我价值感上依赖公司。约翰对公司产品、日常工作和客户的全面了解似乎给他带来了优势，因为这让他更有效率，也更适合整个职场。但约翰的专业知识也有负面作用：他对公司了解得越多，就越难将自己的技能应用到其他地方。他变得依赖性强且灵活性降低，这让他的老板对他拥有了更大的权力。这种权力可能会被用在约翰不喜欢的地方。显然，雇员非常关心这些问题。这就是为什么我们有glassdoor.com这样的网站，雇员可以在那里了解更多有关其他公司的机会。

在这种情况下，信任非常重要。组织心理学家强调雇员与管理层之间"心理契约"的重要性。员工会形成关于他在工作中将如何被对待的期望。同样，管理者也会形成关于员工将如何完成工作的期望。理想情况下，这些期望应该是同步的：雇员期望付出努力，受到尊重，得到授权，获得认可、赞扬、有形奖励和机会。反过来，管理者期望雇员努力工作并遵守指示，并相应地奖励雇员。这种关系是契约关系，但显然它包括许多未写下来甚至可能未口头表达的默契期望。

显而易见，这种期望可能并不完全一致：例如，管理者或其下属或两者可能抱有不切实际的期望，或者对职场"机会"的构成有不同的看法，或者对雇员加班时间的预期也不同。尽管如此，管理者还是会努力传达期望。随着双方相互了解，期望可能会随着时间的推移而同步，从而建立"心理契约"。正确进行"隐形握手"的公司将受益匪浅——雇员的努力和创造力将大幅提升，他们的忠诚度和参与度将提高，雇员流失率将降低。每个人都是赢家。

问题就在这里：建立和维持心理契约非常困难！雇员报告称，违反心理契约的情况很常见（而有趣的是，管理者很少被问及他们的看法）。[15]当然，被视为"违反"契约的行为可能只是反映了从未真正一致的期望。或者可能是由于出现特殊情况，管理层不得不辜负雇员的期望，比如需要雇员大量加班来满足意外激增的需求，或者在相反情况发生时需要降低工资。

授权是心理契约的重要组成部分。如果约翰被告知或被引导相信，他有权决定如何吸引客户、如何推销商品以及如何分配时间，然后发现这种自由裁量权被剥夺了，他可能会觉得自己被骗了，成了诱饵调包手法的受害者。因此，当管理者们授权时，他们需要谨慎而真诚地这样做，以便培养使层级结构发挥作用的那种信任。

动态授权

虽然没人喜欢自己的决定被推翻，但如果人们事前已经确定，决策权会随着情况需要而改变，那么情况就不是那么糟糕了。以"极端行动小组"为例，它们由执行紧急且相互依赖的任务的专家组成，这些任务后果严重，但结果往往难以预测。2011年5月2日凌晨1点左右击毙奥萨马·本·拉登的海豹突击队六队就是一支极端行动小组。医院极端急救中心的医疗小组也是如此。这些小组使用"动态授权"，这是一种组织结构，在这种结构下，角色和职责会根据需要快速调动，有时雇员的决定会被推翻，责任也会被剥夺。[16]

动态授权认识到团队由具有不同经验、知识和资历以及不同科层制职位的成员组成。例如，如果你住进医院急诊室，你可能接受的是急诊医生的治疗，他们通常是资深专科医生；也可能是接受培训成为专科医生的年轻医生；也可能是"普通"非专科医生；或者可能是实习医生。你还会遇到不同类型的护士，他们在科层制度中处于不同的职位，还有护理协调员、理疗师和药剂师。领导地位通常由最有经验、最资深的急诊室医生担任。她通常会将许多决定委托给其他团队成员去做以避免自己负担过重。但正是由于她拥有丰富的经验和技能，如果情况变得危急，她也可能收回这些决策权。这就是授权的"动态"意义。

最近的一项研究发现，动态授权有助于极端行动团队更可靠地执行任务，同时为经验不足的成员提供培训和经验。更广泛的含义是，这种"即兴"过程是有效的——但仅仅是因为它发生在既定的科层制度结构中。此外，当团队成员认为做出否决的人实际上最了解情况时，"否决"可能不会被视为坏事。如果你是一名实习医生，正在治疗一名危重病人，而资深医生"否决"了你的意见，挽救了病人的生命，那么你可能会很高兴被否决。

尽管存在这样的情况，但毫无疑问的是，心理契约经常被管理者破坏，因为他们进行不必要的、侵扰性的微观管理和否决。雇员也可能将他们在职场的地位和他们可以使用的资源视为应得的权利。因此，重组等组织变革可以被视为违反心理契约，尽管管理者不会这么认为！我们中的一位（福斯）分析了西班牙制造公司的数据，发现这种违反行为实际上损害了雇员的生产力。[17]士气和创造力下降，雇员开始离职。

建立、维持和传达良好心理契约的能力将成为"授予"权威行使中越来越重要的一部分。千禧一代和Z世代的雇员以对雇主的挑剔而闻名；这就是相互理解和一致如此重要的原因之一。但还有一个更微妙的原因。随着工作和生产活动越来越多地从制造业转向知识密集型服务业，雇员越来越多地要求并被赋予发言权、影响力和自由裁量权，他们的努力和生产力变得难以观察、衡量和奖励。随着公司依赖越来越多的专家，出现误解和错误以及不当行使权威的可能性也在增加。

这些因素，加上越来越需要管理适应公司环境中的不确定性，使得管理者的工作不仅更加重要，而且更具挑战性。人际交往能力在未来将变得更加重要。[18]

培育关系

建立和维持良好的心理契约就是维持良好的关系。因此，管理者不仅要关注如何与雇员打交道，还要关注雇员之间如何相处，无论是在单元、部门或职能部门内，还是跨部门。处理职场纠纷是一个明显的例子，但主动指导、信息共享和定位也很重要。维持良好的关系还可能涉及决定哪些信息需要保密（例如工资），以及何时让雇员分开，以避免纠纷或阻止雇员将自己的工作职责、薪酬或支持系统与同事进行比较。[19]虽然雇员可能优先考虑与自己的老板打交道，但往往是与公司其他部门中级别相似的雇员进行横向合作，从而带来创新并提高客户价值。[20]

正式化和透明度

令人惊讶的是，高度去中心化的组织需要很多结构才能很好地完成工作。正如我们在第十章中看到的，晨星番茄加工厂使用的技术简单且易于理解。每位雇员的角色明确，使公司内部雇员合同制度得以发挥作用。但在技术复杂、不太为人所知、角色定义不明确的公司，就会出现谁做什么、何时做什么的"协调问题"。雇员和部门经理可能会心怀不满。可能会爆发地盘之争。

例如，许多IT公司都经历过开发人员与负责安全的雇员之间反复发生的冲突。中央情报局无疑是一个IT密集型组织，据称，它在通往安全部门的门旁边的墙上挂着一块牌子，上面写着"答案是不行"。[21]虽然安全部门的意图可能只是为了促使开发人员仔细检查他们的产品，但很容易看出，这种信号可能会让开发人员对接近安全部门持谨慎态度，导致缺乏合作并试图绕过它。因此，协调问题变成了更严重的合作问题，这可能会损害内部关系，而且很难修复。

经典的科层制工具，即明确界定角色，可以避免此类问题。当然，正式化和职位描述可能会造成限制，职位描述可能被视为一种固有的权利，使组织变革变得困难，甚至导致个人或单位（例如，中央情报局安全部门）夸大其对特定组织决策的控制权。但这些科层制度工具确实具有非常明显的优势，即通过帮助管理者减少协调和合作问题，促进人的努力和创造力的蓬勃发展。选择不定义角色和工作，不将流程和程序正式化，并不是一个好的选择。

原则上，角色和任务透明度也能产生同样的作用。如果我们都知道保罗是主唱兼贝斯手，约翰是和声兼节奏吉他手，乔治是主音吉他手，林戈是鼓手，所有这些部分都配合得天衣无缝，那么结果就会产生美妙的音乐。每个人都知道自己的角色，也知道这些角色是如何相互补充的。这种透明度可以在小型咨询公司、维修店或大型公司的子单元发挥作用，这些部门只有几名雇员，他们明确界定的角色构成了一个连贯的整体。

当角色之间发生冲突时，就会出现问题。谁来领唱？谁获得歌曲创作的荣誉？组织越大越复杂，发生冲突的可能性就越大。需要定义和填补的角色要多得多。雇员来来去去。很难弄清楚谁在做什么，任务完成得如何，以及是否需要做出改变。大型组织中的完全透明度可能会导致信息过载。这就是为什么大型组织通常分为部门、分部、分支机构、项目团队或其他子单元的原因之一，所有这些单元都可以像较小的单元一样进行管理。

一个子单元的活动是否应该对另一个子单元透明？一方面，让每个团体专注于自己的任务，不受其他单元的干扰似乎更好。让苹果的iPhone分部专注于制造出色的手机，而不必担心Apple Music或Apple TV的表现如何。让高管团队去担心这些事情吧。另一方面，任何团体要想表现良好，就必须了解公司的整体战略和业绩；如果苹果在内容创作和将媒体属性与其硬件设备集成方面投入更多，那么制造这些设备的团队可能会希望以不同的方式设计它们。在各个单元之间找到恰当的透明度是一项关键的管理挑战。

明智地行使权威

每种商业模式、战略、组织结构或管理风格都有其优点和缺点。明智地行使权威意味着要弄清楚应该授权哪些决策、让谁担任关键职位以及何时介入，也要根据形势变化决定是否需要修改系统。

在某些偶然情况或条件下，授权决策或行动的好处可能超过成本，但在其他情况下则不然。优秀的管理者凭直觉知道这一点，但这并不意味着做出决定是容易的。正如我们一再强调的，正确授权是一项长期存在的管理挑战。此外，除了组织设计的刚性一面，如正式规则、激励和监督，还有来自心理学和伦理学的柔性一面需要考虑：雇员希望规则公平，他们为得到授权而感到自豪，他们希望自己的工作和角色具有重要意义，他们容易受到偏见和判断错误（嫉妒、过度自信、动机推理）的影响，每个人都容易出现这种情况——即使是管理者！考虑到所有这些确实很困难。管理作家斯蒂芬·库尔认为，组织设计非常复杂，充满了矛盾和悖论，因此寻找最佳授权是"徒劳的"。[22]

这是一种夸张的说法，但要正确授权并非易事——它不仅仅是"授权雇员发挥出最佳水平"的问题，正如无老板公司叙事天真地认为的那样。我们已经表明，像声破天和威尔乌这样的公司，它们主要经营独立软件项目，彼此之间几乎不需要协调，可以将团队规模和组成、项目要求甚至部分预算留给团队决定。自下而上的组织——不是真正意义上的无老板的，而是扁平、灵活和有机的——对这些公司来说是合理的。但对于拥有高度相互依赖的产品组合、具有共享设计和组件并销售互补产品的大型制造公司来说，情况并非如此。对于这样的公司，需要更加中心化的控制。

第四章介绍的互补理论说明了组织结构、技术和市场条件如何相互配合。公司组织模式的各个要素也是如此。根据产量给一线工人发放奖金，或按佣金支付销售人员，可以给每位雇员以强烈的激励，促使他们努力工作。但这些激励只有在一线工人或销售人员有能力达到目标时才有意义——也就是说，如果他们对自己的工作内容和工作方式有足够的控制权，激励计划实际上可以使他们做得更好。

想象一下，一名卡车司机按货运量领工资，并因加快送货速度而获得奖金。为了获得奖金，司机会研究可用的路线、密切注意交通情况并尽量减少中途停车的次数。但是，如果母公司设定了路线，并不允许司机偏离路线，那会怎样呢？如果公司政策规定每两小时只能休息十五分钟，不多也不少，那会怎样呢？这位司机无论多么努力都拿不到奖金，那他为什么要费心呢？他无法控制自己的行为，因此激励方案不会激励他。同样，如果公司只支付固定工资而不支付绩效奖金，那么让司机控制自己的路线和时间表也是没有意义的。激励方案和授权相辅相成，缺一不可。

在决定授权什么、何时授权以及如何授权时，管理者可以从一些简单的规则中受益，这些规则可以帮助他们关注以下情况。[23]

决策速度。哪个更重要：做出完全正确的决策，还是迅速做出足够正确的决策？如果时间至关重要——如果决策紧迫性很高——那么更好的选择通常是让高层管理者在没有对话和共识的情况下做出决策，特别是因为决策的及时性是挫败感的常见因素。[24] 当然，快速做出的决策也可能是错误的。但如果延迟的成本足够高，那么快速决策往往值得冒险。

在瞬息万变的环境下，中心化决策的优势之一是它能够消除拖慢进程的诸多内部政治因素。20世纪80年代个人电脑的推出和快速普及彻底颠覆了现有的微型计算机行业。我们可以预料，当占主导地位的公司努力做出反应和适应时，它们会陷入内部冲突的困扰，因为工程师、程序员、销售人员和高管试图规划前进的道路。然而，尽管技术和行业发展迅速，但这些公司的决策通常都是中心化的、快速的，而且很少涉及组织政治（寻找盟友、建立联盟、影响内部议程等）。[25]当事情发展迅速时，人们需要集中精力关注周围发生的事情，这让他们没有时间和精力投入组织政治中。

如果管理者和雇员知道，当需要快速做出决定时，这位"专制"的老板会做出决定，那么他们就会花更少的时间结盟、交换恩惠和试图说服同事按照他们的方式看待问题。1997年史蒂夫·乔布斯重返苹果就是一个恰当的例子。在他离开期间，苹果变成了一个各自为政的封建领地。乔布斯回归后，迅速整顿了公司错综复杂的产品线，将重点转向一些目标明确的产品。

好吧，我们并不是在主张独裁，只是指出自上而下的决策通常比更有机的自下而上的组织模式更快。这种对更快决策的需求是否足以证明做出错误决策或打击雇员积极性的可能性？这取决于需要速度的原因、高层管理者的能力以及雇员的态度和期望。

快速决策通常是为了应对威胁而做出的，通常是公司业绩突然意外下滑。事实上，当公司面临当前业绩与预期目标之间的负面差距时，它们更有可能做出反应。当它们远远超出预期时，人们往往会认为自己做得很好，所以几乎不会做出任何改变。当公司的生存受到威胁时，决策就变得非常重要。在这种情况下，去中心化式方法的效果可能不太好，因为下属在面临这种风险时不太愿意承担责任。这会减慢决策速度，并可能导致决策质量低下。因此，面对威胁时，高级管理者可能会集中精力，保留对关键决策的控制权。

雇员知识。套用参议员霍华德·贝克在理查德·尼克松政府水门事件听证会上提出的著名问题，雇员知道什么？他们什么时候知道的？最关键的知识是掌握在高层管理者（他们了解公司的整体战略）、中层管理者（他们对其部门或分部有鸟瞰图）手中，还是掌握在基层雇员（他们最了解客户）手中？公司基层雇员的知识能否整齐地汇总（例如，在客户关系管理数据库中）并提供给高层管理者，以便他们能够更好地做出大多数决策？管理者必须问自己这些问题。

问题是，如果管理层陷入"数字陷阱"，即认为有了新的数字工具，所有与决策相关的知识都可以数字化，那么未来将面临很多麻烦。但很多与决策相关的知识无法以这种方式集中；它们实际上存在于雇员的头脑中，即使可以传达给其他人，雇员也可能不愿意分享。虽然新的数字工具可能有助于高层决策，但它们也有局限性，尤其是在知识去中心化的情况下。

在现代公司中，成功的关键知识分布在各位雇员那里，根本无法集中到最高管理层。这些知识存在于开发人员、营销和销售人员、生产工人等的头脑中。但这并不是公司通过"让每个人都当老板"来争取最大程度授权的充分理由。当然，更接近行动的雇员通常对**当地**情况有更好的了解——比如，他们的主要客户或他们自己的销售区域的特点。但报告系统应该将一些当地信息传递给高层管理者，即使这些信息经常被扭曲，报告和决策被延迟，报告并不包括所有相关信息。更重要的是，高层管理者可能拥有更多关于公司战略、整体市场状况、法律或监管问题以及其他重要而雇员无法获得的问题的信息。

第十一章中的英特尔示例表明情况并非总是如此。在英特尔历史上的一个关键时刻，当它从主要生产内存芯片转变为主要生产微处理器时，中层管理者比高层管理者更能把握正确的战略方向。然而，正如CEO安迪·格罗夫所展示的，英特尔的高层管理者通常更能够把握公司、行业和经济层面的关键问题。

公司高层决策者的基本任务是综合所有可能对公司当前和未来业绩产生重大影响的信息，并在此基础上做出重大决策。他们可以依靠顾问、专家、咨询师以及我们之前所说的"极端行动小组"。但最终责任还是落在CEO身上。因此，虽然一些决策应该委托给对当地情况有深入了解的雇员，但总体权威——包括决定委托哪些决策！——不能向下层传递。

什么知识真正重要？ 授权的决定还取决于我们每个人做出正确决定所需的知识。获取更多信息有时会带来比它本身更多的麻烦。当我在寻找餐厅时，我会搜索目录、使用餐饮应用程序或询问朋友，直到找到一个看起来足够好的地方。我不会花几个小时研究每家餐厅。我不需要知道所有事情才能做出正确的决定；我只需要知道足够多的信息，特别是当收集更多信息的成本大于预期收益时。

雇员的主人翁意识。 雇员的感知也会影响到这一点。当雇员觉得他们"拥有"自己的预算和决策权时，剥夺这些决策权会带来特别的挑战。我们中的一位讲授一门课程多年，完全控制着主题、阅读材料和课堂活动，后来他转到另一所大学，那里的课程由院系控制，以确保教师之间的一致性。失去这种自主权导致了很多挫败感和不满！

行为经济学中的"损失厌恶"（loss aversion）概念在这里发挥作用：人们倾向于更看重他们拥有但失去的东西，而不是他们从未拥有过的东西——因此从去中心化系统转向中心化系统会带来一些痛苦。中心化带来的收益必须足以抵消这些成本，管理者必须准备好清楚地解释为什么需要进行这些变革。

程序公正。程序公正是指公司在解决纠纷时始终遵循公平透明的原则，这一点很重要。如果雇员认为公司的程序是公正的，他们就更有可能接受管理干预，无论是偶尔推翻雇员的决定，还是中心化系统本身。管理者能否解释为什么必须限制自主权？雇员是否觉得他们对自主权和责任的担忧得到了倾听和重视？如果是这样，那么选择不授权某些决定或在必要时进行干预可能会奏效。否则，雇员可能会感到不满。

如今的科层制度

对科层制度的需求不会消失，但其形式正在改变——决定事情如何做，而不是告诉人们该做什么；设计和执行游戏规则，而不是让每个人都以各自的方式参与。老式的泰勒制工厂和满是灰色法兰绒套装的办公室，以命令和控制为特征的系统，不会再回来了。现代经济要求管理能够创造流程、规则、程序和规范，以吸引受过教育和自我激励的雇员，并将人们组织成灵活的结构和团体，以利用知识、才能和适应性。正如海尔集团的张瑞敏所说："其他企业的领导者经常将自己定义为船长，但我认为我更像是船的架构师或设计师。这与船长的角色不同，船长的路线通常是固定的，目的地是确定的。"[26]

正如之前提到的，使用数字工具可以帮助管理者履行设计、监控、指导和解决问题的现代职责。但微观管理的阴暗面也在召唤，管理者需要抵制衡量一切、只奖励可衡量的事物以及忽视人类判断作用的倾向。他们需要巧妙地使用这些工具来增强他们在必要时授权、监督和领导变革的能力。他们不需要知道一切，只需要知道足够多就行，他们还需要在设计结构和系统时考虑员工的需求和对公平的期望。

第十五章

管理者之死被夸大了

无老板公司大师加里·哈默尔认为:"管理是组织中效率最低的活动……等级森严的管理者会让任何组织都承担沉重的税负。"[1]许多组织试图通过削减层级、授权、精简和民主化来避免缴纳这种税负,但成功程度各不相同。

我们不反对以谨慎和平衡的方式使用合弄制、自我管理团队、内部市场和合同以及近乎无老板公司的其他标志性制度。从这些经验中可以学到很多东西!我们反对的目标是那些夸张的叙事和宏大的、普遍适用的主张。

例如,哈默尔和米歇尔·扎尼尼声称:"美国经济过度官僚体制造成的损失超过3万亿美元的经济产出,约占GDP的17%。"[2]为了得到这个数字,他们根据美国劳工统计局的数据计算出美国经济中管理者与雇员的比例——大约是1比4.7。然后他们研究了几家近乎无老板的典范公司(其中包括本书讨论过晨星、戈尔和威尔乌等)的管理者与雇员的比例;他们估计的管理者与雇员的比例是1比10。通过这一计算,他们得出结论,美国超过一半的管理者是不必要的!

这种计算的荒谬性显而易见:每家公司都是不同的,没有一种管理模式可以适用于每家公司的所有情况——即使是这些被精挑细选的公司,一旦脱离其短暂的高光时期也无法持续奏效。

哈默尔和扎尼尼挑选了一些极端的异常值,并假设每家公司都可以而且应该做这些异常值(有时)会做的事情。这就像观察到生活在热带地区的人们很少在冬季服装和取暖设备上花钱,然后计算生活在温带地区的人们在这些东西上花了多少钱,最后得出结论,所有这些额外的支出都是浪费。如果阿拉斯加人像佛罗里达人一样生活——即使住在阿拉斯加——我们也可以省下很多钱。可悲的是,这种推理水平在很多无老板公司文献中比比皆是。

澄清事实

从某种程度上来说,职场的旧方式似乎已经过时,这并不奇怪。不再有脾气暴躁的顾问到处宣扬基于汇报和命令的传统科层制度的好处。CEO们热切地拥抱新趋势。正如《经济学人》的"熊彼特"专栏作者所推测的那样:

> 高层管理层不但可以以牺牲中层管理者为代价来提升自己的角色,而且为公司人力资源战略工作的顾问也愿意赞美那些付钱给他们的人。顾问现在几乎只关注领导力的概念;"管理"几乎不被提及。毕竟,这种所强调内容的简单变化可以让他们的费用翻倍。[3]

在撰写本书的过程中，我们面临着批评那些被视为时髦和前卫的思想的挑战，并承担了捍卫科层制度的艰巨任务。但我们希望已经阐明，我们捍卫的不是传统科层制度本身，而是管理权威及其伴随的科层制度的必要性——这种科层制度需要适应一个雇员流动性更大、受教育程度更高、诉求更多，技术变革迅速以及专业知识成为重要生产要素的时代。

科层制度和管理权威将继续存在。无老板公司叙事强调科层制度的消亡，这是极其幼稚的。它错误地将科层制度描述为强制性的，而不是授权性的。现有的少数无老板公司是例外，因此，对于大多数从业管理者来说，完全扁平的组织经验是（并且将继续是）陌生的。绝大多数雇员将继续有具体的工作描述，需要熟悉规则和程序手册（或者至少是详细介绍它们的视频），并向老板汇报。是的，我们知道这对很多人来说听起来很乏味和可怕，但这个系统是有效的——它解决了每个组织和公司面临的协调与合作的基本挑战。虽然我们都喜欢嘲笑"官僚体制"和"大人物"，但我们通常批评的不是官僚体制或领导地位的基本思想，而是我们眼中的异常现象。因此，我们想要的是运作良好的科层制度。我们许多人都可以凭直觉看到，无老板的组织不会给我们带来这些，事实上，这种组织更有可能遭遇诸如缺乏协调以及在职场形成强大但不负责任的小团体等危险。

此外，许多现行的管理实践与"无老板"模式并不相符。正如我们所指出的，像"敏捷"这样的产品开发和制造方法虽然以团队为基础，但并不完全是无老板的。历史更悠久且影响力更大的"精益"制造方法——通过不懈地消除缺陷、平衡活动流程、预防性维护和强有力的沟通，寻求最大限度地提高生产力，同时最大限度地减少浪费——也离无老板模式相去甚远。虽然这种方法的特点是工人的积极参与和认同，但它也涉及程序、严密的计划、优化的工作流程、监督等特点，这些与那种放任自由的"让每个人都成为老板"的理念并不容易契合。换句话说，过去十年左右一些最具影响力的管理方法与无老板的组织模式背道而驰。

我们认为，这种表面上的矛盾体现了现代管理思想中两大主要趋势之间的更广泛的冲突：一方面，强调雇员参与；另一方面，强调优化流程和准时生产。后者很容易压倒前者。在日常管理中，对产出目标的直接关注将对雇员管理的软性关注推到了次要位置。对流程优化和快速交付的需求，很容易让我们兜兜转转又回到近乎泰勒式生产模式的状态——严密监控员工，如今有时还会在管理者的监督之外，叠加来自同事的压力。

正在进行的数字化转型进一步强化了这些趋势，也就是说，人们越来越依赖"大数据"分析、人工智能和类似的计算机化工具来提供分析和决策支持。这些工具打着改进数据驱动决策的旗号进行推广。然而，虽然数字工具可用于支持权力下放，但它们也可以起到相反的作用：数字化可以为高层管理者提供更强大的工具，以收集和汇总有关客户、竞争对手和雇员的信息！当我们通过调查和采访高层管理者收集数据时，我们惊讶地发现，大多数高层期望数字化能让他们和他们的总部变得更强大——"惊讶"是因为这种期望与流行的观点背道而驰，流行的观点认为数字化可能导致更多的雇员授权以及将更多的决策权下放给业务部门。

毫无疑问，数字化工具确实使公司的高层管理者和总部更加强大，能够行使更多权威。但数字化是一把双刃剑。管理者很容易过度依赖数字工具。如果需要迅速做出决策，并且"传统"来源和信息类型足够，那么依赖数字技术可能会导致决策瘫痪。在我们的研究报告中，有一个案例：一家大型工业集团对其最近实施的客户关系管理系统的酷炫新交互式仪表板感到兴奋，该系统使该公司能够实时识别关键客户，跟踪每个客户互动，并监控销售发展情况。易于使用的客户关系管理系统是微观管理（以及延迟决策）的一大诱因！

如果高层管理者屈服于这种诱惑，他们就有可能损害学习、创造力和创新——这些学习、创造力和创新发生在较低层次，并依赖于知识、直觉和洞察力，而这些知识、直觉和洞察力（顶多）只能被数字工具和统计技术不完美地捕捉到。尝试将它们强行转换成适合数字传输的格式可能会导致这些知识的流失，并打击雇员的积极性，从而使他们失去发挥主动性和创造力的能力。

尽管有关"数字工具"及其如何与雇员主动性和创造力相冲突的讨论听起来很有21世纪的风格，但管理者需要在"人为因素"的背景下思考技术这一关键见解对于早期重要的管理思想家（如切斯特·巴纳德）来说并不陌生，他们充分意识到"软"心理因素在职场的重要性。

写这本书的另一个动机是看到无老板公司叙事粗暴地践踏了经典的管理理念，好像从来没有人认真思考过诸如中心化和去中心化的利弊之类的问题似的。我们需要重新发现那些对科层制度的必要性有着深刻理解的思想家、观点和思想传统。

从个人角度谈一下古典：在过去几十年里，在美国的K-12

学校教育中，我们看到了"古典教育"模式的复兴，这种模式强调拉丁语和希腊语、西方经典文献和哲学文本，以及对逻辑和修辞的正式学习，还有标准的小学和中学课程。[4]我们中的一位把他的孩子送到了一所古典基督教学校。这一运动背后的想法是，现代教学方法和资料缺乏经得起时间考验、在现代具有价值和意义的科目、材料和技巧。

如果这本书能为"古典"管理教育的复兴作出贡献，我们会感到不胜荣幸。许多一流的人才都曾思考过（即使不是从古代开始的）管理权威和科层制度以及管理者的角色和职能。鉴于管理作为一种职能在现代经济中无处不在，思考管理——特别是管理是什么以及它有什么好处——极为重要。我们必须强调，这种思考可以追溯到很久以前，是一项非常严肃的智力事业。在抛弃大量关于管理科层制度的性质、作用和价值的古典管理思想之前，我们需要再三思考。我们绝对不想重塑或抛弃这一功能，因为它已经展现出巨大的生存价值，并且已经被许多思想家所检验，比如伟大的德国社会学家马克斯·韦伯（20世纪最具影响力的知识分子之一）和已故的奥利弗·威廉姆森（他的诺贝尔奖获奖思想启发了我们的许多论点，他也是克莱因的博士论文导师）。从对日常生活的影响来看，领先的管理思想家与其他学科最伟大的思想家相比毫不逊色。

这种说法可能看起来像是苹果和橘子之间的比较——管理学作者不会开发疫苗或发明飞行汽车。但在拯救生命和开展拯救生命的研究之前，必须有资源和财富来推动研究、开发、生产和分配。贫穷的社会是疾病肆虐的社会。完善的管理理论有助于创造财富，因此，尽管是间接的，也能"拯救生命"。(反之亦然，就像"冷战"时期关于苏联五一劳动节游行的笑话一样。一排排士兵和坦克从检阅台前走过，后面跟着一群穿着西装、不起眼的人。"他们是谁？"苏联总理问他的助手。"哦，那些是经济学家。你不知道他们能造成多大的破坏！")

如今的科层制度

当今的科层制度不同于亨利·福特甚至史蒂夫·乔布斯时代的。随着时间的推移，科层制度已被证明是一种高度适应性的产物，能够响应客户与消费者的偏好和品味的变化、技术的变化以及政策和机构的变化，包括全球自由化和大规模放松管制。同样不可否认的是，在过去的三四十年里，科层制度已经改变了它的外观，即使没有改变它的功能。整个社会中更多的非正式性已经蔓延到职场。《广告狂人》中描绘的20世纪60年代曼哈顿的职场也有酗酒和拈花惹草的现象，但人们总是穿着西装打着领带（除非拈花惹草成功了）。当然，如今的公司更加"开放"，因为典型的公司与外部各方有更多合作关系，通常是为了参与创新项目。但这些公司仍然受到管理科层制度的指导，即使该科层制度现在强调流程和程序而不是公然的命令和控制。

公司已经去层级化，减少了从上到下的管理层级数量，这并不是为了取消老板，而是为了让高层对其下属有更大的影响力。我们衡量和奖励绩效的工具也发生了变化。直到几十年前，带有具体关键绩效指标的年度考核（或更频繁的考核）才被广泛使用。但更多更好的绩效管理和更多奖励的使用几乎不意味着无老板；相反，它们意味着老板非常关心绩效，但关注的是雇员的产出，而不是他们的工作量。换句话说，科层制度和管理权威仍然具有其基本特征，但它们的整体面貌已经改变。

我们相信，未来的公司将一如既往地不断适应变化。从无老板公司叙事中，我们可以学到一些启示，即非正式性和自我管理在某些公司活动中的价值，这些活动通常是公司运营之外的。许多公司将（继续）受益于在实践社区中以更宽松的横向方式分享经验和知识，声破天显然就是如此。随着人们对工作与生活平衡的态度发生变化，对不同专家的需求增加，以及他们的议价能力不断增强，管理者需要关注劳动力不断变化的特征。

职场中行使权威的方式肯定会发生变化，但必须明智地行使！口头上说参与精神，实际却与之相悖，这只会酿成灾难。管理权威仍然有效，但必须伴随着强有力的、可信的沟通和对公平程序的承诺，尤其是在老板越来越有权力的情况下。科层制度并没有消失，如果看起来要消失，那主要是层级缩减的影响。数据显示，层级缩减是为了使高层管理者能够更好地在运营中行使权威。随着越来越多的公司层级缩减，明智地行使权威只会变得更加重要。正如马克·吐温可能会说的那样，管理者之死被严重夸大了。

致谢

本书体现了我们多年的思考、写作、教学和争论，主题是组织如何运作，为什么有些组织比其他组织表现更好，以及它们如何变化。我们都是经济学家，但我们的研究、写作和教学大多是在商业战略、企业家精神和组织研究领域进行的。我们与 F. A. 哈耶克所说的"市场的奇迹"息息相关，最初我们被这样的论点所吸引：公司应该尝试像市场一样自我组织，通过分权、授权和赋权让雇员像独立个体一样行事。大约二十年前，我们发现在 MBA 和 EMBA 班上遇到的人同样被这些想法所吸引。我们中的一位是大学委员会的成员，该委员会的任务是研究是否可以废除大学传统的组织单元（系），而由自组织团队来处理所有活动。

然而，我们思考得越多，我们越仔细地研究经验证据，就越意识到扁平化科层制度在很大程度上是一个神话——科层制度并没有像宣传的那样扁平化，并且它只在少数特殊情况下有效。这让我们对罗纳德·科斯、赫伯特·西蒙、小阿尔弗雷德·钱德勒和奥利弗·威廉姆森等思想家的组织经济学经典著作有了更深的理解，他们解释了结构良好的管理科层制度如何增加价值。我们对这些思想家的感激之情在本书中显而易见。

我们两人自20世纪90年代初开始研究这些问题，并合作了二十多年，出版了两本著作并发表了许多文章、论文。[5] 我们关于科层制度作用的想法来自与多位合作者撰写的几篇学术文章和论文；最受欢迎的摘要出现在2014年的《斯隆管理评论》上的文章和2019年《万古》上的一篇文章。[6] 这两部作品收到的积极反响促使我们撰写一本书来阐述我们的论点。

我们感谢许多同事和研究合作者帮助我们思考这些想法，特别感谢Jay Barney、Teppo Felin、Kirsten Foss、Anna Grandori、Sandra Klein、Christos Kolympiris、Lasse Lien、Joe Mahoney、Anita McGahan和Todd Zenger。Kirsten Foss和Sandra Klein值得特别感谢，无论是在个人生活还是工作中，她们都对我们给予了极大的包容和支持。我们还从与哥本哈根商学院、贝勒大学、挪威经济学院、博科尼大学和密苏里大学的学生和同事一起教授和讨论这些想法中受益匪浅。Amanda Mockaitis帮助完成了最终手稿。

我们的编辑John Mahaney在打磨我们的论点并促使我们以清晰易懂的文字表达方面提供了极大的帮助（并且极有耐心）。论点打磨和清晰表达对学者来说并不容易，特别是在讨论复杂而微妙的想法时。

注　释

第 一 章

1. Niall Ferguson, *The Square and the Tower: Networks and Power, from the Freemasons to Facebook* (London: Penguin Books, 2018).

2. Gary Hamel, "First, Let's Fire All the Managers," *Harvard Business Review*, December 2011.

3. Gary Hamel and Michele Zanini, *Humanocracy: Creating Organizations as Amazing as the People Inside Them* (Boston: Harvard Business Review Press, 2020).

4. Frederic Laloux, *Reinventing Organizations: A Guide to Creating Organizations Inspired by the Next Stage of Human Consciousness* (Millis, MA: Nelson Parker, 2014).

5. Robert Michels, *Political Parties: A Sociological Study of the Oligarchical Tendencies of Modern Democracy*, translated by Eden Paul and Cedar Paul (New York: Free Press, 1915).

6. 引自 "RenDanHeYi: The Organizational Model Defining the Future of Work?," *Corporate Rebels*, April 2019, corporaterebels.com/rendanheyi-forum/。

7. Paul Michelman, "The End of Corporate Culture as We Know It," *Sloan Management Review*, Summer 2017.

8. Ed Zitron, "Say Goodbye to Your Manager," *The Atlantic*, September 17, 2021.

9. 对这些公司的说明和讨论参见：Michael J. Mol and Julian M. Birkinshaw, *Giant Steps in Management: Creating Innovations That Change the Way We Work* (Englewood Cliff, NJ: Prentice-Hall, 2008); Nicolai J. Foss, "Selective Intervention and Internal Hybrids: Interpreting and Learning from the Rise and Decline of the

Oticon Spaghetti Organization," *Organization Science* 14, no. 3 (2003): 331–349; Hamel, "First, Let's Fire All the Managers"; Phanish Puranam and Dorth Døjbak Håkonsson, "Valve's Way," *Journal of Organization Design* 4, no. 2 (2015): 2–4; Julian Birkinshaw, "What Lessons Should We Learn from Valve's Innovative Management Model?," *Journal of Organization Design* 3, no. 2 (2014): 8–9; Nicolai J. Foss and Peter G. Klein, "Why Managers Still Matter ," *Sloan Management Review*, September 2014, 73–80；以及 Ulrich Möller and Matthew McCaffrey, "Levels Without Bosses? Entrepreneurship and Valve's Organizational Design," in *The Invisible Hand in Virtual Worlds: The Economic Order of Video Games*, edited by Matthew McCaffrey (Cambridge: Cambridge University Press, 2022), 211–240。

10. Tim Kastelle, "Hierarchy Is Overrated," *Harvard Business Review* blog, November 20, 2013.

11. "In Many Ways, I Believe This Is All Just the Beginning—A (Long Overdue) Interview with the Author of *Reinventing Organizations*, Frederic Laloux," *Medium*, May 7, 2018, medium.com/@fredlaloux/in-many-waysi-believe-this-is-all-just-the-beginning-a697a33a555b（访问于2021年5月10日）。

12. 扁平化的趋势也可能加剧职场中的性别不平等和隔离。一项研究发现，科层制度更扁平的企业所吸引的女性求职者更少，主要是因为女性认为这样的公司为她们提供的职业发展机会更少、适应性问题更多、工作量更大。参见 Rueben Hunt, Saerom Lee, and Justin Flake, "The Hidden Cost of Flat Hierarchies on Applicant Pool Diversity: Evidence from Experiments," working paper, Ross School of Business, University of Michigan, March 15, 2022。

13. Alicia Clegg, "Boss-less Business Is No Workers' Paradise," *Financial Times*, September 18, 2019.

14. Douglass C. North, "Institutions," *Journal of Economic Perspectives* 5, no. 1 (1991): 97–112, 97.

第 二 章

1. Statista Research Department, "Distribution of Games Released on Steam Between 2004 and 2016, by Release Year," November 30, 2016, www.statista.com/statistics/750099/steam-games-release-annualdistribution/.

2. Eddie Makuch , "Valve Is the Most Desirable Employer in Video Games, Study Finds," GameSpot, August 19, 2014, www.gamespot.com/articles/valve-is-the-most-desirable-employer-invideo-game/1100-6421807/.

3. 许多游戏都有内置的经济体系，这意味着顾客不仅可以购买各种游戏物品，还可以与其他玩家进行交易。参见：James Cook, "Greece's New Finance Minister Used to Manage Virtual Economies in Video Games," Insider, February 4, 2015, www.businessinsider.com/yanis-varoufakis-valve-game-economy-greekfinance-2015-2?r=US&IR=T。瓦鲁法基斯在个人博客中谈到了威尔乌的组织，参见："On Spontaneous Order, Valve, the Future of Corporations, Hume, Smith, Marx, and Hayek: A One Hour Chat with Russ Roberts on ECONTALK," February 25, 2013, www.yanisvaroufakis.eu/2013/02/25/on-spontaneous-order-valve-the-future-of-corporations-hume-smith-marx-and-hayek-a-one-hour-chat-withruss-roberts-on-econtalk/。

4. Alex Hern, "Valve Software: Free Marketeer's Dream, or Nightmare? The First Anti-Cap Software Company," *New Statesman*, August 3, 2012, www.newstatesman.com/blogs/economics/2012/08/valve-software-freemarketeers-dream-or-nightmare（访问于2021年4月21日）。

5. Ryan Cooper, "How Capitalism Killed One of the Best Video Game Studios," *The Week*, June 4, 2019, theweek.com/articles/844962/howcapitalism-killed-best-video-game-studios.

6. 库帕表示："显然，成为亚马逊式的分销平台比开发游戏能赚到更多钱。而且，赚钱也容易得多。先发优势和网络效应能帮你完成大部分工作。"（来源同上）。仿佛先发制人并占据网络优势是一件简单、明显且毫不费力的事情！

7. Valve Corporation, *Handbook for New Employees* (Bellevue, WA: Valve Press, 2021), 46.

8. 同上。

9. Frank Cifaldi, "How Valve Hires, How It Fires, and How Much It Pays," Game Developer, February 25, 2013, www.gamedeveloper.com/business/how-valve-hires-how-it-fires-and-howmuch-it-pays.

10. Varoufakis, "On Spontaneous Order, Valve, the Future of Corporations."

11. Don Tapscott and Anthony Williams, *Wikinomics: How Mass Collaboration*

Changes Everything (New York: Portfolio, 2008); Ori Brafman and Rod A. Beckstrom, *The Starfish and the Spider: The Unstoppable Power of Leaderless Organizations* (London: Penguin, 2006); Clay Shirky, *Here Comes Everybody: The Power of Organizing Without Organizations* (New York: Penguin, 2008); Jacob Bøtter and Lars Kolind, *Unboss* (Copenhagen: Jyllands-Posten, 2012); Gary Hamel and Michele Zanini, *Humanocracy: Creating Organizations as Amazing as the People Inside Them* (Boston: Harvard Business Review Press, 2020).

12. Vivian Giang, "What Kind of Leadership Is Needed in Flat Hierarchies?," *Fast Company*, May 19, 2015, www.fastcompany.com/3046371/what-kind-of-leadership-is-needed-inflat-hierarchies（访问于2021年12月30日）。

13. Justin Bariso, "This Email from Elon Musk to Tesla Employees Describes What Great Communication Looks Like," *Inc.*, August 30, 2017, www.inc.com/justin-bariso/this-email-from-elon-musk-to-tesla-employeesdescr.html.

14. "Saving David Brent," *The Economist*, August 15, 2011.

15. Alfred P. Sloan Jr., *My Years with General Motors* (Garden City, NY: Doubleday, 1964).

16. Frederic Laloux, *Reinventing Organizations: A Guide to Creating Organizations Inspired by the Next Stage of Human Consciousness* (Millis, MA: Nelson Parker, 2014).

17. Tom Peters, *Thriving on Chaos: Handbook for a Management Revolution* (New York: Alfred A. Knopf, 1987); Tom Peters, *The Pursuit of Wow! Every Person's Guide to Topsy-Turvy Times* (New York: Vintage, 1994).

18. Edwin A. Abbott, *Flatland: A Romance of Many Dimensions* [1884] (New York: Dover Thrift, 1992).

19. Philippa Warr, "Former Valve Employee: 'It Felt a Lot Like High School,'" *Wired*, July 9, 2013, www.wired.com/2013/07/wireduk-valve-jeriellsworth/.

20. André Spicer, "No Bosses, No Managers: The Truth Behind the 'Flat Hierarchy' Facade," *Guardian*, July 30, 2018, www.theguardian.com/commentisfree/2018/jul/30 no-bosses-managers-flathierachy-workplace-tech-hollywood.

21. Robert Michels, *Political Parties: A Sociological Study of the Oligarchical*

Tendencies of Modern Democracy, translated by Eden Paul and Cedar Paul (New York: Free Press, 1915). 诺曼·科恩（Norman Cohn）的经典作品饶有趣味地描述了一种组织，它们表面上是无老板的，实际上却崇拜强大的领导者。参见：*The Pursuit of the Millennium: Revolutionary Millenarians and Mystical Anarchists of the Middle Ages* [1957] (Oxford: Oxford University Press, 1970)。伍迪·艾伦（Woody Allen）1971年的电影《香蕉》（*Bananas*）就是围绕这一主题展开的。

22. Bradi Heaberlin and Simon DeDeo, "The Evolution of Wikipedia's Norm Network," *Future Internet* 8, no. 2 (2016): 14.

第 三 章

1. David G. Tarr, "The Steel Crisis in the United States and the European Community: Causes and Adjustments," in Issues in *US-EC Trade Relations*, edited by Robert E. Baldwin, Carl B. Hamilton, and Andre Sapir (Chicago: University of Chicago Press, 1988), 173–198, ww.nber.org/system/files/chapters/c5960/c5960.pdf.

2. 参见：Donaldson Brown, vice president, General Motors Corp., "Decentralized Operations and Responsibilities with Coordinated Control," paper presented at the American Management Association convention, New York City, February 1927。

3. Warren Bennis and Philip E. Slater, *The Temporary Society* (New York: Harper & Row, 1968).

4. 例如，可参考：Henry Mintzberg, "Organization Design: Fashion or Fit?," *Harvard Business Review*, January 1981。

5. Alvin Toffler, *Future Shock* (New York: Random House, 1970).

6. Timothy Leary , "Foreword," in *Counterculture Through the Ages: From Abraham to Acid House*, edited by Ken Goffman and Dan Joys (New York: Villard Books, 2004), ix.

7. Virginia Postrel, *The Future and Its Enemies: The Growing Conflict over Creativity, Enterprise, and Progress* (New York: Free Press, 1998).

8. 关于该广告的详细内容，参见：Coca-Cola Company, "Creating 'I'd Like to Buy the World a Coke,'" www.cocacolacompany.com/company/history/creating-id-like-to-buy-the-world-a-coke。

9. Robert M. Grant, "The Future of Management: Where Is Gary Hamel Leading

Us?," *Long Range Planning* 41, no. 5 (2008): 469–482, esp. 476.

10. 同上文，第476页。

11. 参见伊莎兰学院的网站：www.esalen.org/。

12. "Lunch with the FT: Werner Erhard," *Financial Times*, April 28, 2012.

13. James Collins et al., eds., *Harvard Business Review on Change* (Boston: Harvard Business Review Press, 1998).

14. Kenneth Labich and Tim Carvell, "Nike vs. Reebok: A Battle for Hearts, Minds, and Feet," *Fortune*, September 18, 1995.

15. 同上。

16. Steve Jobs, "'You've Got to Find What You Love,' Jobs Says," Stanford University commencement address delivered June 12, 2005, Stanford News, June 14, 2005, news.stanford.edu/2005/06/14/jobs-061505/.

17. Adam Lashinsky, "How Apple Works: Inside the World's Biggest Startup," *Fortune*, August 25, 2011.

18. 同上。

19. Ken Wilber, "Foreword," in Frederic Laloux, *Reinventing Organizations: A Guide to Creating Organizations Inspired by the Next Stage of Human Consciousness* (Millis, MA: Nelson Parker, 2014), xvii.

第 四 章

1. 关于无老板公司叙事的思想起源，参见Michael Y. Lee and Amy C. Edmondson, "Self-Managing Organizations: Exploring the Limits of Less-Hierarchical Organizing," *Research in Organizational Behavior* 37 (2017): 35–58。

2. Ralph Stayer, "How I Learned to Let My Workers Lead," *Harvard Business Review*, November/December 1990.

3. Tom Peters, "Strategies for Continuous Learning in the Workplace, Part II: The Johnsonville Foods Saga," tompeters!, 1988, tompeters.com/columns/strategies-for-continuous-learning-in-theworkplace-part-ii-the-johnsonville-foods-saga/.

4. Ricardo Semler, "Managing Without Managers," *Harvard Business Review*, September/October 1989.

5. Ricardo Semler, "Out of This World: Doing Things the Semco Way," *Global*

Business and Organizational Excellence, July/August 2007, 21.

6. 同上。

7. Peter A. Maresco and Christopher C. York, "Ricardo Semler: Creating Organizational Change Through Employee Empowered Leadership," Academic Leadership: The Online Journal 3, no. 2 (2005): article 8, scholars.fhsu.edu/alj/vol3/iss2/8.

8. Semler, "Managing Without Managers."

9. 同上。

10. Ricardo Semler, *The Seven-Day Weekend: Changing the Way Work Works* (New York: Warner Books, 2004), 24.

11. Pim de Morree, "Fixing Work That Sucks: Semco's Step-by-Step Transformation," Corporate Rebels, 2019, corporate-rebels.com/semco/（访问于2021年4月26日）。

12. Reed Hastings and Erin Meyer, *No Rules Rules: Netflix and the Culture of Reinvention* (London: Penguin Press, 2020).

13. Shalini Ramachandran and Joe Flint, "At Netflix, Radical Transparency and Blunt Firings Unsettle the Ranks," *Wall Street Journal*, October 25, 2018.

14. Gary Hamel, "Innovation Democracy: W. L. Gore's Original Management Model," Management Information eXchange, September 23, 2010, www.managementexchange.com/story/innovation-democracy-wlgores-original-management-model.

15. 引自 Ruth Mayhew, "Cons of a Lattice Organizational Structure," *Chron.*, n.d., smallbusiness.chron.com/cons-lattice-organizational-structure3836.html。

16. Davi Krackhardt and Jeffrey R. Hanson, "Informal Networks: The Company Behind the Chart," *Harvard Business Review*, July/August 1993.

17. Mia Reinholt, Torben Pedersen, and Nicolai J. Foss, "Why a Central Network Position Isn't Enough: The Moderating Roles of Motivation and Ability for Knowledge Sharing in Employee Networks," *Academy of Management Journal* 54 (2011): 1277–1297.

18. Benn Lawson, Kenneth J. Petersen, Paul D. Cousins, and Robert B. Handfield, "Knowledge Sharing in Interorganizational Product Development Teams: The Effect of Formal and Informal Socialization Mechanisms," *Journal of Product*

Innovation Management 26, no. 2 (2009): 156–172.

19. Malcolm Gladwell, *The Tipping Point: How Little Things Can Make a Difference* (Boston: Little, Brown, 2000), 186.

20. Tom G. Burns and G. M. Stalker, *The Management of Innovation* (London: Tavistock, 1961).

21. Wesley D. Sine, Hitoshi Mitsuhashi, and David A. Kirsch, "Revisiting Burns and Stalker: Formal Structure and New Venture Performance in Emerging Economic Sectors," *Academy of Management Journal* 49, no. 1 (2006): 121–132; Arthur Stinchcombe, "Social Structure and Organizations," in *Handbook of Organizations*, edited by James March (Chicago: Rand McNally, 1965), 142–193.

22. Douglas MacGregor, *The Human Side of Enterprise* (New York: McGraw-Hill, 1960); Hamel, "Innovation Democracy."

23. 主要参见 Gary Hamel and Michele Zanini, *Humanocracy: Creating Organizations as Amazing as the People Inside Them* (Boston: Harvard Business Review Press, 2020)。

24. Jay R. Galbraith, *Designing Complex Organizations* (Reading, MA: Addison-Wesley, 1973).

25. John J. Morse and Jay W. Lorsch, "Beyond Theory Y," *Harvard Business Review*, May 1970.

26. 从技术性的角度来说，一个较好的关于此类文献的综述参见Erik Brynjolfsson and Paul Milgrom, "Complementarity in Organizations," in *Handbook of Organizational Economics*, edited by Robert Gibbons and John Roberts (Princeton, NJ: Princeton University Press, 2013), 11–55。

27. Augustin J. Ros, *Profits for All? The Costs and Benefits of Employee Ownership* (Huntington, NY: Nova Science, 2001).

28. Mondragón Corporation, "Co-operative Culture," web.archive.org/web/20101125084323/http://www.mondragoncorporation.com/ENG/Co-operativism/Co-operative-Experience/Cooperative-Culture.aspx.

29. Peter S. Goodman, "Co-ops in Spain's Basque Region Soften Capitalism's Rough Edges," *New York Times*, December 29, 2020.

30. Michael L. Cook and Constantine Iliopoulos, "Ill-Defined Property Rights

in Collective Action: The Case of US Agricultural Cooperatives," in *Institutions, Contracts, and Organizations*, edited by Claude Ménard (Aldershot, UK: Edward Elgar, 2000), 335–348.

31. Tom Standage, *The Victorian Internet: The Remarkable Story of the Telegraph and the Nineteenth Century's Online Pioneers* (New York: Walker and Company, 1998).

32. David C. Mowery, " Plus ca change : Industrial R&D in the 'Third Industrial Revolution,'" *Industrial and Corporate Change* 18, no. 1 (2009): 1–50.

33. Vivien A. Schmidt, *Democratizing France: The Political and Administrative History of Decentralization* (Cambridge: Cambridge University Press, 2007).

34. Jack Kelly, "Spotify Will Let Employees Work from Anywhere They Do Their Best 'Thinking and Creating,'" *Forbes*, February 12, 2021, www.forbes.com/sites/jackkelly/2021/02/12/spotify-will-let-employeeswork-from-anywhere-they-do-their-best-thinking-and-creating/?sh=721b477be046.

35. M. Keith Chen, Peter E. Rossi, Judith A. Chevalier , and Emily Oehlsen, "The Value of Flexible Work: Evidence from Uber Drivers," *Journal of Political Economy* 127, no. 6 (2019): 2735–2794.

36. Barton H. Hamilton, "Does Entrepreneurship Pay? An Empirical Analysis of the Returns to Self-Employment," *Journal of Political Economy* 108, no. 3 (2000): 604–631.

37. Peter Drucker, *The Practice of Management* (New York: Harper & Row, 1954).

第 五 章

1. James A. Brickley, Clifford W. Smith Jr., and Jerold L. Zimmerman, "Management Fads and Organizational Architecture," *Journal of Applied Corporate Finance* 10, no. 2 (1997): 24–39.

2. Hofstede Insights, "Country Comparison," www.hofstedeinsights.com/country-comparison/denmark,finland,norway,sweden/.

3. 为英语市场出版的版本为：Jan Carlzon, *The Moment of Truth* (Cambridge, MA: Ballinger, 1987)。

4. Arthur Reed, "Carlzon's Out to Raze Pyramids," *Industry Week*, April 28, 1986.

5. Warren Bennis, "Leadership from Inside and Out: We Need Leaders Instead of Managers, Sure, but What Is the Difference? A Doer and a Thinker Try to Explain," *Fortune*, January 18, 1988.

6. Maria Eriksson, Rasmus Fleischer, Anna Johansson, Pelle Snickars, and Patrick Vonderau, *Spotify Teardown: Inside the Black Box of Streaming Music* (Cambridge, MA: MIT Press, 2019).

7. 例如，可参考Catherine Brown, "Spotify's Organizational Structure for Flexible Growth and Expansion," *Rancord Society*, 更新于2019年4月12日, www.rancord.org/spoti fy-organizational-structure-designstructural-characteristics（访问于2021年4月9日）。

8. Brian Dean, "Spotify User Stats," Backlinko, October 14, 2021, backlinko.com/spotify-users; Spotify: For the Record, "About Spotify," newsroom.spotify.com/company-info.

9. Rasmus Fleischer, "Universal Spotification? The Shifting Meaning of 'Spotify' as a Model for the Media Industries," *Popular Communication* 19, no. 1 (2021): 14–25.

10. 例如，可参见Brown, "Spotify's Organizational Structure"。

11. Mark Cruth, "Discover the Spotify Model: What the Most Popular Music Technology Company Can Teach Us About Scaling Agile," Atlassian Agile Coach, www.atlassian.com/agile/agile-at-scale/spotify（访问于2021年12月30日）。

12. Gunnar Hedlund, "A Model of Knowledge Management and the NForm Corporation," *Strategic Management Journal* 15 (1994): 73–90.

13. 参见Henrik Kniberg and Anders Ivarsson, "Scaling Agile @ Spotify — With Tribes, Squads, Chapters, and Guilds," October 2012, blog.crisp.se/wp-content/uploads/2012/11/SpotifyScaling.pdf（访问于2021年4月21日）。

14. Hirotaka Takeuchi and Ikujiro Nonaka, "The New Product Development Game," *Harvard Business Review*, January 1986.

15. Maria Carmela Annosi, Nicolai Foss, Mats Magnusson, and Federica Brunetta, "The Interaction of Control Systems and Stakeholder Networks in Shaping

the Identities of Self-M anaged Teams," *Organization Studies* 38 (2017): 619–646.

16. 参见 Maria Carmela Annosi, Nicolai Foss, and Antonella Martini, "When Agile Harms Learning and Innovation (and What Can Be Done About It)," *California Management Review* 63 (2020): 61–80。

17. 下述文献中汇报了这一事实以及关于美国高管市场的其他事实：Carolina Frydman, "Rising Through the Ranks: The Evolution of the Market for Corporate Executives, 1936–2003," *Management Science* 65 (2019): 4951–4976。

18. Mike Davies, "CEO Turnover at Record High; Successors Following Long Serving CEOs Struggling According to PwC's Strategy and Global Study," PwC Global, 2019, www.pwc.com/gx/en/news-room/pressreleases/2019/ceo-turnover-record-high.html.

19. Tony Hsieh, *Delivering Happiness: A Path to Profits, Passion, and Purpose* (Boston: Business Plus, 2010).

20. Tony Hsieh, "Why I Sold Zappos," *Inc.*, June 1, 2010, www.inc.com/magazine/20100601/why-i-sold-zappos.html.

21. Tony Hsieh, "How Zappos Infuses Culture Using Core Values," *Harvard Business Review* blog, May 24, 2010, hbr.org/2010/05/howzappos-infuses-culture-using-core-values（访问于2020年11月13日）。

22. 同上。

23. 维基百科上关于美捷步的条目："2013年9月9日，美捷步将总部从内华达州的亨德森迁至拉斯维加斯市中心的前市政厅大楼。CEO谢家华当时表示，他希望'能在一个让每个人都觉得可以随时闲逛并且工作和娱乐之间没有太大区别的地方'。拉斯维加斯市长奥斯卡·古德曼（Oscar Goodman）对此举表示赞赏，他说'此举将为拉斯维加斯的核心区带来大量创意人才，并为经济和新工作带来重大推动力。'"参见："Zappos," en.wikipedia.org/wiki/Zappos（访问于2021年12月30日）。

24. Sam Frampton, "How Zappos Customer Service WOWs Customers to Win," Chattermill, March 13, 2020, chattermill.com/blog/zapposcustomer-service/（访问于2021年12月30日）。

25. Roxanne Warren, "10 Things to Know About Zappos Customer Service," Zappos.com, April 17, 2020, www.zappos.com/about/stories/customer-service-things-

to-know.

26. Hsieh, "Why I Sold Zappos."

27. 这类故事收录于："10 Zappos Stories That Will Change the Way You Look at Customer Service Forever," Infinit-o, 2020, resourcecenter.infinit-o.com/blog/10-zappos-stories-that-will-change-theway-you-look-at-customer-service-forever/（访问于2021年12月30日）。

28. 参考以下报道：Alessia Fabbioni, "Best of Zappos Customer Service Stories," *Medium*, March 7, 2019, medium.com/@alessiafabbioni/best-ofzappos-customer-service-stories-543606d76637。

29. Noah Ashkin and Gianpiero Petriglieri, "Tony Hsieh at Zappos: Structure, Culture, and Change," Insead IN1249-PDF-ENG, August 26, 2016, 6.

30. Alaska Airlines, "Yes THAT Nordstrom Tire Story," October 5, 2015, blog.alaskaair.com/alaska-airlines/nordstrom-tire-story/（访问于2021年4月21日）。

31. Hsieh, "Why I Sold Zappos."

32. Brian J. Robertson, *Holacracy: The Revolutionary Management System That Abolishes Hierarchy* (London: Penguin, 2015).

33. 还记得数学家本华·曼德博（Benoit Mandelbrot）的"分形"（fractals）吗？子整体基本上就是分形。

34. John Bunch, Niko Canner, and Michael Lee, "Beyond the Holacracy Hype: The Overwrought Claims—and Actual Promise—of the Next Generation of Self-Managed Teams," *Harvard Business Review*, July/August 2016, 45.

35. Robertson, Holacracy, 22. 参见 "Holacracy Constitution, Version 5.0," www.holacracy.org/constitution/5。

36. Robertson, Holacracy, 22.

37. 引自 Aimee Groth, "Internal Memo: Zappos Is Offering Severance to Employees Who Aren't All in with Holacracy," *Quartz*, March 26, 2013, qz.com/370616/internal-memo-zappos-is-offeringseverance-to-employees-who-arent-all-in-with-holacracy/。

38. 同上。

39. Aimee Groth, "Zappos Has Quietly Backed Away from Holacracy," *Quartz*, January 29, 2020, qz.com/work/1776841/zappos-has-quietly-backed-away-from-

holacracy/.

第 六 章

1. 参见Jacob Bøtter and Lars Kolind, *Unboss* (Copenhagen: JyllandsPostens Forlag, 2012)。

2. Scouts, "Mission, Vision, and Strategy," www.scout.org/vision.

3. 引自Joost Minnaar, "How Lars Kolind Created Immense Success by Abolishing Hierarchy (20 Times!)," Corporate Rebels, 2017, corporate-rebels.com/lars-kolind/（访问于2020年9月15日）。

4. John P. Kotter and James L. Heskett, *Corporate Culture and Performance* (New York: Free Press, 1992).

5. 然而，那个组织试验的确留下了深刻的文化印记，参见Nicolai J. Foss and Mathilde Fogh Kirkegaard, "Blended Ambidexterity: Combining Modes of Ambidexterity in William Demant Holding," *Long Range Planning* 53, no. 6 (2020): 102049, doi:10.1016/j.lrp.2020.102049。

6. Oliver E. Williamson, *The Economic Institutions of Capitalism: Firms, Markets, Relational Contracting* (New York: Free Press, 1985), 135.

7. Jerald Greenberg, "Determinants of Perceived Fairness of Performance Evaluations," *Journal of Applied Psychology* 71, no. 2 (1986): 340–342; Robert Folger and Mary A. Konovsky, "Effects of Procedural and Distributive Justice on Reactions to Pay Raise Decisions," *Academy of Management Journal* 32, no. 1 (1989): 115–130.

8. F. A. Hayek, *Law, Legislation, and Liberty*, vol. 1 (Chicago: University of Chicago Press, 1973).

9. Elon Musk, "The Mission of Tesla," Tesla, November 18, 2013, www.tesla.com/blog/mission-tesla（访问于2021年12月15日）。

10. Herbert A. Simon, "Organizations and Markets," *Journal of Economic Perspectives* 5, no. 2 (1991): 25–44.

11. Richard N. Langlois, "The Vanishing Hand: The Changing Dynamics of Industrial Capitalism," *Industrial and Corporate Change* 12, no. 2 (2003): 351–385.

12. Heather Boushey and Helen Knudsen, "The Importance of Competition for

the American Economy," The White House, July 9, 2021, www.whitehouse.gov/cea/written -materials/2021/07/09/the-importance-ofcompetition-for-the-american-economy/（访问于2021年11月23日）。

13. Robert D. Atkinson and Filipe Lage de Sousa, "No, Monopoly Has Not Grown," Information Technology and Innovation Foundation, June 7, 2021, itif.org/publications/2021/06/07/no-monopoly-has-not-grown（访问于2021年11月23日）。

14. 这是管理学大师们在一篇著名文章中所认可的策略：C. K. Prahalad and Gary Hamel, "The Core Competence of the Corporation," *Harvard Business Review*, May/June 1990。

15. Peter Drucker, *The Practice of Management* (New York: Harper & Row, 1954), 131.

第 七 章

1. Gary Hamel and Michele Zanini, *Humanocracy: Creating Organizations as Amazing as the People Inside Them* (Boston: Harvard Business Review Press, 2020).

2. Karl R. Popper, "The Critical Approach Versus the Mystique of Leadership," *Human Systems Management* 8 (1989): 259–265, 262.

3. Brooke Macnamara, David Z. Hambrick, and Frederick L. Oswald, "Deliberate Practice and Performance in Music, Games, Sports, Education, and Professions: A Meta-Analysis," *Psychological Science* 25 (2014): 1–11.

4. 例如，可参见David Autor, "Skills, Education, and the Rise of Earnings Inequality Among the 'Other 99 Percent,'" *Science* 344, no. 6186 (2014): 843–851。

5. David Autor , "Polanyi's Paradox and the Shape of Employment Growth," Working Paper 20485 (Cambridge, MA: National Bureau of Economic Research, 2014).

6. Christopher Lehmann-Haupt, "The Man Who Invented American Efficiency," *New York Times*, August 11, 1997.

7. 引自Robert Kanigel, *The One Best Way: Frederick Winslow Taylor and the Enigma of Efficiency* (Cambridge, MA: MIT Press, 1997)。

8. Jeffrey Vance, *Chaplin: Genius of the Cinema* (New York: Harry N. Abrams, 2003), 229.

9. Henry Mintzberg, "Organization Design: Fashion or Fit?," *Harvard Business Review*, January 1981.

10. National Research Council, *The Changing Nature of Work: Implications for Occupational Analysis* (Washington, DC: National Academies Press, 1999).

11. Daron Acemoglu and David Autor, "Skills, Tasks, and Technologies: Implications for Employment and Earnings," in *Handbook of Labor Economics*, vol. 4B, edited by David Card and Orley Ashenfelter (Amsterdam: North-Holland, 2011), 1043–1171.

12. Enghin Atalay, Phai Phongthiengtham, Sebastian Sotelo, and Daniel Tannenbaum, "The Evolution of Work in the United States," *American Journal of Economics: Applied Economics* 12, no. 2 (2020): 1–34.

13. Richard A. D'Aveni, *Hypercompetition: Managing the Dynamics of Strategic Maneuvering* (New York: Free Press, 1994).

14. 后续研究发现，许多关于超级竞争的主张都被夸大了，至少在20世纪70年代末到80年代末的十年中是如此，这一时期的特点是市场和行业的稳定性不断下降。参见 Gerry McNamara, Paul M. Vaaler, and Cynthia Devers, "Same as It Ever Was: The Search for Evidence of Increasing Hypercompetition," *Strategic Management Journal* 24, no. 3 (2003): 261–278。

15. Haim Mendelsson and Ravindran R. Pillai, "Information Age Organizations, Dynamics, and Performance," *Journal of Economic Behavior and Organization* 38 (1999): 235–281; Nicolai J. Foss and Keld Laursen, "Performance Pay, Delegation, and Multitasking Under Uncertainty and Innovativeness: an Empirical Investigation," *Journal of Economic Behavior and Organization* 58 (2005): 246–276.

16. Chuck Blakeman, "An Email from Elon Musk Reveals Why Managers Are Always a Bad Idea," *Inc.*, October 30, 2017, www.inc.com/chuck-blakeman/an-email-from-elon-musk-reveals-whymanagers-are-always-a-bad-idea.html（访问于2021年5月15日）。

17. Friedrich A. Hayek, "The Use of Knowledge in Society," *American Economic Review* 35, no. 4 (1945): 519–530.

18. OECD, "Education at a Glance," 2020, www.oecd.org/education/education-at-a-glance/.

19. Raghuram G. Rajan and Luigi Zingales, "Power in a Theory of the Firm," *Quarterly Journal of Economics* 113, no. 2 (1998): 387–432.

20. Maria Guadalupe and Julie Wulf, "The Flattening Firm and Product Market Competition: The Effect of Trade Liberalization on Corporate Hierarchies," *American Economic Journal: Applied Economics* 2 (2010): 105–127.

21. Kirsten Foss, Nicolai Foss, and José Vasquez, "Tying the Manager's Hands: Credible Commitment and Firm Organization," *Cambridge Journal of Economics* 30 (2006): 797–818.

22. Sandra L. Robinson and Denise M. Rousseau, "Violating the Psychological Contract: Not the Exception but the Norm," *Journal of Organizational Behavior* 15 (1994): 245–259.

23. André Spicer, "No Bosses, No Managers: The Truth Behind the 'Flat Hierarchy' Facade," *Guardian*, July 30, 2018.

第 八 章

1. Adam Lashinsky, *Inside Apple: How America's Most Admired—and Secretive—Company Really Works* (New York: Business Plus, 2012), 69.

2. Ryan Mac, "Jeff Bezos Reveals His No. 1 Leadership Secret," *Forbes*, April 4, 2012.

3. Julie Wulf, "The Flattened Firm: Not as Advertised," *California Management Review* 55, no. 1 (2012): 5–23; Maria Guadalupe, Hongyi Li, and Julie Wulf, "Who Lives in the C-Suite? Organizational Structure and the Division of Labor in Top Management," *Management Science* 60, no. 4 (2014): 824–844.

4. Gardiner Morse, "Management by Fire: A Conversation with Chef Anthony Bourdain," *Harvard Business Review*, July 2002.

5. 听这首歌风险自负。歌词中的粗言秽语程度令人吃惊："Buddy Rich Bus Tapes REMASTERED Jazz Drummer," 2017年3月13日发布于YouTube, www.youtube.com/watch?v=3Ia95oiS5LE&t=175s。

6. Victoria Koehl, "Christian Bale Famously Lost His Temper on the Set of a 'Terminator' Movie," *Showbiz CheatSheet*, December 18, 2020.

第 九 章

1. Oliver E. Williamson, *The Economic Institutions of Capitalism: Firms, Markets, Relational Contracting* (New York: Free Press, 1985).

2. G. C. Allen, *The Industrial Development of Birmingham and the Black Country, 1906–1927* (London: Allen and Unwin, 1929), 56–57. 此案例应归功于我们的朋友兼同事理查德·N. 朗格卢瓦（Richard N. Langlois）。

3. Adam Smith, *An Enquiry into the Nature and Causes of the Wealth of Nations* (New York: Random House/Modern Library, 1947), 3–5, 7, 11–12.

4. Joel Bakan, *The Corporation: The Pathological Pursuit of Profit and Power* (New York: Free Press, 2007).

5. 参见地球宪章网站earthcharter.org/（访问于2021年12月31日）。

6. Adolf A. Berle and Gardiner C. Means, *The Modern Corporation and Private Property* (New York: Macmillan, 1933).

7. Paul Adler, *The 99 Percent Economy: How Democratic Socialism Can Overcome the Crises of Capitalism* (New York: Oxford University Press, 2019), 5.

8. 美国众议院司法委员会反垄断、商法和行政法小组委员会,《数字市场竞争调查：多数派工作人员报告和建议》, 2020年, judiciary.house.gov/uploadedfiles/competition_in_digital_markets.pdf?utm_campaign=4493-519。

第 十 章

1. Friedrich A. Hayek, "The Use of Knowledge in Society," *American Economic Review* 35, no. 4 (1945): 519–530.

2. Ludwig von Mises, *Bureaucracy* (New Haven, CT: Yale University Press, 1944), 29.

3. Alfred D. Chandler Jr., *Strategy and Structure: Chapters in the History of the Industrial Enterprise* (Cambridge, MA: MIT Press, 1962).

4. 包括普利策奖获奖著作 *The Visible Hand: The Managerial Revolution in American Business* (Cambridge, MA: Belknap Press of Harvard University Press, 1977). 在 *Scale and Scope: The Dynamics of Industrial Capitalism* (Cambridge, MA: Harvard University Press, 1990) 中，钱德勒比较了多个国家的企业资本主义。

5. Tarun Khanna and Krishna G. Palepu, *Winning in Emerging Markets: A Road*

Map for Strategy and Execution (Boston: Harvard Business Press, 2010).

6. 伟大的法国数学家埃米尔·波莱尔举了以下例子:"假设两百万巴黎人被分成两组,在配对游戏中掷硬币。每组都玩到第一次掷硬币的获胜者再次与另一名玩家平分。假设每八小时每天每秒掷一次硬币,十年后平均仍有大约一百对;如果玩家将游戏留给他们的继承人,一千年后仍有十几对在玩。"引自 Armen Alchian, "Uncertainty, Evolution, and Economic Theory," *Journal of Political Economy* 58, no. 3 (June 1950): 211–221, 215。

7. 参见 Phil Rosenzweig, *The Halo Effect... and Eight Other Business Illusions That Deceive Managers* (New York: Free Press, 2007)。

8. Morten Bennedsen, Francisco Pérez-González, and Daniel Wolfenzon, "Do CEOs Matter?," working paper, December 2010, www0.gsb.columbia.edu/mygsb/faculty/research/pubfiles/3177/valueceos.pdf. 配偶或子女的死亡也有类似的影响。相比之下,董事会成员的死亡对绩效没有影响。(CEO 岳母的死亡也没有影响。)

9. Thomas Quigley and Don Hambrick, "Macrosocietal Changes and Executive Effects on Firm Performance: A New Explanation for the Great Rise in Attributions of CEO Significance, 1950–2009." Working paper, University of Georgia (2011).

10. Steven W. Floyd and Bill Woodridge, "Dinosaurs or Dynamos? Recognizing Middle Management's Strategic Role," *Academy of Management Executive* 8, no. 4 (1994): 47–57, 48.

11. Giuseppe Soda, Marco Tortoriello, and Alessandro Iorio, "Harvesting Value from Brokerage: Individual Strategic Orientation, Structural Holes, and Performance," *Academy of Management Journal* 61, no. 3 (2018): 896–918.

12. K. C. Kellogg, "Brokerage Professions and Implementing Reform in an Age of Experts," *American Sociological Review* 79, no. 5 (2014): 912–941.

13. Herbert A. Simon, "A Formal Theory of the Employment Relationship," *Econometrica* 19 (1951): 293–305.

14. Herbert A. Simon, "The Architecture of Complexity," *Proceedings of the American Philosophical Society* 106 (1962): 467–482.

15. 最近的研究证实了西蒙的想法;参见 Henok Mengistu, Joost Huizinga, Jean-Baptiste Mouret, and Jeff Clune, "The Evolutionary Origins of Hierarchy,"

PLOS Computational Biology 12, no. 6 (2016)。

16. GitLab, "The 10 Models of Remote and Hybrid Work," about.gitlab.com/company/culture/all-remote/stages/#:~:text=GitLab%20is%20the%20world's%20largest,in%20more%20than%2065%20countries（访问于2021年12月20日）。

17. 理查德·朗格卢瓦的思想在这方面颇具影响力，参见其"The Vanishing Hand: The Changing Dynamics of Industrial Capitalism," *Industrial and Corporate Change* 12, no. 2 (2003): 351–382。

18. Kif Leswing, "Apple Sued by Fortnite Maker After Kicking the Game out of App Store for Payment Policy Violations," CNBC, August 13, 2020, www.cnbc.com/2020/08/13/apple-kicks-fortnite-out-of-app-store-for-challenging-payment-rules.html（访问于2021年12月31日）。

19. Gary Hamel, "First, Let's Fire All the Managers," *Harvard Business Review*, December 2011, 52.

20. Pim de Morree, "Morning Star's Success Story: No Bosses, No Titles, No Structural Hierarchy," *Corporate Rebels*, 2017, corporate-rebels.com/morning-star/（访问于2021年9月3日）。

21. 这些案例来自Francesca Gino, Bradley R. Staats, Brian J. Hall, and Tiffany Y. Chang, "The Morning Star Company: Self- Management at Work," Harvard Business School Case 9-914-013, June 2013。

22. 例如，参见Bruce G. Posner, "Right from the Start: Lincoln Electric Co. Compensates Employees Based on Individual Productivity," *Inc.*, August 1, 1988, www.inc.com/magazine/19880801/5934.html（访问于2021年8月2日）；以及Frank Koller, *Spark: How Old-Fashioned Values Drive a Twenty-First-Century Corporation* (New York: PublicAffairs, 2011)。

第十一章

1. Hannah Arendt, *Eichmann in Jerusalem: A Report on the Banality of Evil* (New York: Viking Press, 1963).

2. Martin Gurri, *The Revolt of the Public and the Crisis of Authority in the New Millennium* (South San Francisco: Stripe Press, 2018).

3. Gina Perry, *Behind the Shock Machine: The Untold Story of the Notorious*

Milgram Psychology Experiments (New York: New Press, 2012).

4. Magnus Henrekson, "In Defense of Good Power," *Quillette*, October 2, 2021.

5. Christopher Boehm, *Hierarchy in the Forest: The Evolution of Egalitarian Behavior* (Cambridge, MA: Harvard University Press, 2001); T. Douglas Price, "Social Inequality at the Origins of Agriculture," in *Foundations of Social Inequality*, edited by T. Douglas Price and Gary M. Feinman (New York: Plenum Press, 1995), 129–151.

6. Francis Fukuyama, *The Origins of Political Order: From Prehuman Times to the French Revolution* (New York: Farrar, Straus and Giroux, 2011), 44 and 54.

7. Jared Diamond, *The World Until Yesterday: What Can We Learn from Traditional Societies?* (New York: Viking, 2012), 11.

8. David Graeber and David Wengrow, "How to Change the Course of Human History (at Least, the Part That's Already Happened)," *Eurozine*, March 2, 2018.

9. 同上。

10. Caroline F. Zink, Yunxia Tong, Qiang Chen, Danielle S. Bassett, Jason L. Stein, and Andreas Meyer-Lindenberg, "Know Your Place: Neural Processing of Social Hierarchy in Humans," *Neuron* 58, no. 2 (2008): 273–283.

11. Emily M. Zitek and Larissa Z. Tiedens, "The Fluency of Social Hierarchy: The Ease with Which Hierarchical Relationships Are Seen, Remembered, Learned, and Liked," *Journal of Personality and Social Psychology* 102, no. 1 (2012): 98–115.

12. Richard Ronay, Katharine Greenaway, Eric M. Anicich, and Adam D. Galinsky, "The Path to Glory Is Paved with Hierarchy: When Hierarchical Differentiation Increases Group Effectiveness," *Psychological Science* 23, no. 6 (2012): 669–677.

13. Elena Pikulina and Chloe Tergiman, "Preferences for Power," *Journal of Public Economics* 185 (2020).

14. David Pietraszewski, "The Evolution of Leadership: Leadership and Followership as a Solution to the Problem of Creating and Executing Successful Coordination and Cooperation Enterprises," *Leadership Quarterly* 31, no. 2 (2020): art. 101299.

15. Donald B. Egolf and Lloyd E. Corder, "Height Differences of Low and High Job Status, Female and Male Corporate Employees," *Sex Roles* 24 (1991): 365–373.

16. Edward E. Baptist, *The Half Has Never Been Told: Slavery and the Making of American Capitalism* (New York: Basic Books, 2014); Allen L. Olmstead and Paul W. Rhode, *Creating Abundance: Biological Innovation and American Agricultural Development* (New York: Cambridge University Press, 2008).

17. Baptist, *The Half Has Never Been Told*, 131.

18. Edward E. Baptist, "On Slavery and Management," *Publisher's Weekly*, August 3, 2014.

19. Alan L. Olmstead and Paul W. Rhode, "Cotton, Slavery, and the New History of Capitalism," *Explorations in Economic History* 67 (2018): 1–17.

20. 现代的讨论包括Xavier Freixas, Roger Guesnerie, and Jean Tirole, "Planning Under Incomplete Information and the Ratchet Effect," *Review of Economic Studies* 52 (1985): 173–191; 以 及John M. Litwack, "Coordination, Incentives, and the Ratchet Effect," *Rand Journal of Economics* 24, no. 2 (1993): 271–285。

21. Matthew Desmond, "In Order to Understand the Brutality of American Capitalism, You Have to Start on the Plantation," *New York Times Magazine*, August 14, 2019.

22. 这句台词出自歌德1796年的小说《威廉·迈斯特的学习时代》(*Wilhelm Meisters Lehrjahre*) 中的一个人物。

23. Caitlin Rosenthal, *Accounting for Slavery: Masters and Management* (Cambridge, MA: Harvard University Press, 2018).

24. 同上书，第xii页.

25. Elizabeth Anderson, *Private Government: How Employers Rule Our Lives (and Why We Don't Talk About It)* (Princeton, NJ: Princeton University Press, 2017).

26. Armen A. Alchian and Harold Demsetz, "Production, Information Costs, and Economic Organization," *American Economic Review* 62, no. 5 (1972): 777–795, 777.

27. Henry Hansmann. *The Ownership of Enterprise* (Cambridge, MA: Belknap Press of Harvard University Press, 1996).

28. Sarah Jaffe, *Work Won't Love You Back: How Devotion to Our Jobs Keeps Us Exploited, Exhausted, and Alone* (New York: Bold Type Books, 2021).

29. Caitlin Rosenthal, "Big Data in the Age of the Telegraph," *McKinsey Quarterly*, March 2013.

30. 同上。

第十二章

1. 9/11 Commission, Final Report of the National Commission on Terrorist Attacks upon the United States (Washington, DC: US Government Printing Office, 2004), ch. 11.

2. Luis Garicano and Richard A. Posner, "Intelligence Failures: An Organizational Economics Perspective," *Journal of Economic Perspectives* 19, no. 4 (2005): 151–170; 另见Garicano and Posner, "What Our Spies Can Learn from Toyota," *Wall Street Journal*, January 12, 2010.

3. Joseph Michael Newhard, "The Stock Market Speaks: How Dr. Alchian Learned to Build the Bomb," *Journal of Corporate Finance* 27 (2014): 116–132.

4. "Extinction Rebellion Shows How Not to Run a Protest Group," *The Economist*, September 10, 2020.

5. 同上。

6. 同上。

7. Tatum Sornborger, "The Big Short (Squeeze): A Look at the Reddit Rebellion Through a Legal Lens," *Fordham Journal of Corporate and Financial Law*, February 22, 2021.

8. Maya King, "Black Lives Matter Power Grab Sets off Internal Revolt," *Politico*, December 10, 2020.

9. Fabio Rojas, *From Black Power to Black Studies: How a Radical Social Movement Became an Academic Discipline* (Baltimore: Johns Hopkins University Press, 2010).

10. Mina Kimes, "At Sears, Eddie Lampert's Warring Divisions Model Adds to the Troubles," *Business Week*, July 1, 2013.

11. Kirsten Foss, Nicolai J. Foss, and Peter G. Klein, "Uncovering the Hidden Transaction Costs of Market Power: A Property Rights Approach to Strategic Positioning," *Managerial and Decision Economics* 39, no. 3 (2018): 306–319; Christian Asmussen, Kirsten Foss, Nicolai J. Foss, and Peter G. Klein, "Economizing and Strategizing: How Coalitions and Transaction Costs Shape Value Creation and

Appropriation," *Strategic Management Journal* 42, no. 2 (2021): 413–434.

12. Karen Weise, "Bezos Takes Back the Wheel at Amazon," *New York Times*, April 22, 2020; Deepa Seetharaman and Emily Glazer, "Mark Zuckerberg Asserts Control of Facebook, Pushing Aside Dissenters," *Wall Street Journal*, April 28, 2020.

13. Ethan Wolff-Mann, "Why Amazon, Facebook, Disney Saw Their Chiefs Retake Control," *Yahoo!Finance*, May 11, 2020, finance.yahoo.com/news/why-amazon-facebook-disney-saw-their-chiefs-retake-control-142735464.html?guccounter=2（2021年4月21日访问）。

第十三章

1. Clayton M. Christensen, *The Innovator's Dilemma: When New Technologies Cause Great Firms to Fail* (Boston: Harvard Business School Press, 1997).

2. 对克里斯坦森理论的早期批评可见 Jill Lepore, "The Disruption Machine: What the Gospel of Innovation Gets Wrong," *New Yorker*, June 23, 2014. 另见 Andrew King and Baljir Baatartogtokh, "How Useful Is the Theory of Disruptive Innovation?," *Sloan Management Review* 57, no. 1 (2015): 77–90。

3. Christensen, *The Innovator's Dilemma*, 15.

4. Colleen Cunningham, Florian Ederer, and Song Ma, "Killer Acquisitions," *Journal of Political Economy* 129, no. 3 (2021): 649–702.

5. Jon Gertner, *The Idea Factory: Bell Labs and the Great Age of American Innovation* (New York: Penguin, 2012), 1.

6. Oliver Franklin-Wallis, "Inside X, Google's Top-Secret Moonshot Factory," *Wired*, February 17, 2020.

7. House Judiciary Antitrust Subcommittee, "Internet Tech Emails," February 27, 2012, tweet ("Mark Zuckerberg and CFO David Ebersman debate acquisition strategy"), twitter.com/TechEmails/status/1400812133580001281（访问于2021年9月15日）。

8. Patricia Van Arnum, "New Drug Approvals in 2020: Which Drugs Made the Mark?," *DCAT Value Chain Insights*, January 20, 2021, www.dcatvci.org/features/new-drugs-approvals-in-2020-which-drugs-made-the-mark.

9. Jackson A. Nickerson and Todd R. Zenger, "Envy, Comparison Costs, and

the Economic Theory of the Firm," *Strategic Management Journal* 29 (2008): 1429–1449.

10. Danny Miller, *The Icarus Paradox: How Exceptional Companies Bring About Their Own Downfall* (New York: HarperBusiness, 1990).

11. Anna Zambelli, "8 Neat Things You Didn't Know About Tupperware," *Good Housekeeping*, September 28, 2015.

12. "Tupperware in Trouble as Slow Sales Hit Maker of Iconic Kitchenware," *Deutsche Presse*, February 25, 2020.

13. Peter G. Klein and Robert Wuebker, "Corporate Diversification and Innovation: Managerial Myopia or Inefficient Internal Capital Markets?," *Managerial and Decision Economics* 41 (2020): 1403–1416.

14. 例如，参见 Daniel Elfenbein, Barton H. Hamilton, and Todd R. Zenger, "The Small Firm Effect and the Entrepreneurial Spawning of Scientists and Engineers," *Management Science* 56, no. 4 (2010): 659–681。

15. Bruce S. Tether, "Small and Large Firms: Sources of Unequal Innovations?," *Research Policy* 27 (1998): 725–745.

16. Rajesh K. Chandy and Gerard J. Tellis, "The Incumbent's Curse? Incumbency, Size, and Radical Product Innovation," *Journal of Marketing* 64 (2000): 1–17.

17. Peter G. Klein, Mark D. Packard, and Karen Schnatterly, "Collaborating for Innovation: The Role of Organizational Complementarities," in *Oxford Handbook of Collaboration and Entrepreneurship*, edited by Jeffrey J. Reuer and Sharon Matusik (New York: Oxford University Press, 2019), 587–610.

18. Gary Hamel, with Bill Breen, *The Future of Management* (Boston: Harvard Business School Press, 2007).

19. Peter Burrows, "The Seed of Apple's Innovation," *Business Week*, October 11, 2004.

20. Ashish Arora, Sharon Belenzon, and Luis A. Rios, "The Organization of R&D in American Corporations: The Determinants and Consequences of Decentralization," Working Paper 17013 (Cambridge, MA: National Bureau of Economic Research, May 2011).

21. Nicholas S. Argyres and Brian S. Silverman, "R&D, Organization Structure, and the Development of Corporate Technological Knowledge," *Strategic Management Journal* 25 (2004): 929–958.

22. Robert Burgelman, "Fading Memories: A Process Theory of Strategic Business Exit in Dynamic Environments," *Administrative Science Quarterly* 39 (1994): 24–56.

23. Nassim Taleb, *The Black Swan: The Impact of the Highly Improbable* (New York: Random House, 2007).

24. Bridget Fagan, "Lessons from FedEx's ZapMail Service," *Medium*, October 23, 2018, medium.com/@bridgetfagan3/a-lesson-in-failure- zapmail-45a90cb3793e（访问于2021年12月30日）。

25. Jay B. Barney, Nicolai J. Foss, and Jacob Lyngsie, "The Role of Senior Management in Opportunity Formation: Direct Involvement or Reactive Selection?," *Strategic Management Journal* 39 (2018): 1325– 1334.

26. Alexandra Cummings, "Diversity Adds Millions to the ISS Bottom Line," ISS, docplayer.net/14152956-Diversity-adds-millions-to-the-iss-bottom-line.html（访问于2021年12月30日）。

27. Richard Florida, *The Rise of the Creative Class, and How It's Transforming Work, Leisure, and Everyday Life* (New York: Basic Books, 2002);以 及 Richard Florida, *Cities and the Creative Class* (London: Routledge, 2005).

28. Barney, Foss, and Lyngsie, "The Role of Senior Management in Opportunity Formation."

29. Christoph Grimpe, Martin Murmann, and Wolfgang Sofka, "Organizational Design Choices of High-Tech Startups: How Middle Management Drives Innovation Performance," *Strategic Entrepreneurship Journal* 13, no. 3 (2019): 359–378.

30. Lego Group, "Global Growth Ensures Strong 2014 Result for the LEGO Group," February 24, 2015, https://www.lego.com/en-us/aboutus/news/2019/november/2014-result-for-the-lego-group/.

31. Charles A. O'Reilly III and Michael L. Tushman, "The Ambidextrous Organization," *Harvard Business Review*, April 2004.

第十四章

1. Young Entrepreneur Council, "14 Solutions for Building a Culture of Adaptability in the Workplace," BuiltIn, August 2, 2020, builtin.com/founders-entrepreneurship/14-practical-solutions-building- culture-adaptability（访问于2021年12月30日）。

2. Bernard Marr, "10 Business Functions That Are Ready to Use Artificial Intelligence," *Forbes*, March 30, 2020.

3. Julian Birkinshaw, Gary Hamel, and Michael J. Mol, "Management Innovation," *Academy of Management Review* 33, no. 4 (2008): 825–845.

4. Richard Cyert and James G. March, *A Behavioral Theory of the Firm* (Englewood Cliffs, NJ: Prentice-Hall, 1963)中进一步阐述了这一观点。

5. Nicolai Foss, Keld Laursen, and Torben Pedersen, "Linking Customer Interaction and Innovation: The Mediating Role of New Organizational Practices," *Organization Science* 22 (2011): 980–999.

6. IBM Institute for Business Value, "Plotting the Platform Payoff," Global C-Suite Study, 19th ed., IBM Corporation, May 2018, www.ibm.com/downloads/cas/NJYY0ZVG.

7. Edward L. Deci and Richard M. Ryan, "Self-Determination Theory," in *Handbook of Theories of Social Psychology*, vol. 1, edited by Paul A. M. Van Lange, Arie W. Kruglanski, and E. Tory Higgins (Newbury Park, CA: Sage Publications, 2012), 416–436.

8. Jennifer J. Deal and Alec Levenson, *What Millennials Want from Work: How to Maximize Engagement in Today's Workforce* (New York: McGraw-Hill, 2016).

9. 该术语源自Kirsten Foss and Nicolai J. Foss, "Managerial Authority When Knowledge Is Distributed," in *Knowledge Governance: Perspectives from Different Disciplines*, edited by Nicolai Foss and Snejina Michailova (Oxford: Oxford University Press, 2009), 108–137。

10. Herbert Simon, *Administrative Behavior* (New York: Simon & Schuster, 1947).

11. Herbert A. Simon, "Organizations and Markets," *Journal of Economic Perspectives* 5, no. 2 (1991): 25–44.

12. Carola Frydman and Dirk Jenter, "CEO Compensation," *Annual Review of Financial Economics* 2 (2010): 75–102.

13. Maria Carmela Annosi, Nicolai Foss, Mats Magnusson, and Federica Brunetta, "The Interaction of Control Systems and Stakeholder Networks in Shaping the Identities of Self-Managed Teams," *Organization Studies* 38 (2017): 619–646; Maria Carmela Annosi, Nicolai J. Foss, and Daniela Martini, "When Agile Harms Learning and Innovation (and What Can Be Done About It)," *California Management Review* 63 (2020): 61–80.

14. Eileen Y. Chou, Nir Halevy, Adam D. Galinsky, and J. Keith Murnighan, "The Goldilocks Contract: The Synergistic Benefits of Combining Structure and Autonomy for Persistence, Creativity, and Cooperation," *Journal of Personality and Social Psychology* 113, no. 3 (2017): 393–412.

15. Sandra L. Robinson and Denise M. Rousseau, "Violating the Psychological Contract: Not the Exception but the Norm," *Journal of Organizational Behavior* 15 (1994): 245–259.

16. Katherine Klein, Jonathan C. Ziegert, Andrew P. Knight, and Yan Xiao, "Dynamic Delegation: Shared, Hierarchical, and Deindividualized Leadership in Extreme Action Teams," *Administrative Science Quarterly* 51, no. 4 (2006): 590–621.

17. Kirsten Foss, Nicolai Foss, and José Vasquez, "Tying the Manager's Hands: Credible Commitment and Firm Organization," *Cambridge Journal of Economics* 30 (2006): 797–818.

18. 最近的一些研究分析了高管的职位描述数据，展示了其技能需求变化情况。研究人员使用算法筛选这些描述并确定突出的工作内容。他们发现社交技能在高级管理职位中具有普遍且日益重要的意义。参见 Stephen Hansen, Tejas Ramdas, Raffaella Sadun, and Joe Fuller, "The Demand for Executive Skills," Working Paper 28959 (Cambridge, MA: National Bureau of Economic Research, June 2021)。

19. Jack A. Nickerson and Todd R. Zenger, "Envy, Comparison Costs, and the Economic Theory of the Firm," *Strategic Management Journal* 29, no. 3 (2008): 1429–1449.

20. Amy C. Edmondson, Sujin Jang, and Tiziana Casciaro, "Cross-Silo

Leadership," *Harvard Business Review*, May/June 2019.

21. Dan Tynan, "IT Turf Wars: The Most Common Feuds in Tech," *Infoworld*, February 14, 2021.

22. Stefan Kühl, *Sisyphus in Management: The Futile Search for the Optimal Organizational Structure* (Princeton, NJ: Organizational Dialogue Press, 2020).

23. 以下内容基于Nicolai J. Foss and Peter G. Klein, "Why Managers Still Matter," *Sloan Management Review*, September 2014, 73–80。

24. McKinsey & Company, "Decision Making in the Age of Urgency: A Survey," April 30, 2019, www.mckinsey.com/business- functions/organization/our-insights/decision-making-in-the-age-of-urgency（2021年7月26日访问）。

25. Kathleen M. Eisenhardt and L. J. Bourgeois III, "Politics of Strategic Decision Making in High-Velocity Environments: Toward a Midrange Theory," *Academy of Management Journal* 31 (1988): 737–770.

26. "Shattering the Status Quo: A Conversation with Haier's Zhang Ruimin," *McKinsey Quarterly*, July 27, 2001.

第十五章

1. Gary Hamel, "First, Let's Fire All the Managers," *Harvard Business Review*, December 2011, 50.

2. Gary Hamel and Michele Zanini, "Excess Management Is Costing the US $3 Trillion per Year," *Harvard Business Review* blog, September 5, 2016, hbr.org/2016/09/excess-management-is-costing-the-us-3-trillion-per-year（访问于2021年12月31日）。参见Phillip Nell, Nicolai J. Foss, Peter G. Klein, and Jan Schmidt, "Avoiding Digitalization Traps: Tools for Top Managers," *Business Horizons* 64, no. 2 (2021): 163–169。

3. "Saving David Brent," *The Economist*, August 15, 2011.

4. Stanley Fish, "A Classical Education: Back to the Future," *New York Times*, June 7, 2010. 据美国教育部统计，2006年至2020年间，美国古典和基督教学校协会成员的入学人数几乎翻了一番。

5. 感兴趣的读者（我们确信至少有两三个）可以在以下来源找到我们的思想传记：Nicolai J. Foss, "Introduction: Knowledge, Economics Organization,

and Property Rights," in Nicolai J. Foss, *Knowledge, Economic Organization, and Property Rights: Selected Papers* (Aldershot, UK: Edward Elgar, 2009); Peter G. Klein, "Introduction," in Peter G. Klein, *The Capitalist and the Entrepreneur: Essays on Organizations and Markets* (Auburn, AL: Mises Institute, 2019); Nicolai J. Foss, "Judgment, the Theory of the Firm, and the Economics of Institutions: My Contributions to the Entrepreneurship Field," 以及 Peter G. Klein, "My Contributions to Entrepreneurship Theory," in *The Routledge Companion to the Makers of Modern Entrepreneurship*, edited by David B. Audretsch and Erik E. Lehmann (London: Routledge, 2016), 146–153。

6. Nicolai J. Foss and Peter G. Klein, "Why Managers Still Matter," *Sloan Management Review*, September 2014, 73–80; Nicolai J. Foss and Peter G. Klein, "No Boss? No Thanks," *Aeon*, January 14, 2019.

文章、书、电影、电视剧、期刊中英文名字对照表

B

巴西 Brazil

办公室 The Office

半条命 Half-Life

堡垒之夜 Fortnite

贝尔实验室与美国革新大时代 The Idea Factory

被掩盖的原罪：奴隶制与美国资本主义的崛起 The Half Has Never Been Told: Slavery and the Making of American Capitalism

波士顿环球报 Boston Globe

不拘一格 No Rules Rules

不列颠百科全书 Encyclopedia Britannica

C

拆除金字塔：新时代人类、管理者和领导者之书 Tear Down the Pyramids: A Book About the New Man, Manager, and Leader

餐厅 Restaurant

重塑组织：进化型组织的创建之道 Reinventing Organizations: A Guide to Creating Organizations Inspired by the Next Stage of Human Consciousness

重新定义管理：合弄制改变世界 Holacracy: The Revolutionary Management System That Abolishes Hierarchy

穿普拉达的女王 The Devil Wears Prada

传送门 Portal

创新者的窘境：领先企业如何被新兴企业颠覆？ The Innovator's Dilemma: When New Technologies Cause Great Firms to Fail

创智赢家 Shark Tank

从优秀到卓越 Good to Great

D

大企业：对利润和权力的病态追求 The Corporation: The Pathological Pursuit of Profit and Power

呆伯特 Dilbert

刀塔 Dota

地心引力 Gravity

点球成金 Moneyball

E

恶搞之家 Family Guy

F

反恐精英 Counter-Strike

G

官僚体制 Bureaucracy

管理的未来 The Future of Management

管理革命 The Managerial Revolution

光环效应：商业认知思维的八大陷阱 The Halo Effect:... and the Eight Other Business Delusions That Deceive Managers

工业周刊 Industry Week

公园与游憩 Parks and Recreation

工作不会回报你的爱：对工作的热爱如何让我们被剥削、精疲力竭和孤独 Work Won't Love You Back: How Devotion to Our Jobs Keeps Us Exploited, Exhausted, and Alone

广告狂人 Mad Men

国富论 The Wealth of Nations

H

哈佛商业评论 Harvard Business Review

哈佛商业评论之论变革 Harvard Business Review on Change

海星式组织：重新定义组织模式 The Starfish and the Spider: The Unstoppable Power of Leaderless Organizations

华尔街日报 Wall Street Journal

J

基业长青 Built to Last

解放型管理：瞬息万变的九十年代必不可少的去组织化 Liberation Management: Necessary Disorganization for the Nanosecond Nineties

金融时报 Financial Times

经济学人 Economist

经理人员的职能 The Functions of the Executive

99%经济：民主社会主义如何克服资本主义危机 The 99 Percent Economy: How Democratic Socialism Can Overcome the Crises of Capitalism

军团要塞 Team Fortress

K

看得见的手 The Visible Hand

科学管理原理 Principles of Scientific Management

L

临时社会 The Temporary Society

罗奇代尔先锋 The Rochdale Pioneers

M

没有管理者的管理 Managing Without Managers

明镜周刊 Der Spiegel

摩登时代 ModernTimes

N
纽约时报 New York Times

扭转乾坤 Virando a Própria Mesa

奴隶制会计 Accounting for Slavery

P
平面国：多维空间传奇往事 Flatland: A Romance of Many Dimensions

Q
七日周末 The Seven-Day Weekend

企业的人性面 The Human Side of Enterprise

企业文化与绩效 Corporate Culture and Performance

求生之路 Left 4 Dead

去老板化 Unboss

全球概览 Whole Earth Catalog

权威之歌 Authority Song

S
上班一条虫 Office Space

社交网络 The Social Network

胜利之日 Day of Defeat

首先，让我们炒掉所有管理者 First, let's fire all the managers

斯隆管理评论 Sloan Management Review

私人政府：雇主如何统治我们的生活（以及我们为什么不谈论它）Private Government: How Employers Rule Our Lives (and Why We Don't Talk About It)

宋飞正传 Seinfeld

W

万古 Aeon

维多利亚时代的互联网 The Victorian Internet

维基经济学：大规模协作如何改变一切 Wikinomics: How Mass Collaboration Changes Everything

卫报 Guardian

未来的冲击 Future Shock

未来及其敌人 The Future and Its Enemies

未来是湿的：无组织的组织力量 Here Comes Everybody: The Power of Organizing Without Organizations

我的总经理妻子 Meraty Moudeer A'am

我们可以在一起 We Can Be Together

我在通用汽车的岁月 My Years with General Motors

X

现代公司与私有财产 The Modern Corporation and Private Property

新政治家 New Statesman

虚伪之地 Ard El-Nefaq

Y

耶路撒冷 Jerusalem

异类 Outliers

一袭灰衣万缕情 The Man in the Gray Flannel Suit

Z

在路上 On the Road

在线词源词典 Online Etymology Dictionary

在云端 Up in the Air

战略与结构：美国工商企业成长的若干篇章 Strategy and Structure: Chapters in the History of the Industrial Enterprise

政治家 Politico

政治秩序的起源：从前人类时代到法国大革命 The Origins of Political Order: From Prehuman Times to the French Revolution

知识在社会中的运用 The Use of Knowledge in Society

终结者 2018 Terminator Salvation

追求卓越 In Search of Excellence

追求卓越（个人成长版）The Pursuit of Wow!

追求卓越（实践版）Thriving on Chaos

组织的未来：一个激发工作中每个人创造力的有效计划 Humanocracy: Creating Organizations as Amazing as the People Inside Them

组织与市场 Organizations and Markets

人名中英文名字对照表

A

阿道夫·艾希曼 Adolf Eichmann
阿道夫·伯利 Adolf Berle
阿尔文·托夫勒 Alvin Toffler
阿门·阿尔钦 Armen Alchian
艾德·齐通 Ed Zitron
爱德华·埃尔加 Edward Elgar
爱德华·巴普蒂斯特 Edward Baptist
埃德温·艾勃特 Wdwin Ebbott
埃尔顿·梅奥 Elton Mayo
艾尔弗雷德·P.斯隆 Alfred P. Sloan
艾丽西亚·加尔扎 Alicia Garza
艾琳·迈耶 Erin Meyer
埃隆·马斯克 Elon Musk
艾米·格罗斯 Aimee Groth
安德烈·斯派塞 André Spicer
安德鲁·卡内基 Andrew Carnegie
安东尼奥·柯特·塞姆勒 Antonio Curt Semler
安东尼·波登 Anthony Bourdain
奥里·布拉夫曼 Ori Brafman
奥利弗·威廉姆森 Oliver Williamson
奥珀尔·托梅蒂 Opal Tometi

B

巴迪·里奇 Buddy Rich
保罗·阿德勒 Paul Adler
保罗·费尔曼 Paul Fireman
保罗·米尔格罗姆 Paul Milgrom
保罗·米歇尔曼 Paul Michelman
彼得·德鲁克 Peter Drucker
彼得·库尼奥 Peter Cuneo
比尔·布林 Bill Breen
比尔·戈尔 Bill Gore
比利·比恩 Billy Beane
布赖恩·罗伯逊 Brian Robertson
布鲁斯·泰瑟 Bruce Tether

C

查尔斯·奥赖利 Charles O'Reilly
查尔斯·傅里叶 Charles Fourier
查莉·达梅利奥 Charli D'Amelio

D

达尔文 Darwin
戴维·埃伯斯曼 David Ebersman
丹尼·米勒 Danny Miller

丹尼尔·埃克 Daniel Ek
丹尼尔·麦卡勒姆 Daniel McCallum
道格拉斯·麦格雷戈 Douglas MacGregor
道格拉斯·诺斯 Douglass North
蒂莫西·利里 Timothy Leary
蒂姆·卡斯特勒 Tim Kastelle
"电锯阿尔"邓拉普("Chainsaw Al" Dunlap)

E
厄尔·特百 Earl Tupper

F
法比奥·罗贾斯 Fabio Rojas
法哈纳·亚明 Farhana Yamin
菲尔·罗森维 Phil Rosenzweig
弗吉尼亚·波斯特雷 Virginia Postrel
弗朗西斯·福山 Francis Fukuyama
弗雷德里克·莱卢 Frédéric Laloux
弗雷德里克·温斯洛·泰勒 Frederick Winslow Taylor
弗里德里希·冯·哈耶克 Friedrich von Hayek
弗洛伊德 Freud

G
G. M. 斯托克 G. M. Stalker
盖尔·布拉德布鲁克 Gail Bradbrook
格里高利·派克 Gregory Peck
贡纳尔·赫德兰 Gunnar Hedlund

H
哈罗德·德姆塞茨 Harold Demsetz
汉娜·阿伦特 Hannah Arendt
赫比·汉考克 Herbie Hancock
赫伯特·博耶 Herbert Boyer
赫伯特·冯·卡拉扬 Herbert von Karajan
赫伯特·西蒙 Herbert Simon
亨利·福特 Henry Ford
亨利·明茨伯格 Henry Mintzberg
霍华德·贝克 Howard Baker
霍华德·舒尔茨 HowardSchultz

J
吉米·威尔斯 Jimmy Wales
吉姆·巴尔西利 Jim Balsillie
加布·纽维尔 Gabe Newell
嘉布丽叶儿·波纳·"可可"·香奈儿 Gabrielle Bonheur "Coco" Chanel
加德纳·米恩斯 Gardiner Means
加里·哈默尔 Gary Hamel
贾雷德·戴蒙德 Jared Diamond
杰夫·贝索斯 Jeff Bezos
杰弗里·万斯 Jeffrey Vance
杰克·凯鲁亚克 Jack Kerouac
杰伊·巴尼 Jay Barney
杰伊·洛什 Jay Lorsch

K
卡尔·波普尔爵士 Sir Karl Popper
卡尔·伯姆 Karl Böhm

卡尔·马克思 Karl Marx
卡莉·菲奥里纳 Carly Fiorina
卡洛斯·戈恩 Carlos Ghosn
凯特琳·罗森塔尔 Caitlin Rosenthal
柯蒂斯·梅菲尔德 Curtis Mayfield
克莱顿·克里斯坦森 Clayton
　　Christensen
克劳斯·穆勒 Claus Møller
克里斯·鲁弗 Chris Rufer
克里斯蒂安·贝尔 Christian Bale
克里希纳·帕莱普 Krishna Palepu
肯·威尔伯 Ken Wilber

L
拉尔夫·纳德 Ralph Nader
拉尔夫·斯泰尔 Ralph Stayer
拉尔斯·孔林德 Lars Kolind
劳伦斯·彼得 Laurence Peter
勒内·雷哲皮 René Redzepi
雷德利·斯科特 Ridley Scott
理查德·波斯纳 Richard Posner
理查德·达维尼 Richard D'Aveni
理查德·佛罗里达 Richard Florida
理查德·朗格卢瓦 Richard Langlois
里德·哈斯廷斯 Reed Hastings
里卡多·塞姆勒 Ricardo Semler
路德维希·冯·米塞斯 Ludwig von
　　Mises
路易斯·布兰代斯 Louis Brandeis
路易斯·郭士纳 Louis Gerstner
路易斯·加里卡诺 Luis Garicano

罗伯特·伯格曼 Robert Burgelman
罗伯特·格兰特 Robert Grant
罗伯特·麦克纳马拉 Robert
　　McNamara
罗伯特·米契尔斯 Robert Michels
罗伯特·欧文 Robert Owen
罗伯特·斯旺森 Robert Swanson
罗德·贝克斯特罗姆 Rod Beckstrom
罗杰·哈勒姆 Roger Hallam
罗纳德·科斯 Ronald Coase

M
马尔科姆·格拉德威尔 Malcolm
　　Gladwell
马丁·范·恩格兰 Maarten Van
　　Engeland
马丁·洛伦松 Martin Lorentzon
马格努斯·亨雷克森 Magnus
　　Henrekson
马克·吐温 Mark Twain
马克·扎克伯格 Mark Zuckerberg
马克斯·韦伯 Max Weber
玛丽·帕克·芙丽特 Mary Parker
　　Follett
马修·德斯蒙德 Matthew Desmond
迈克·哈灵顿 Mike Harrington
迈克·拉扎里迪斯 Mike Lazaridis
迈克·乔吉 Mike Judge
迈克·沙基 Mike Sharkey
迈克尔·波特 Michael Porter
迈克尔·刘易斯 Michael Lewis

迈克尔·图什曼 Michael Tushman
迈克尔·詹森 Michael Jensen
米凯莱·扎尼尼 Michele Zanini

N
尼尔·弗格森 Niall Ferguson
尼克·伍德曼 Nick Woodman

P
帕特里塞·卡勒斯 Patrisse Cullors
皮姆·德莫里 Pim de Morree

Q
乔恩·格特纳 Jon Gertner
乔尔·巴坎 Joel Bakan
乔治·奥威尔 George Orwell
乔治·弗洛伊德 George Floyd
乔治·齐默尔曼 George Zimmerman
切斯特·巴纳德 Chester Barnard

R
让-雅克·卢梭 Jean-Jacques Rousseau
瑞恩·斯通 Ryan Stone

S
萨尔·帕拉迪斯 Sal Paradise
萨拉·贾菲 Sarah Jaffe
塞缪尔·帕米萨诺 Samuel Palmisano
桑德拉·布洛克 Sandra Bullock
史蒂夫·乔布斯 Steve Jobs

斯蒂芬·库尔 Stefan Kühl
斯科特·亚当斯 Scott Adams
斯图尔特·布兰德 Stewart Brand

T
塔伦·卡纳 Tarun Khanna
汤姆·彼得斯 Tom Peters
汤姆·伯恩斯 Tom Burns
汤姆·拉斯 Tom Rath
汤姆·斯丹迪奇 Tom Standage
唐·德雷珀 Don Draper
唐纳德·拉姆斯菲尔德 Donald Rumsfeld
唐纳德·特朗普 Donald Trump
唐纳森·布朗 Donaldson Brown
特雷沃恩·马丁 Trayvon Martin

W
威廉·布莱克 William Blake
威廉·怀特 William Whyte
威廉·梅克林 William Meckling
维尔纳·艾哈德 Werner Erhard
维克多·凯姆 Viktor Kiam
沃伦·本尼斯 Warren Bennis

X
小阿尔弗雷德·D.钱德勒 Alfred D. Chandler Jr.
小托马斯·沃森 Thomas Watson Jr.
谢家华 Tony Hsieh
休·海夫纲 Hugh Hefner

休伯特·帕里 Hubert Parry

Y
雅各布·林格西 Jacob Lyngsie
亚伯拉罕·马斯洛 Abraham Maslow
亚当·拉辛斯基 Adam Lashinsky
亚当·门德勒 Adam Mendler
亚当·斯密 Adam Smith
亚瑟·斯廷克姆 Arthur Stinchcombe
扬·卡尔森 Jan Carlzon
扬尼斯·瓦鲁法基斯 Yanis Varoufakis
野中郁次郎 Ikujiro Nonaka
伊丽莎白·安德森 Elizabeth Anderson
尤尔根·施伦普 Jürgen Schrempp
约翰·鲍比 John Bowlby
约翰·保罗·罗森伯格 John Paul Rosenberg
约翰·F. 肯尼迪 John F. Kennedy
约翰·科特 John Kotter
约翰·肯尼斯·加尔布雷斯 John Kenneth Galbraith
约翰·库格·梅伦坎普 John Cougar Mellencamp
约翰·罗伯茨 John Roberts
约翰·莫尔斯 John Morse
约瑟夫·熊彼特 Joseph Schumpeter

Z
詹姆斯·伯纳姆 James Burnham
詹姆斯·赫斯克特 James Heskett
竹内弘高 Hirotaka Takeuchi
卓别林 Chaplin